2015年度浙江省哲学社会科学规划课题研究成果
（15NDJC267YBM）

叶法善年谱

周伟华　王一军　著

浙江工商大学出版社
ZHEJIANG GONGSHANG UNIVERSITY PRESS

图书在版编目（CIP）数据

叶法善年谱 / 周伟华，王一军著. — 杭州 ：浙江
工商大学出版社，2018.10
ISBN 978-7-5178-2863-1

Ⅰ．①叶… Ⅱ．①周… ②王… Ⅲ．①叶法善（616—
720）—年谱 Ⅳ．①B959.92

中国版本图书馆CIP数据核字（2018）第156845号

叶法善年谱

周伟华 王一军 著

责任编辑	唐 红 梁春晓	
封面设计	林朦朦	
责任印制	包建辉	
出版发行	浙江工商大学出版社	
	（杭州市教工路198号 邮政编码310012）	
	（E-mail：zjgsupress@163.com）	
	（网址：http://www.zjgsupress.com）	
	电话：0571-88904980，88831806（传真）	
排 版	杭州彩地电脑图文有限公司	
印 刷	虎彩印艺股份有限公司	
开 本	710mm×1000mm 1/16	
印 张	12.5	
字 数	209千	
版 印 次	2018年10月第1版 2018年10月第1次印刷	
书 号	ISBN 978-7-5178-2863-1	
定 价	38.00元	

編 撰 說 明

一、是年譜之編撰，以較多篇幅，詳細地描述了唐葉法善所生活的前后百十餘年間所發生的一系列重大歷史事件，對期間的政治經濟形勢、佛道的傳播與爭競、社會民生狀態都給予了充分的關注，以期通過這些歷史事件的描述，來深化對道教江南天師道的傳承及其當時朝廷政治趨向、宗教取舍及士大夫階層與民間宗教社團的生存環境及其思想與行為狀況的理解。

二、年譜對葉法善同時代的江南道教名人與朝廷關於佛、道的態度做了較為深入的考察。

三、年譜的條目編排次第為：

（1）史書所載當年的政治軍事文化諸方面的重大事件、朝廷大臣的任免等，以便對葉法善行年事跡及年時加以核實，而又力求不致於考辨部分過分繁冗；

（2）傳主葉法善本年可考錄之事跡言行等；

（3）其他相關人物之行事，同一年如輯錄多人，則大體以長幼為序編排，不分南北、佛道。

四、年譜中的背景史實，凡出自《舊唐書》《新唐書》《資治通鑒》《冊府元龜》《太平御覽》《太平廣記》《正統道藏》《云笈七籤》《全唐文》者，均不出注，以節省篇幅。上述諸史籍凡有點校本者，均以中華書局所刊行的點校本為首選，本譜因此不另列參考書目。

五、年譜中的諸多考辨，多依史所明載的來考其正誤，對於史無記載者，則一仍舊說，不取當代學人所持之理辯。

六、是年譜之編撰，利用了當代學人的眾多研究成果，其中主要參閱了如下學者之著作及其研究成果，在此一並致謝：

　　吳真：《唐宋時期道士葉法善崇拜研究》

　　李丹、王陳亮：《唐葉法善家族三碑考》

　　另，葉氏嫡裔今松陽縣前司法局葉平局長惠借《卯峰廣遠葉氏宗譜》12卷（1831年木活字本，葉萬春等主修）族譜並對是譜之編撰給予了大力襄助，特此致謝。

編者謹識

2

序

　　昔洛出書九章，聖人則之，以為世之大法。其初一曰五行：一曰水，二曰火，三曰木，四曰金，五曰土。太古之世，鴻荒樸略，不可得而詳焉。庖犧氏之王天下也，繼天之統為百王先，實承木德，以建大號。三墳所紀，允居其首。蓋五精之運，以相生為德。木生火，火生土，土生金，金生水，水生木，乘時迭王，以昭統緒。故創業受命之主，必本乎曆數，參乎徵應，稽其行次。上承天統，春秋之大居正，貴其體元而建極也。

　　夫結繩之初，茫昧莫獲，而書契詳之。后辨姓授氏，可得而記。太昊之前，譜牒蓋闕，帝鴻之后，世緒具存。司馬遷著《史記》，以存系表，明乎受天命、膺帝期者，蓋以祖宗實有茂德，所以后世承乎發祥。若乃后稷播植，周室於是隆興；唐堯文思，漢緒由其增盛。蓋瓜瓞之相屬，故蘿圖而有融。魏晉以還，方冊可考。若乃累積之懿，傳繼之盛，蓋由德有厚薄，源有淺深；故憑舊烈者蕃衍，無世資者衰替。古之賢哲茂德，故須考尋舊籍，詳究初終，率用論次，攝輯譜傳，庶幾百世后而尚可知矣。

　　有唐括州道士葉法善者，生而神異，長而仁慧。爰在弱齡，早有令聞；倜儻豁達，任性真率；玄鑒深遠，寬仁容眾。及其壯也，遍訪名山，屢遇仙師，因緣際會，得成一代尊師。唐玄宗開元二十七年御撰《葉尊師碑》嘗云法善道高，有“入水不濡，蹈火不爇，嘯叱風雨，鞭笞魔魅”之能。其神跡異能之事，流傳於世者多矣。

　　然推尋事跡，求索本源，昔漢時道書之流止三十七家，大旨皆去黶羨，處沖虛而已，無天官符籙之事。南朝時有陶弘景者，隱於句容，好陰陽五行，風角星算，修辟穀導引之法，受道經符籙，齊梁時梁武帝素與之遊。陶氏又撰《登真隱

訣》，以證古有神仙之事；又言神丹可成，服之則能長生，與天地永畢。梁武帝弱年好事，先受道法，及即位，猶自上章，朝士由是受道者眾。三吳及邊海之際，信之逾甚。括州地臨東吳甌越邊海，有葛洪、陶弘景者嘗隱居於此多年，故民人素有崇道之風。隋開皇初，高祖雅信佛法，至煬帝大業中，道士以術進者始眾。其講經，由以《老子》為本，次講《莊子》及《靈寶》《升玄》之屬。其術業優者，行諸符禁，往往神驗。有唐朝廷崇道，玄宗尤為甚。法善生是時，既承父祖之教，又干時風尚，弱年崇道，終身潛修，故得以道輔五主，成帝王師。

今麗水職業技術學院周偉華、王一軍副教授為葉尊師編撰年譜。譜成，囑余為之序，因序之。

叶赞平

2018年4月10日於北京

（叶赞平，法学博士，民革中央常委、组织部长，全国人大监察与司法委员会委员。）

目 录

隋煬帝大業十二年，丙子，公元六一六年。隋室大亂，天下盜賊蜂起。葉法善母劉氏因夢流星入口吞而有孕。法善是年虛歲一歲。

《隋書·煬帝本紀》：十二年春正月甲午，雁門人翟松柏起兵於靈丘，眾至數萬，轉攻傍縣。癸亥，東海賊盧公暹率眾萬余，保於蒼山。夏四月癸亥，魏习兒所部將甄翟兒復號厲山飛，眾十萬，轉寇太原。將軍潘長文討之，反為所敗，長文死之。五月丙戌朔，日有蝕之，既。癸巳，大流星隕於吳郡，為石。秋七月，奉信郎崔民象以盜賊充斥，於建國門上表，諫不宜巡幸。上大怒，先解其頤，乃斬之。戊辰，馮翊人孫華自號總管，舉兵為盜。高涼通守洗珤徼舉兵作亂，嶺南溪洞多應之。八月乙巳，賊帥趙萬海眾數十萬，自恆山寇高陽。九月丁酉，東海人杜揚州、沈覓敵等作亂，眾至數萬。右御衛將軍陳棱擊破之。壬戌，安定人荔非世雄殺臨涇令，舉兵作亂，自號將軍。十二月癸未，鄱陽賊操天成舉兵反，自號元興王，建元始興，攻陷豫章郡。壬辰，鄱陽人林士弘自稱皇帝，國號楚，建元太平，攻陷九江、廬陵郡。唐公破甄翟兒於西河，擄男女數千口。

法善高祖諱乾昱，道德有聞[1]。
《唐故葉有道先生神道碑》：逮乎祖乾昱，克壯其猶，永孚於德，墐戶習隱，塞兌億坤，碩膚長材，通理博藝，雖安車累至而堅臥固辭。故慶祚克開，眉壽維永矣。
《唐葉真人傳》：高祖乾昱，道德有聞。

法善曾祖諱道興，不墜世業[2]。
《唐故葉有道先生神道碑》：厥考道興，性守宮庭，道數邦國。居鬼從地，率神從天。受籙以怛之，飛符以北之。扼魍魎之邪，劉蠆蠆之祟，有足奇也。至於揮劄落紙、引弓貫革，特起五部，廣推大余，侯誰嗣哉？
《唐葉真人傳》：曾祖道興，不墜世業。

法善祖諱國重，字雅鎮，南陽葉縣人也，謚有道先生。國重始搆大門[3]，精於術數，明於考召，有功於江湖間。

【1】參見《唐鴻臚卿越國公靈虛見素真人傳》。
【2】參見《唐鴻臚卿越國公靈虛見素真人傳》。
【3】參見《唐鴻臚卿越國公靈虛見素真人傳》。

《太平廣記·葉法善傳》：祖國重，精於術數，明於考召，有功於江湖間，謚有道先生。

《唐故葉有道先生神道碑》：公諱國重，字雅鎮，南陽葉縣人也。先生靈承道宗，異聞訓誘。弱喪文貌，幼尚純篤。仙骨有象，童心不萌。專精五龍，遍遊群嶽。聰以達遠，明以察微。達死生之占，體物氣之變。曾靜貞動耗，息影歸止。雲臥牝壑，林巢仙居。人絕不鄰，道阻且右。獨往幽勝，永歌隱淪。放閑保和，習虛致靜。捃五石之髓，擷三芝之英。時哉不留，歲聿其逝。緇發純漆，韶顏渥丹。事適玄洞，神與道媾，唯寂唯寞，不飲不食，數十載於茲。

乃升闈帝庭【4】，駿發皇眷，簡才受命，降尊加禮，將之以文馬，速之以暢轂。先生盱眙長揖，握手高謝曰：自昔帝舜登庸，德輝允鑠，光武繼統，吏道孔嘉。且薛方逢萌備外臣之禮，虞仲夷逸終處子之業。豈垢俗疵物，偏貢介性；將探道慕類，坐致奇齡。

法善父諱慧明，字德昭，南陽郡人也。慧明葉詩禮居儒，訓導蒙童，素不務榮寵。或過有暇則遊肮山林，枕石漱流。行歌負薪，每結草為舍，預知未然【5】……

《太平廣記·葉法善傳》：父慧明，贈歙州刺史。

《大唐贈歙州刺史葉公慧明神道碑》：公諱慧明，字德昭，南陽郡人也。其先系自軒后，彌於周文，聯季食沈，子高封葉，因為氏矣。逮問政偶孔，好龍得真，代有聞也。昔者，惟帝興運，乃聖炳靈，風雲相從，葡夢通感，閒氣駿發，良弼大來，有開必先，憑物為象，固自然矣。則我使君降仙府，乘道流，追蹤隱淪，葉契幽叟，結廬澗沚，考盤岩椒，同人利貞，遁代勿用。雅好酒德，尤邃老經，話言解頤，精義絕倒，誘進不倦，虛納盡歡。好事集門，長者闐裏。每至升月帷戶，和風林薄，植杖嘯穀，席皮琴山。泰然樂生，澹乎忘老。方且惟性壽，溯神仙，徇赤松之遊，蹤黃老之術，外身先物，歸根致柔。緣以大均，持以大定，色理不蕩，寵辱不驚。繩繩焉，熙熙焉，孔德之容，罔可測已。故師長旌禮，邦族與化，智者謂智，仁者謂仁，雖褐塞桑樞，紖衣韋帶，必避塗加敬，懷風惕息焉。

《唐故葉有道先生神道碑》：胤子慧明，贈銀青光祿大夫歙州刺史。公岡替厥

【4】此若為實有之事，其發生時代逆推當在隋大業年間。

【5】參見《唐鴻臚卿越國公靈虛見素真人傳》。

徭，代增其業。啟秘錄之高妙，揚玄津之洪波。道微若聲，心么若氣。吹律暖穀，運曆知天。屢下辟書，終不應命。

《唐葉真人傳》：父慧明，業詩禮居儒，素不務榮寵。遊脫山林，枕石漱流。行歌負薪，每結草為舍。預知未然，曰：吾當有子。

法善母劉氏[6]。

史料闕如，無從稽考。可參見下條考釋。

葉法善，字道元，一字太素，家居處州松陽縣古市卯山后村，祖籍南陽葉邑。法善母彭城劉氏，因夢流星入口，吞之而孕法善。法善尚在母腹，而聲聞於外。[7]是年虛歲一歲。

《舊唐書·葉法善傳》：法善生於隋大業之丙子，死於開元之庚子[8]，凡一百七歲。八年卒。

《新唐書·葉法善傳》：開元八年卒。或言生隋大業丙子，死庚子[9]，蓋百七歲云。

《唐故葉有道先生神道碑》：孫子景龍觀道士鴻臚卿越國公，幼得父書，早傳成法。夤念有訓，邁跡自身，讀天下之書，備方外之術。火澣淫祀，劍誅群妖，恩開五君，名動四國。其入也，排金鎖、謁紫庭，為帝傲吏；其出也，法玉京、坐元寺，作仁宗師。故能大匠道門，塚卿朝右，禮食軒座，寓直禁廬矣。常以理氣自強，登老益壯，雖暮景急節，而純孝孔哀。是獻封章，願拜墳墓，有軫帝念，載形王言。神劍以飛，傳瑞乃發，群公帳餞，列蕃郊迎，朝草有輝，鄉人皆慶。

《大唐贈歙州刺史葉公慧明神道碑》：是用克聞於家，大育厥允。則我越公襲上德，延慶靈，生而知之，學而習之，有專門之資，得玉丞之業。才齔尪道，既冠同元，訊遠嶽之福庭，觀幽尋之方士。陳咒雷駭，吐刃電光，沈海莫濡，蹈冶匪熱，呵萬鬼，

【6】丁煌先生《葉法善在道教史地位之探討》一文中云葉法善母曰劉因，乃彭城劉氏女，所據為《唐葉真人傳》所載之"世系之譜"，或以《太平廣記》中"葉法善傳"之"母劉因晝寐夢流星入口吞之乃孕十五月而生"不同句讀為據。然若以"母劉因，晝寐，夢流星入口，吞之乃孕，十五月而生"為句讀，則其行文與《正統道藏·唐葉真人傳》"（慧明）妻劉氏，因晝寢，夢流星入口，吞之，繼而有娠。經十有五月，歲在困敦，月黃鍾，而真人生"不同。參見丁煌《漢唐道教論集》第165頁，2009年1月，中華書局。
【7】參見《唐葉真人傳》。
【8】開元八年為庚申年，此處紀年有錯。
【9】開元八年為庚申年，此處紀年有錯。

搦百神，啟陰官之符，變冥司之篆，追究往事，坐知來茲。膏肓無所遁其形，霧露不能滋其疾：奇跡多緒，嘉聲日聞。是以大君孔休，辟命薦至，入自臥內，問以咎征，造膝必誠，偶事皆中。時更四紀，代且五朝，順風以請天師，斂袵以近皇極，緇素莫能出右，公卿是惟盧左。國家有事天地，將旅海嶽，公嘗致禮加壁，能事潔羞，傳駟載途，郡邑迎謁者，歲四三焉。

《太平廣記·葉法善傳》【10】：葉法善，字道元，本出南陽葉邑，今居處州松陽縣。四代修道，皆以陰功密行及劾召之術救物濟人。母劉，因晝寐，夢流星入口，吞之乃孕，十五月而生。

《葉尊師碑》【11】：至隋大業，歲在丙子，法師是生，凡六百四十二甲子【12】。泊我開元，歲在庚申，形解升云，則春秋百有七矣。

《正統道藏·唐鴻臚卿越國公靈虛見素真人傳》：真人姓葉，名法善，字道元，一字太素，本南陽人也。自葉公沈諸，梁之后屬。漢末桓靈之時，避地江左。鼻祖儉，尋佳山水，得會稽之南鄉，隱於卯酉，家於松陽焉。高祖乾昱，道德有聞。曾祖道興，不墜世業。祖國重，始搆大門。父慧明，業詩禮居儒，素不務榮寵。遊朮山林，枕石漱流。行歌負薪，每結草為舍。預知未然，曰："吾當有子。"妻劉氏，因晝寢，夢流星入口，吞之，繼而有娠。經十有五月，歲在困敦，月黃鍾，而真人生【13】。天無浮翳，四氣朗清。異香入室，神光滿堂。彩云徘徊，玄鶴下降。初真人在胎，聲聞於外。及生而聰明，幼而岐嶷。……

【考辨一】史籍對於葉氏一門何時離開南陽避居松陽並無明載。宋《正統道藏·唐鴻臚卿越國公靈虛見素真人傳》【14】："真人姓葉，名法善，字道元，一

【10】原注云：傳引《集異記》及《仙傳拾遺》。

【11】是碑銘為唐玄宗李隆基於開元二十七年撰，參見《全唐文》。

【12】古時以甲子計歲，以六十日為一甲子，法善享壽642甲子，計38500日左右，計年為105年有餘，法善卒於開元八年六月甲申（六月初三）日中時分（公元720年六月初三日中），以此逆推，法善母劉氏夢流星入口吞之乃孕之時當在大業十二年中，以甲子計歲（即360日為一歲）方為107歲。

【13】人生自母體受精成胎足月即當分娩脫離母體。而是傳以為葉法善母劉氏夢吞流星而有身孕，或許乃葉法善母婚後多年不孕，迫於當時葉氏家族中"不孝有三，無後為大"的種種壓力而假裝有孕，而後因為真有身孕，但其時已過數月，故此其傳有雲發善母受孕後十五月而生。

【14】南宋末年，浙江括蒼地方重修了一部葉法善傳，即今《道藏》本所存的南宋淳祐元年（1240年）《唐鴻臚卿越國公靈虛見素真人傳》（后世簡稱《唐葉真人傳》）。根據時任處州知州馬光祖所作之序，《唐葉真人傳》由浙江麗水縣沖真觀的張道士編集而成。

字太素，本南陽人也。自葉公沈諸，梁之后屬。漢末桓靈之時，避地江左。鼻祖儉，尋佳山水，得會稽之南鄉，隱於卯酉，家於松陽焉。高祖乾昱，道德有聞。曾祖道興，不墜世業。祖國重，始搆大門。父慧明，業詩禮居儒，素不務榮寵。遊眺山林，枕石漱流。行歌負薪，每結草為舍。"而松陽葉氏28世孫、宋儒葉夢得（1077－1148）於《葉氏宗譜·南陽老譜敘》中追述云："處州之葉維出於儉，儉字臣文，仕晉折沖將軍，守括蒼，后遂居縉云。儉之十七世孫曰法善，仕唐開元年，光祿大夫加越國公，有道術，兼天師事。世居縉云、括蒼州、永嘉郡等處。故今處州葉氏家乘名為'括蒼世諜'，蓋宗於儉也，而以松陽縣移風裏為本鄉。"現尚存世的以松陽卯山后村的葉氏《卯峰廣遠葉氏宗譜》12卷（1831年木活字本，葉萬春等主修）為祖本的松陽葉氏宗譜，亦記載了括州葉氏之祖是葉法善的17世祖、東晉折沖將軍葉儉，"得會稽之南鄉，隱於卯酉，家於松陽焉"。本年譜因以胡馬南渡后為葉氏始避松陽之時。

今人浙江麗水學院李丹教授所作《葉法善生平簡譜》據《正統道藏·唐鴻臚卿越國公靈虛見素真人傳》等史料，認為葉法善為江南葉氏始祖葉望第二十三代孫。[15]

【考辨二】關於葉法善生平及生卒年，史有明載，按說當無疑問。先看如下史料：

《舊唐書·方伎·葉法善傳》：道士葉法善，括州括蒼縣人。自曾祖三代為道士，皆有攝養占蔔之術。法善少傳符籙，尤能厭劾鬼神。……法善自高宗、則天、中宗歷五十年，常往來名山，數召入禁中，盡禮問道。睿宗即位，稱法善有冥助之力。先天二年，拜鴻臚卿，封越國公，仍依舊為道士，止於京師之景龍觀，又贈其父為歙州刺史。當時尊寵，莫與為比。……法善生於隋大業之丙子，死於開元之庚子，凡一百七歲。

《太平廣記·葉法善傳》[16]：葉法善，字道元，本出南陽葉邑，今居處州松陽縣。四代修道，皆以陰功密行及劾召之術救物濟人。母劉，因晝寐，夢流星入口，吞之乃孕，十五月而生。

《葉尊師碑》[17]：至隋大業，歲在丙子，法師是生，凡六百四十二甲子[18]。洎我開元，歲在庚申，形解升云，則春秋百有七矣。

【15】查《正統道藏》有關葉法善記載則無此說，而李丹先生所著該譜所葉法善乃江南葉氏始祖葉望第二十三代孫出自何著，亦未標注考詳。

【16】原注云是傳引《集異記》及《仙傳拾遺》。

【17】是碑銘為唐玄宗李隆基於開元二十七年撰，參見《全唐文》。

【18】古時道家以甲子計歲，以六十日為一甲子，法善享壽642甲子，計38520日左右。

《唐鴻臚卿越國公靈虛見素真人傳》[19]：真人姓葉，名法善，字道元，一字太素，本南陽人也。……父慧明，業詩禮居儒，素不務榮寵。遊骯山林，枕石漱流。行歌負薪，每結草為舍。預知未然，曰："吾當有子。"妻劉氏，因晝寢，夢流星入口，吞之，繼而有娠。經十有五月，歲在困頓，月黃鐘，而真人生。天無浮翳，四氣朗清。異香入室，神光滿堂。彩雲徘徊，玄鶴下降。

關於葉法善生年壽考，各傳並無異說，但《太平廣記·葉法善傳》謂"母劉，因晝寢，夢流星入口，吞之乃孕，十五月而生"則提供了一些線索可資考察。今人浙江麗水學院李丹先生更明確指出，葉法善生於隋大業十二年正月。其根據是成書於南宋淳祐年間，由《正統道藏》收錄的麗水沖真觀道士張道統編集而成的《唐鴻臚卿越國公靈虛見素真人傳》中，有"歲在困頓[20]，月黃鐘[21]"之語，故李丹推斷，葉法善生於隋大業十二年春正月。

值得注意的是，葉母劉氏作為一名沒有多少天文知識的鄉間農婦，其晝寢時夢見"流星入口，吞之乃孕"之記載，不應等閒視之。如果在劉氏未有身孕之前的一段時間內，並不曾發生過流星墜落等天象異變，僅是傳記作者為了神化葉法善的出生，那還不如采用更常見的諸如龍鳳等符瑞入夢更為神奇。根據"原型說"理論和弗洛伊德的解夢方法，可以推知，在劉氏有身孕之前，很有可能因其家人曾談及流星墜落等天體異象，因為，這一年是隋帝國因遍及全國的反叛和農民起義而瀕臨瓦解的最後時刻，隋煬帝也隨後不久在南巡途中被隨侍近臣殺死。因此，如果此時發生天象異變，作為一個以善觀星相、明了曆數且以道士為業的家族，葉法善父祖及族人必定關注天象和時局之異變。

考相關史書紀傳，正好在這段時間內有幾則關於流星降落的記錄：

《隋書·煬帝本紀》：十一年十二月戊寅，有大流星如斛，墜明月營，破其沖車。

《隋書·天文》：十一年十二月戊寅，大流星如斛，墜賊盧明月營，破其沖輣，壓殺十余人。

---

[19] 南宋末年，括蒼地方重修了一部葉法善傳，即今《道藏》所存的南宋淳祐元年《唐鴻臚卿越國公靈虛見素真人傳》。據時任處州知州馬光祖所作序，《唐葉真人傳》由浙江麗水縣沖真觀的張道士編集而成。
[20] 李丹先生原注云："困頓"乃十二地支中"子"的別稱。
[21] 李丹先生原注云："黃鐘"為十二音律中的第一律，指一月。

《隋書·天文》：十二年五月丙戌朔，日有蝕之，既【22】。癸巳【23】，大流星隕於吳郡，為石。

《隋書·天文》：十二年八月壬子(二十八日夜)，有大流星如鬥，出王良閣道，聲如隤牆；癸丑(二十九日)，大流星如甕，出羽林。

《隋書·天文》：十三年五月辛亥，大流星如甕，墜於江都。六月，有星孛於太微五帝座，色黃赤，長三四尺所，數日而滅。

大業十一年十二月戊寅與大業十二年五月癸巳及是年八月間連續幾次流星墜落，算是當時天象異變之甚者，而大業十二年五月初一發生的日全食，以及五月初八發生在江浙一帶的大流星雨，特別是落到地面后還有隕石被人發現，其流星雨規模之大也就可想而知了。但此前數年間卻鮮見此類天象異變史料，之后數年間也很少有此類記載。由是言之，劉氏之因晝寐夢吞流星即有身孕，實際上應該是發生在大業十二年的夏秋之際，也就是在是年五月初八郡遭遇大流星之后不久的事情。若《太平廣記·葉法善傳》所云"吞之乃孕，十五月而生"言而有據的話，根據南宋淳祐年間麗水沖真觀張道士所撰《唐葉真人傳》所云葉法善正月生，其實應為葉法善母始受孕時間，而葉法善之誕辰，當在其母劉氏受孕足月之后的大業十三年春夏間。

唐玄宗開元二十七年春御制《葉尊師碑》云："至隋大業，歲在丙子，法師是生，凡六百四十二甲子。洎我開元，歲在庚申，形解升云，則春秋百有七矣。"玄宗以帝王之尊為其道師御制碑銘，所記或當有據，不可斷然加以否定之。然古時道家以甲子計歲，以60日為一甲子，法善享壽642甲子，計日應在38520日。然此百余年間，其中有閏年閏月若干，若以公曆推算，隋大業十二年至唐開元八年，前后105年間共有閏年26，平年79，合計為38351天，占去639個甲子（639×60天＝38340天），故《葉尊師碑》云"凡642甲子"實際應為105年多一點，法善卒於開元八年六月初三日中時分，以此逆推，劉氏夢流星入口吞之乃孕之時當在大業十二年中，以甲子計歲方為107歲。故作者認為，葉母劉氏因夢吞流星而有孕的時間當在隋大業十二年中，而葉法善則出生於隋大業十三年春夏間，即公元617年春夏間。

《唐葉真人傳》云，法善尚在母腹時便有奇異："初真人在胎，聲聞於外。及生而聰明，幼而岐嶷。"而葉法善出生之時，更是天有異象："天無浮翳，四

【22】既，食盡，指日全食或月全食。
【23】是年五月丙戌朔，即五月初一，五月癸巳日即五月初八日。

氣朗清。異香入室，神光滿堂。彩云徘徊，玄鶴下降。"這種景象在地處浙西南的括州松陽的冬春之際並不多見，而這種天象更為常見的應在秋冬之際。《唐葉真人傳》所記之"歲在困敦，月黃鍾，而真人生"其實應為其母劉氏始受孕之期。故本年譜之編撰者以為法善當誕於隋大業十三年間，即617年春夏間。

另外，據南宋淳祐間麗水沖真觀張道士編撰的《唐葉真人傳》所載葉法善之父葉慧明"業詩禮居儒，素不務榮寵。遊骯山林，枕石漱流。行歌負薪，每結草為舍。預知未然，曰：吾當有子"之記載，葉慧明似乎當時是個鄉儒而並非以道士為業，但因為受其父祖影響，也有一些預葡未來的道術。而其"吾當有子"的預見，則暗示葉慧明夫婦似乎婚后多年不曾生育過一個兒子，或者雖然前面生育過子嗣，但也可能已因故夭折了。故知葉法善出生之時，葉慧明夫婦應在中年時期了。據《正統道藏·唐葉真人傳》葉法善年13歲時嘗歎曰堂有垂白之親及家貧無以為養，而稍后法善丁父母憂，更可為葉法善出生時其父母已屆中年的佐證。【24】

隋大業十三年，又為隋恭帝義寧元年，丁丑，公元六一七年。隋煬帝南巡在江都行在。李淵入京師，立代王侑為帝，遙尊隋煬帝為太上皇，改元義寧。葉法善誕於是年，虛歲二歲。

《隋書·恭帝本紀》：恭皇帝，諱侑。大業三年，立為陳王。及煬帝親征遼東，令於京師總留事。十一年，從幸晉陽，拜太原太守。尋鎮京師。義兵入長安，尊煬帝為太上皇，奉帝纂業。義寧元年十一月壬戌，上即皇帝位於大興殿。詔大赦天下，改大業十三年為義寧元年。

《資治通鑒》卷184：初，唐公李淵娶於神武肅公竇毅，生四男，建成、世民、玄霸、元吉；一女，適太子千牛備身臨汾柴紹。

世民聰明勇決，識量過人，見隋室方亂，陰有安天下之志，傾身下士，散財結客，咸得其歡心。世民娶右驍衛將軍長孫晟之女；右勳衛長孫順德，晟之族弟也，與右勳侍池陽劉弘基，皆避遼東之役，亡命在晉陽，依淵，與世民善。晉陽

【24】《正統道藏·唐葉真人傳》："好古學文，十一誦詩書，十二學禮樂。研窮周易，耽味老莊。……與父俱遁乎卯山，樵蔬自給。尋形選勝，占星候氣。登高臨深，窮源逝險。……常尋幽訪隱，得靈墟福地。……家貧，嘗曰：我生人世，功業未成，堂有垂白之親，何以為養？遂傭耕畎畝，日籲不休，時有紫云為之覆蓋。無何居父母喪，乃於歐溪近山訪葡葬之地，有一白鹿外於山下雪中，近之，鹿遂躍去，其臥處溫然，其有白氣互屬高下。……歎曰：斯可藏矣。遂葬焉。真人曰：不遇名師，將何度世。是時歲方十三，從括蒼山入天臺、四明、金華……"

宮監猗氏裴寂，晉陽令武功劉文靜，相與同宿，見城上烽火，寂歎曰："貧賤如此，復逢亂離，將何以自存！"文靜笑曰："時事可知，吾二人相得，何憂貧賤！"文靜見李世民而異之，深自結納，謂寂曰："此非常人，豁達類漢高，神武同魏祖，年雖少，命世才也。"寂初未然之。

淵與裴寂有舊，每相與宴語，或連日夜。文靜欲因寂關說，乃引寂與世民交。世民出私錢數百萬，使龍山令高斌廉與寂博，稍以輸之，寂大喜，由是日從世民遊，情款益狎。世民乃以其謀告之，寂許諾。

葉法善是年誕。虛歲二歲。隨父母居松陽。

【考辨】有關葉法善之生年，古今學者多以神仙道家之流言多虛誕，不可為憑信。然法善之壽考，卒年無疑異，考諸史傳均無異說，為玄宗開元八年六月甲申日日中時分。唐玄宗開元二十七年御制《葉尊師碑》[25]云："至隋大業，歲在丙子，法師是生，凡六百四十二甲子。洎我開元，歲在庚申，形解升雲，則春秋百有七矣"，則唐玄宗以帝王之尊為其御制碑銘，所記或當有據，不可斷然否定。然古人以甲子計歲，以60日為一甲子，法善享壽642甲子，計日應在38500日左右，此百餘年間，其中有閏年閏月若幹，若以公曆計算，期間有閏年26，平年79，合計為38350天左右，占去639個甲子（60日為一甲子，639×60天=38340天），故唐玄宗御制《葉尊師碑》所記凡642甲子計年實際應為105年多一點，法善卒於開元八年六月甲申日（六月初三）日中時分（公元七二零年六月初三），以此推之，法善母劉氏夢流星入口吞之乃孕之時當在大業十二年中，以甲子計歲（以360日為一歲）方為107歲。

參見前條考釋。

通儒王通是年卒，門人薛收等相與議，謚曰文中子。

《舊唐書·文苑·王勃傳附》：王勃，字子安，絳州龍門人。祖通，隋蜀郡司戶書佐。大業末，棄官歸，以著書講學為業。依《春秋》體例，自獲麟后，歷秦、漢至於后魏，著紀年之書，謂之《元經》。又依《孔子家語》、揚雄《法

【25】《葉尊師碑》雖為唐玄宗御制，但史傳以為玄宗有所撰述，皆有臣屬為之代勞。《新唐書·奸臣傳（上）》載："陳希烈者，宋州人。博學，尤深黃老，工文章。開元中，帝儲思經義，自褚無量、元行沖卒，而希烈與康子元、馮朝隱進講禁中，其應答詔問，敷盡微隱，皆希烈為之章句。累遷中書舍人，十九年為集賢院學士，進工部侍郎，知院事。帝有所撰述，希烈必助成之。"因以為此碑銘出自黃門侍郎宋州陳希烈之手筆。

言》例，為客主對答之說，號曰《中說》，皆為儒士所稱。義寧元年卒，門人薛收等相與議，諡曰文中子。

隋恭帝義寧二年，唐高祖武德元年，戊寅，公元六一八年。春三月，煬帝於江南行宮為部屬所弒。恭帝遜位，禪位於唐王李淵。夏五月甲子，李淵於長安太極殿即帝位。改元。葉法善是年三歲，隨父母居松陽。

《資治通鑒》卷185：隋煬帝至江都，荒淫益甚，宮中為百餘房，各盛供張，實以美人，日令一房為主人。江都郡丞趙元楷掌供酒饌，帝與蕭后及幸姬歷就宴飲，酒卮不離口，從姬千餘人亦常醉。然帝見天下危亂，意亦擾擾不自安，退朝則幅巾短衣，策杖步遊，遍歷臺館，非夜不止，汲汲顧景，唯恐不足。見中原已亂，無心北歸，欲都丹陽，保據江東，命群臣廷議之。時江都糧盡，從駕驍果多關中人，久客思鄉裏，見帝無西意，多謀叛歸。郎將竇賢遂帥所部西走，帝遣騎追斬之，而亡者猶不止，帝患之。

《隋書·煬帝本紀》：（恭帝）二年三月，右屯衛將軍宇文化及，武賁郎將司馬德戡、元禮，醫正張愷等，以驍果作亂，入犯宮闈。上崩於溫室，時年五十。

《舊唐書·高祖本紀》：春正月戊辰，隋帝進高祖相國，總百揆，備九錫之禮。唐國置丞相以下，立皇高祖以下四廟於長安通義裏第。夏四月戊戌，世子建成及太宗自東都班師。五月戊午，隋帝詔禪位於唐王李淵。高祖辭讓，百僚上表勸進，再三乃從。隋帝遜於舊邸，改大興殿為太極殿。甲子，高祖即皇帝位於太極殿，命刑部尚書蕭造兼太尉，告於南郊，大赦天下，改隋義寧二年為唐武德元年。義師所行之處，給復三年[26]。

葉法善是年三歲，隨父母家居括州之松陽，聰明伶俐。
《正統道藏·唐葉真人傳》：初真人在胎，聲聞於外。及生而聰明，幼而岐疑。

道士薛頤入秦王李世民府謂秦王當有天下，勸秦王自愛。秦王奏授太史丞。
《舊唐書·方伎·薛頤傳》：薛頤，滑州人也。大業中，為道士。解天文律曆，尤曉雜占。煬帝引入內道場，丞令章醮。武德初，追直秦府。頤嘗密謂秦王曰：「德星守秦分，王當有天下，願王自愛。」秦王乃奏授太史丞，累遷太史令。

【26】給復，即免除賦稅徭役。「給復三年」即免除其三年內的賦稅徭役。

名醫許胤宗是年官拜散騎侍郎。

《舊唐書·方伎·許胤宗傳》：許胤宗，常州義興人也。初事陳，為新蔡王外兵參軍。時柳太后病風不言，名醫治皆不愈，脈益沉而噤。胤宗曰："口不可下藥，宜以湯氣薰之。令藥入腠理，周理即差。"乃造黃蓍防風湯數十斛，置於床下，氣如煙霧，其夜便得語。由是超拜義興太守。陳亡入隋，歷尚藥奉御。武德初，累授散騎侍郎。

時關中多骨蒸病，得之必死，遞相連染，諸醫無能療者。胤宗每療，無不愈。或謂曰："公醫術若神，何不著書以貽將來？"胤宗曰："醫者，意也，在人思慮。又脈候幽微，苦其難別，意之所解，口莫能宣。且古之名手，唯是別脈；脈既精別，然後識病。夫病之於藥，有正相當者，唯須單用一味，直攻彼病，藥力既純，病即立愈。今人不能別脈，莫識病源，以情臆度，多安藥味。譬之於獵，未知兔所，多發人馬，空地遮圍，或冀一人偶然逢也。如此療疾，不亦疏乎！假令一藥偶然當病，復共他味相和，君臣相制，氣勢不行，所以難差，諒由於此。脈之深趣，既不可言，虛設經方，豈加於舊。吾思之久矣，故不能著述耳！"年九十余卒。

唐高祖武德二年，己卯，公元六一九年。詔自今正月、五月、九月不行死刑，禁屠殺。二月乙酉，初定租、庸、調法，令文武官終喪。丙戌，州置宗師一人。鄺國公被殺，追崇為隋帝，諡曰恭。葉法善是年四歲，隨父母居松陽。

《舊唐書·高祖本紀》：二年夏五月己卯，鄺國公薨，追崇為隋帝，諡曰恭。六月戊戌，令國子學立周公、孔子廟，四時致祭，仍博求其后。

《新唐書·高祖本紀》：二年正月，詔自今正月、五月、九月不行死刑，禁屠殺。二月乙酉，初定租、庸、調法，令文武官終喪。丙戌，州置宗師一人。八月丁酉，鄺國公薨。

《資治通鑒》卷187：八月，丁酉，鄺公薨，諡曰隋恭帝；無后，以族子行基嗣。

【考辨】：隋恭帝於義寧二年五月戊午禪位唐王李淵，至是年被殺，然薨期《舊唐書·高祖本紀》曰夏五月己卯，《新唐書·高祖本紀》曰八月丁酉，司馬光修《資治通鑒》不據《舊唐書》之說而采《新唐書》之說，故知《舊唐書》所記為誤。

葉法善四歲，隨父母家居括州之松陽，聰明伶俐。

參見前條考釋。

唐高祖武德三年，庚辰，公元六二零年。二月京師地震。秦王李世民兵圍洛陽，四面攻之，久而不克。葉法善是年五歲，隨父母居松陽。

《資治通鑑》卷188：秦王世民圍洛陽宮城，城中守禦甚嚴，大砲飛石重五十斤，擲二百步，八弓弩箭如車輻，鏃如巨斧，射五百步。世民四面攻之，晝夜不息，旬餘不克。城中欲翻城者凡十三輩，皆不果發而死。唐將士皆疲弊思歸，總管劉弘基等請班師。世民乃下令軍中曰："洛陽未破，師必不還，敢言班師者斬！"眾乃不敢復言。上聞之，亦密敕世民使還，世民表稱洛陽必可克，又遣參謀軍事封德彝入朝面論形勢。德彝言於上曰："世充得地雖多，率皆羈屬，號令所行，唯洛陽一城而已，智盡力窮，克在朝夕。今若旋師，賊勢復振，更相連接，后必難圖！"上乃從之。世民遣世充書，諭以禍福；世充不報。

葉法善是年五歲，隨父母居松陽。或於是年已隨父學道習書。

《唐故葉有道先生神道碑》："孫子景龍觀道士鴻臚卿越國公，幼得父書，早傳成法。贪念有訓，邁跡自身，讀天下之書，備方外之術。"又，李邕所撰《大唐贈歙州刺史葉公神道碑並序》云："……則我越公襲上德，延慶靈，生而知之，學而習之，有專門之資，得玉丞之業，才齔粗道，既冠同玄，訊遠嶽之福庭，觀幽尋之方士。"《禮記》："人生十年曰幼。"然葉法善尚在母腹時便已"聲聞於外，及生而聰明，幼而岐嶷"，既是"幼得父書，早傳成法"，那麼，法善始學道學書當不可以常人比之。因以法善年僅五歲便隨父學書習道，及至法善換齒之年便已"既冠同玄"。因係之。

唐高祖武德四年，辛巳，公元六二一年。是年竇建德降，秦王李世民平洛陽，觀隋宮室，命撤端門樓，焚乾陽殿，毀則天門及闕；廢諸道場，城中僧尼，留有名德者各三十人，余皆返初。又開館延攬文學之士，杜如晦、房玄齡、虞世南、褚亮、姚思廉、陸德明、孔穎達、許敬宗之流均預選。秦王與之討論經義，或夜分而罷。初行開元通寶。葉法善是年六歲，隨父母居松陽，有辨疑析異之智。

《舊唐書·高祖本紀》：五月己未，秦王大破竇建德之眾於武牢，擒建德，河北悉平。丙寅，王世充舉東都降，河南平。秋七月甲子，秦王凱旋，獻俘於太廟。廢五銖錢，行開元通寶錢。斬竇建德於市。甲戌，建德余黨劉黑闥據漳南反。

《舊唐書·太宗本紀》：高祖四年十月，加號天策上將、陝東道大行臺，位在王公上。增邑二萬戶，通前三萬戶。賜金輅一乘，袞冕之服，玉璧一雙，黃金六千斤，前后部鼓吹及九部之樂，班劍四十人。於時海內漸平，太宗乃銳意經籍，開文學館以待四方之士。杜如晦等十有八人為學士，每更直閣下，降以溫顏，與之討論經義，或夜分而罷。

葉法善是年六歲，於括州松陽卯山家隨父學書習道，有辨疑析異之智。
《唐葉真人傳》云：“初真人在胎，聲聞於外。及生而聰明，幼而岐疑。年甫七歲，識量溫雅，貌古老成。父熟視之曰：‘汝幼勤苦，老必雅貴。’”故知葉法善年少有智，因係之。
是年秦王世民既平王世充，宇內復歸寧一。由是乃開館延攬文學之士，杜如晦、房玄齡、虞世南、褚亮、姚思廉、陸德明、孔穎達、許敬宗之流均與遊耶[27]。時人謂士大夫預其選者為“登瀛洲”。隨后之貞觀之治亦實肇基於是。
法善父慧明不承父業修道反而“業詩禮居儒”，[28] 抑或以此之故乎？

唐高祖武德五年，壬午，公元六二二年。太子建成與齊王元吉及諸嬪妃共短秦王李世民，兄弟由是不睦。高祖亦始無易太子意。五月，劉黑闥既降，復反。高祖怒，命太子建成取山東男子十五以上悉坑之，驅其小弱婦女以實關中。太宗切諫，遂已。葉法善是年七歲，於括州松陽卯山家隨父學書習道。
《資治通鑒》卷190：上之起兵晉陽也，皆秦王世民之謀，上謂世民曰：“若事成，則天下皆汝所致，當以汝為太子。”世民拜且辭。及為唐王，將佐亦請以世民為世子，上將立之，世民固辭而止。太子建成性寬簡，喜酒色遊畋；齊王元吉，多過失：皆無寵於上。世民功名日盛，上常有意以代建成，建成內不自安，乃與元吉協謀，共傾世民，各引樹黨友。

【27】《資治通鑒》卷189：（武德四年）世民以海內浸平，乃開館於宮西，延四方文學之士，出教以王府屬杜如晦，記室房玄齡、虞世南薛收，文學褚亮、姚思廉，主簿李玄道，參軍蔡允恭、薛元敬、顏相時，咨議典簽蘇勖，天策府從事中郎於志宇，軍咨祭酒蘇世長，倉曹李守素，國子助教陸德明、孔穎達，信都蓋文達，宋州總管府戶曹許敬宗，並以本官兼文學館學士，分為三番，更日直宿，供給珍膳，恩禮優厚。世民朝謁公事之暇，輒至館中，引諸學士討論文籍，或夜分乃寢。又使庫直閻立本圖像，褚亮為贊，號十八學士。士大夫得預其選者，時人謂之登瀛洲。
【28】《正統道藏·唐鴻臚卿越國公靈虛見素真人傳》云：“父慧明，業詩禮居儒，素不務榮寵。遊肮山林，枕石漱流。行歌負薪，每結草為舍。”

上晚年多內寵，小王且二十人，其母競交結諸長子以自固。建成與元吉曲意事諸妃嬪，諂諛賂遺，無所不至，以求媚於上。世民獨不奉事諸妃嬪，諸妃嬪爭譽建成元吉而短世民。

世民平洛陽，上使貴妃等數人詣洛陽選閱隋宮人及收府庫珍物。貴妃等私從世民求寶貨及為其親屬求官，世民曰：「寶貨皆已籍奏，官當授賢才有功者。」皆不許，由是益怨。世民每侍宴宮中，對諸妃嬪，思太穆皇后早終，不得見上有天下，或歔欷流涕，上顧之不樂。由是無易太子意，待世民浸疏，而建成、元吉日親矣。

《舊唐書·太宗本紀》：五年正月，討劉黑闥於洺州，敗之。黑闥既降，已而復反。高祖怒，命太子建成取山東男子十五以上悉坑之，驅其小弱婦女以實關中。太宗切諫，以為不可，遂已。

葉法善是年七歲，於括州松陽卯山家隨父學書習道，或云法善是歲始涉江而遊。然法善是年七歲是為虛歲，其實年未滿六歲，故涉江遊學之事必不在此年。

《葉尊師碑》：初，師甫七歲，涉江而遊。迨及三年，人以為溺。及還，問其故。則曰：「三青童子引之，憩於華堂峻宇，咽靈漿，吸雲漿，太上鎮之，是以留也。」

《太平廣記·葉法善傳》：年七歲，溺於江中，三年不還。父母問其故，曰：「青童引我，飲以雲漿，故少留耳。」亦言青童引朝太上，太上領而留之。

《正統道藏·唐葉真人傳》：年甫七歲，識量溫雅，貌古老成。父熟視之曰：「汝幼勤苦，老必雅貴。」於是涉江而遊，三年不返，家人謂已溺亡。

【考辨】：根據上述三則傳紀中的不同記述，有如下幾個方面的事項值得注意：據《唐葉真人傳》所述，葉法善少年老成，識量溫雅。由此可以推定，葉法善少年時代受過良好的教育。根據《太平廣記》卷26記載，葉法善年甫七歲時未與父母家人辭別便外去尋師問道，於情於禮於法均不可信。葉法善離家涉江遊學仙道決非偶然興起，而是事出有因。且《唐葉真人傳》云法善涉江而遊與乃父所云「汝幼勤苦，老必雅貴」存在明顯的因果關係。可有如下假設：

（一）葉法善辭親遠遊學道或為父祖安排。東晉南朝以降，東吳甌越學道之家，素有將子弟寄養他家之風。東晉世家大族子弟南朝著名詩人謝靈運幼年時便被寄養在知名道士錢塘杜家，故其乳名為客兒，世稱謝客。故此，葉法善既承父祖道統，年甫七歲便辭家遠遊尋師學道，或當是由家族中預先安排。

（二）葉氏一門四世修道，且葉法善早有令聞，或為某一雲遊到松陽之道士相中以傳其衣缽，故而在未知會葉氏夫婦家人的情況下，便令數名道士趁葉法善獨自在野外玩耍時將其"誘拐"之其道觀中悉心教誨之。

（三）《正統道藏·唐葉真人傳》云法善年甫七歲便"識量溫雅、貌古老成。父熟視之曰：'汝幼勤苦，老必雅貴。'"因此葉法善年甫七歲便志存遠遊尋師之願，但此事或當發生在次年或更后年份。此云年甫七歲，或實為年滿七歲。又傳云法善三年不歸，然十歲時始歸家見父母，故逆推知其離家辭親遊仙問道之事當在法善八歲左右時。

（四）史傳云其父素有預知未然之能，法善離家遊學之初家人並無悲戚，待及三年家人始謂法善或已溺亡，表明葉法善離家辭親遠遊是經過父母同意甚或是特意安排的。以其父葉慧明有預知未然之能，及"汝幼勤苦，老必雅貴"之預言，表明法善離家遠遊是受到家人與父母鼓勵贊同的。法善學道三年歸家后所云"三青童子引之，憩於華堂峻宇，咽靈藥，吸雲漿，太上鎮之，是以留也"，則正是葉法善為某一宮觀建築氣象頗為宏偉的大型道觀廟宇中某位頗具修為的道長"誘拐"去學道的實況描述。

唐高祖武德六年，癸未，公元六二三年。葉法善是年八歲。辭親離家遊學當在是年。唐女皇武則天是年生。術士袁天網見之，乃以為后必為女主。

《資治通鑒》卷190：平陽昭公主薨。二月戊午，葬公主。詔加前后部鼓吹、班劍四十人，武賁甲卒。太常奏："禮，婦人無鼓吹。"上曰："鼓吹，軍樂也。公主親執金鼓，興義兵以輔成大業，豈與常婦人比乎！"

葉法善是年八歲。辭親離家遊學當在是年。法善遊學處當為天臺茅君所。

【考辨】：《葉尊師碑》云："迫及三年，人以為溺。及還，問其故。則曰：'三青童子引之，憩於華堂峻宇，咽靈藥，吸雲漿，太上鎮之，是以留也。'十五中毒死，又見昔青童曰：'天臺茅君飛印印其腹，始珠閴絕，良久谺如。'"其所云又見昔青童，則年十五的法善中毒殆死，所施救者乃法善昔日所遇的青童，且青童云是天臺茅君飛印相救。由此可知法善當年所遊學處乃天臺茅君之宮觀。《葉尊師碑》又云："遂乃杖策遊諸名山，遠訪茅君而遇。嶽骨上起，目瞳正方，冰雪綽約，嫣焉微笑，曰：'爾來乎！爾名已登仙格，身逢魔試，故此相救，宜勉之！當以輔人弼教為意，無汲汲於去來也。'"法善病稍愈乃杖策遊諸名山，遠訪茅君而遇，則當時可能法善所中毒尚未全解，須待進一步療毒。因其病體尚弱而需杖策而遊。及待見茅君於其駐所，茅君言語對於法善十分親昵疼惜，實有故人情誼。又告之以法善已登仙格而施救，並囑法善當以"輔人弼教為意，無汲汲於去來"。因係之。

唐女皇武則天是年生。術士袁天綱見之，乃以為后必為女主。

《舊唐書·則天皇后本紀》：則天皇后武氏，諱曌，並州文水人也。后年十四，太宗聞其有色，選為才人。太宗崩，后削髮為比丘尼，居於感業寺。神龍元年冬十一月壬寅，則天將大漸，遺制祔廟、歸陵，令去帝號，稱則天大聖皇后；其王、蕭二家及褚遂良、韓瑗等子孫親屬當時緣累者，咸令復業。是日，崩於上陽宮之仙居殿，年八十三，諡曰則天大聖皇后。

考諸史傳，武后崩於神龍元年冬十一月，年八十三，逆推知武則天是年生。

《舊唐書·方伎·袁天綱傳》：則天初在繈褓，天綱來至第中，謂其母曰："唯夫人骨法，必生貴子。"乃召諸子，令天綱相之。見元慶、元爽曰："此二子皆保家之主，官可至三品。"見韓國夫人曰："此女亦大貴，然不利其夫。"乳母時抱則天，衣男子之服，天綱曰："此郎君子神色爽徹，不可易知，試令行看。"於是步於床前，仍令舉目，天綱大驚曰："此郎君子龍睛鳳頸，貴人之極也。"更轉側視之，又驚曰："必若是女，實不可窺測，后當為天下之主矣！"

唐高祖武德七年，甲申，公元六二四年。高祖是年春二月釋奠國子學，令諸儒參講諸經典。又新頒律令，初定租庸調法。突厥屢犯關中，諸大臣議遷都，獨秦王諫為不可，並請纓卻寇虜。葉法善是年九歲，辭親離家遊學中。

《新唐書·高祖本紀》：七年春二月丁巳，幸國子學，親臨釋奠。三月戊寅，廢尚書省六司侍郎，增吏部郎中秩正四品，掌選事。夏四月庚子，大赦天下，頒行新律令。以天下大定，詔遭父母喪者聽終制。

《舊唐書·太宗本紀》：七年秋，突厥頡利、突利二可汗自原州入寇，侵擾關中。有說高祖云："只為府藏子女在京師，故突厥來，若燒卻長安而不都，則胡寇自止。"高祖乃遣中書侍郎宇文士及行山南可居之地，即欲移都。蕭瑀等皆以為非，然終不敢犯顏正諫。太宗獨曰："霍去病，漢廷之將帥耳，猶且志滅匈奴。臣忝備藩維，尚使胡塵不息，遂令陛下議欲遷都，此臣之責也。幸乞聽臣一申微效，取彼頡利。若一兩年間不系其頸，徐建移都之策，臣當不敢復言。"高祖怒，仍遣太宗將三十余騎行劃。

葉法善是年九歲，辭親離家遊學中。其間憩於華堂峻宇，咽靈藥，吸雲漿【29】。

《葉尊師碑》：初，師甫七歲，涉江而遊。迨及三年，人以為溺。及還，問其故。則曰：「三青童子引之，憩於華堂峻宇，咽靈藥，吸云漿，太上鎮之，是以留也。」

《唐葉真人傳》：年甫七歲，識量溫雅，貌古老成。父熟視之曰：「汝幼勤苦，老必雅貴。」於是涉江而遊，三年不返，家人謂已溺亡。及還，問其故。則曰：「二青童引我，飲以云漿，留連許時。」

《太平廣記·葉法善傳》：年七歲，溺於江中，三年不還。父母問其故，曰：「青童引我，飲以云漿，故少留耳。」亦言青童引朝太上，太上領而留之。

名儒徐文遠奉旨於國子學發《春秋》題，諸儒設難蜂起，文遠隨方占對，眾未能屈。

《舊唐書·儒學·徐文遠傳》：武德六年，高祖幸國學【30】，觀釋奠，遣文遠發《春秋》題，諸儒設難蜂起，隨方占對，皆莫能屈。封東莞縣男。年七十四，卒官。撰《左傳音》三卷、《義疏》六十卷。

名儒陸德明奉旨於國子學難徐文遠所講《孝經》、道士劉進喜所講《老子》及沙門惠乘所講《般若經》，高祖善之。

《舊唐書·儒學·陸德明傳》：陸德明，蘇州吳人也。初受學於周弘正，善言玄理。王世充平，太宗征為秦府文學館學士，命中山王承乾從其受業。尋補太學博士。后高祖親臨釋奠，時徐文遠講《孝經》，沙門惠乘講《般若經》，道士劉進喜講《老子》，德明難此三人，各因宗指，隨端立義，眾皆為之屈。高祖善之，賜帛五十四。撰《經典釋文》三十卷、《老子疏》十五卷、《易疏》二十卷，並行於世。

歐陽詢是年奉詔與裴矩、陳叔達撰《藝文類聚》一百卷。

【29】前條考釋已經說明法善遊學所居乃天臺茅君所。所謂憩於華堂峻宇，咽靈藥，吸云漿，不過居於一比其家華麗的宮觀廟宇，喝一些由道士們自己調配的具有滋養健身養顏延年中草藥湯。考諸孫思邈所撰《千金方》《攝生真錄》及《枕中素書》諸書，即有諸多修道之士所用辟穀求仙之方藥配伍。

【30】考諸新舊《唐書》高祖本紀，高祖臨國子學釋奠事在武德七年二月丁巳，與《儒學傳》所載有異。

《新唐書·儒學·歐陽詢傳》：歐陽詢，潭州臨湘人，陳大司空頠之孫也。父紇，陳廣州刺史，以謀反誅。詢當從坐，僅而獲免。陳尚書令江總與紇有舊，收養之，教以書計。雖貌甚寢陋，而聰悟絕倫，讀書即數行俱下，博覽經史，尤精《三史》。仕隋為太常博士。高祖微時，引為賓客。及即位，累遷給事中。詢初學王羲之書，后更漸變其體，筆力險勁，為一時之絕。人得其尺牘文字，咸以為楷範焉。高麗甚重其書，嘗遣使求之。高祖歎曰："不意詢之書名，遠播夷狄，彼觀其跡，固謂其形魁梧耶！"武德七年，詔與裴矩、陳叔達撰《藝文類聚》一百卷。奏之，賜帛二百段。貞觀初，官至太子率更令、弘文館學士，封渤海縣男。年八十余卒。

唐高祖武德八年，乙酉，公元六二五年。秦王李世民進位中書令。葉法善是年十歲，辭親離家遊學中。

《新唐書·太宗本紀》：八年，進位中書令。初，高祖起太原，非其本意，而事出太宗。及取天下，破宋金剛、王世充、竇建德等，太宗切益高，而高祖屢許以為太子。太子建成懼廢，與齊王元吉謀害太宗，未發。

葉法善是年十歲，辭親離家遊學中。

《唐葉真人傳》：年十歲，有善人倫者，曰："子以日角月淵，隆集樓背，脩上促下，當為帝王之師。"

唐高祖武德九年，丙戌，公元六二六年。詔定雅樂。詔民間不得妄立妖祠。自非蔔筮正術，其余雜占，悉從禁絕。又詔除佛法，事竟不行。六月庚申，秦王以皇太子建成與齊王元吉同謀害己，率兵誅之。詔立秦王為皇太子，繼統萬機，大赦天下。八月癸亥，詔傳位於皇太子。尊帝為太上皇，徙居弘義宮，改名太安宮。甲子，太宗即皇帝位於東宮顯德殿。葉法善是年十一歲。學成歸家，侍奉親老，隨父耕讀，始習詩書。

《舊唐書·高祖本紀》：夏五月，辛巳，以京師寺觀不甚清淨，詔廢浮屠、老子法[31]。六月庚申，秦王以皇太子建成與齊王元吉同謀害己，率兵誅之。詔

【31】《舊唐書·高祖本紀》：夏五月辛巳，以京師寺觀不甚清淨，詔曰：釋迦闡教，清淨為先，遠離塵垢，斷除貪欲。所以弘宣勝業，修植善根，開導愚迷，津梁品庶。是以敷演經教，檢約學徒，調懺身心，舍諸染著，衣服飲食，咸資四輩。自覺王遷謝，像法流行，末代陵遲，漸以虧濫。乃有猥賤之侶，規自尊高；浮惰之人，苟避徭役。妄為剃度，

立秦王為皇太子，繼統萬機，大赦天下。八月癸亥，詔傳位於皇太子。尊帝為太上皇，徙居弘義宮，改名太安宮。

《資治通鑒》卷191：春正月己亥，太史令傅奕上疏請除佛法曰：“佛在西域，言妖路遠；漢譯胡書，恣其假托。使不忠不孝削髮而揖君親，遊手遊食易服以逃租賦。偽啟三塗，謬張六道，恐愒愚夫，詐欺庸品。乃追懺既往之罪，虛規將來之福；布施萬錢，希萬倍之報，持齋一日，冀百日之糧。遂使愚迷，妄求功德，不憚科禁，輕犯憲章；有造為惡逆，身墜刑網，方乃獄中禮佛，規免其罪。且生死壽夭，由於自然；刑德威福，關之人主；貧富貴賤，功業所招；而愚僧矯詐，皆云由佛。竊人主之權，擅造化之力，其為害政，良可悲矣！……”

上詔百官議其事，唯太僕卿張道源稱奕言合理。蕭瑀曰：“佛，聖人也，而奕非之；非聖人者無法，當治其罪。”奕曰：“人之大倫，莫如君父。佛以世嫡而叛其父，以匹夫而抗天子。蕭瑀不生於空桑，乃遵無父之教。非孝者無親，瑀之謂矣！”瑀不能對，但合手曰：“地獄之設，正為是人！”

上亦惡沙門、道士苟避征徭，不守戒律，皆如奕言。又寺觀鄰接廬邸，混雜屠沽。辛巳，下詔命有司沙汰天下僧、尼、道士、女冠，其精勤練行者，遷居大寺觀，給其衣食，無令闕乏。庸猥粗穢者，悉令罷道，勒還鄉裏。京師留寺三所，觀二所，諸州各留一所，余皆罷之。

葉法善是年十一歲。自修道處辭師歸省，侍奉親老，隨父耕讀，始習詩書。

《唐葉真人傳》：（法善）性純潔，自小不茹葷，獨處幽室。好古學文，十一誦詩書，十二學禮樂。

【考辨】葉法善離家三載，及歸，乃父葉慧明受唐高祖禁佛道重儒學崇詩書

托號出家，嗜欲無厭，營求不息。出入間裏，周旋闤闠，驅策田產，聚積貨物。耕織為生，估販成業，事同編戶，跡等齊人。進違戒律之文，退無禮典之訓。至乃親行劫掠，躬自穿窬，造作妖訛，交通豪猾。每罹憲網，自陷重刑，黷亂真如，傾毀妙法。譬茲稂莠，有穢嘉苗；類彼淤泥，混夫清水。又伽藍之地，本曰淨居，棲心之所，理尚幽寂。近代以來，多立寺舍，不求閑曠之境，唯趨喧雜之方。繕采崎嶇，棟宇殊拓，錯舛隱匿，誘納奸邪。或有接延鄽邸，鄰近屠酤，埃塵滿室，膻腥盈道。徒長輕慢之心，有虧崇敬之義。且老氏垂化，實貴沖虛，養志無為，遺情物外。全真守一，是謂玄門，驅馳世務，尤乖宗旨。朕膺期馭宇，興隆教法，志思利益，情在護持。欲使玉石區分，薰蕕有辨，長存妙道，永固福田，正本澄源，宜從沙汰。諸僧、尼、道士、女寇等，有精勤練行、守戒律者，並令大寺觀居住，給衣食，勿令乏短；其不能精進、戒行有闕、不堪供養者，並令罷遣，各還桑梓。所司明為條式，務依法教，違制之事，悉宜停斷。京城留寺三所，觀二所。其餘天下諸州，各留一所。余悉罷之。

之影響，已轉而業儒，教授蒙童詩書禮樂【32】。然其所居之處偏狹，人口非眾，願意送子弟來受教遺束修者尚寡，故而法善后有親老家貧之歎。

隱太子洗馬魏徵為太宗所賞識，數與太宗論政之得失【33】。太宗即位，擢拜徵諫議大夫，封鉅鹿縣男。

《舊唐書·魏徵傳》：魏徵，字玄成，鉅鹿曲城人也。父長賢，北齊屯留令。徵少孤貧，落拓有大志，不事生業，出家為道士。好讀書，多所通涉，見天下漸亂，尤屬意縱橫之說。大業末，武陽郡丞元寶藏舉兵以應李密，召徵使典書記。密每見寶藏之疏，未嘗不稱善，既聞徵所為，遽使召之。徵進十策以幹密，雖奇之而不能用。因拂衣而去。及密敗，徵隨密來降，至京師，久不見知。自請安緝山東，乃授秘書丞，驅傳至黎陽。

隱太子聞其名，引直洗馬，甚禮之。徵見太宗勳業日隆，每勸建成早為之所。及敗，太宗使召之，謂曰："汝離間我兄弟，何也？"徵曰："皇太子若從徵言，必無今日之禍。"太宗素器之，引為詹事主簿。及踐祚，擢拜諫議大夫，封鉅鹿縣男，使安緝河北，許以便宜從事。

太宗新即位，勵精政道，數引徵入臥內，訪以得失。徵雅有經國之才，性又抗直，無所屈撓。太宗與之言，未嘗不欣然納受。徵亦喜逢知己之主，思竭其用，知無不言。

【32】葉慧明是時以儒為業、教授生徒，可參見李邕所撰《葉慧明碑及序》，其云："雅好酒德，尤邃老經，話言解頤，精義絕倒，誘進不倦，虛納盡歡。……故師長旌禮，邦族與化，智者謂智，仁者謂仁，雖褐塞桑樞，紽衣韋帶，必避埜加敬，懷風惕息焉。"
【33】《資治通鑑》卷192載：上勵精求治，數引魏徵入臥內，訪以得失；徵知無不言，上皆欣然嘉納。上遣使點兵，封德彝奏："中男雖未十八，其軀幹壯大者，亦可並點。"上從之。敕出，魏徵固執以為不可，不肯署敕，至於數四。上怒，召而讓之曰："中男壯大者，乃奸民詐妄以避征役，取之何害，而卿固執至此！"對曰："夫兵在御之得其道，不在眾多。陛下取其壯健，以道御之，足以無敵於天下，何必多取細弱以增虛數乎！且陛下每云：'吾以誠信御天下，欲使臣民皆無欺詐。'今即位未幾，失信者數矣！"上愕然曰："朕何為失信？"對曰："陛下初即位，下詔云：'逋負官物，悉令蠲免。'有司以為負秦府國司者，非官物，征督如故。陛下以秦王升為天子，國司之物，非官物而何！又曰：'關中免二年租調，關外給復一年。'既而繼有敕云：'已役已輸者，以來年為始。'散還之后，方復更征，百姓固已不能無怪。今既征得物，復點為兵，何謂來年為始乎！又，陛下所與共治天下者在於守宰，居常簡閱，鹹以委之；至於點兵，獨疑其詐，豈所謂以誠信為治乎！"上悅曰："向者朕以卿固執，疑卿不達政事，今卿論國家大體，誠盡其精要。夫號令不信，則民不知所從，天下何由而治乎？朕過深矣！"乃不點中男，賜征金甕一。

名儒孔穎達為太宗屢進忠言，及太宗即位，為其闡揚孔教“能否多寡”之義。又為太子撰《孝經章句》，因文以盡箴諷。並以太子不法，數面折之。帝知數爭太子失，賜黃金一斤、絹百四。久之，拜祭酒，侍講東宮。

《舊唐書·儒學·孔穎達傳》：孔穎達，字仲達，冀州衡水人。八歲就學，誦記日千余言，暗記《三禮義宗》。及長，明服氏《春秋傳》、鄭氏《尚書》、《詩》、《禮記》、王氏《易》，善屬文，通步曆。嘗造同郡劉焯，焯名重海內，初不之禮，及請質所疑，遂大畏服。

隋大業初，舉明經高第，授河內郡博士。太宗平洛，授文學館學士，遷國子博士。貞觀初封曲阜縣男，轉給事中。時帝新即位，穎達數以忠言進。以論撰勞，加散騎常侍，爵子。

皇太子令穎達撰《孝經章句》，因文以盡箴諷。帝知數爭太子失，賜黃金一斤、絹百匹。久之，拜祭酒，侍講東宮。帝幸太學觀釋菜，命穎達講經，畢，上《釋奠頌》，有詔褒美。后太子稍不法，穎達爭不已，乳夫人曰：“太子既長，不宜數面折之。”對曰：“蒙國厚恩，雖死不恨。”劘切愈至。后致仕，卒，陪葬昭陵，贈太常卿，諡曰憲。

藥王孫思邈或於是年奉詔來京。太宗見之，嗟其容色甚少，謂曰：“故知有道者誠可尊重，羨門、廣成，豈虛言哉！”將授以爵位，固辭不受。

《舊唐書·方伎·孫思邈傳》：孫思邈，京兆華原人也。七歲就學，日誦千余言。弱冠，善談莊、老及百家之說，兼好釋典。洛州總管獨孤信見而歎曰：“此聖童也。但恨其器大，難為用也。”周宣帝時，思邈以王室多故，隱居太白山。隋文帝輔政，征為國子博士，稱疾不起。嘗謂所親曰：“過五十年，當有聖人出，吾方助之以濟人。”及太宗即位，召詣京師，嗟其容色甚少，謂曰：“故知有道者誠可尊重，羨門、廣成，豈虛言哉！”將授以爵位，固辭不受。

文士張蘊古獻《大寶箴》[34]以諷，太宗善之，賜以束帛，除大理丞。

《舊唐書·文苑·張蘊古傳》：張蘊古，相州洹水人也。性聰敏，博涉書傳，善綴文，能背碑覆局。尤曉時務，為州閭所稱。自幽州總管府記室直中書省。太宗初即位，上《大寶箴》以諷，太宗嘉之，賜以束帛，除大理丞。

名醫甄立言是年冬十月奉詔為御史大夫杜淹視風毒疾，立言奏杜淹“從今更十一日午時必死”。后果如其言，杜淹冬十月庚辰卒。

【34】參見全唐文所收錄之張蘊古《大寶箴》。

《舊唐書·方伎·甄立言傳》：武德中累遷太常丞。御史大夫杜淹患風毒發腫，太宗令立言視之。既而奏曰："從今更十一日午時必死。"【35】果如其言。時有尼明律，年六十余，患心腹鼓脹，身體羸瘦，已經二年。立言診脈曰："其腹內有蟲，當是誤食發為之耳。"因令服雄黃，須臾吐一蛇，如人手小指，唯無眼，燒之，猶有發氣，其疾乃愈。立言尋卒。撰《本草音義》七卷，《古今錄驗方》五十卷。

《舊唐書·甄權傳》：甄權，許州扶溝人。以母病與弟立言究習方書，遂為高醫。

《舊唐書·太宗本紀》：冬十月庚辰，御史大夫、安吉郡公杜淹卒。

唐太宗貞觀元年，丁亥，公元六二七年。貞觀之治肇基於是年。制令"自今中書、門下及三品以上入閣議事，皆命諫官隨之，有失輒諫"。命吏部尚書長孫無忌等與學士、法官更議定律令。關中饑，至有鬻男女者。葉法善是年十二歲。遊學歸家后，侍奉親老，隨父耕讀，習詩書禮樂。

《舊唐書·太宗本紀》：十二月壬午，上謂侍臣曰："神仙事本虛妄，空有其名。秦始皇非分愛好，遂為方士所詐，乃遣童男女數千人隨徐福入海求仙藥，方士避秦苛虐，因留不歸。始皇猶海側踟躕以待之，還至沙丘而死。漢武帝為求仙，乃將女嫁道術人，事既無驗，便行誅戮。據此二事，神仙不煩妄求也。"

《資治通鑒》卷192：春正月乙酉，改元。上命吏部尚書長孫無忌等與學士、法官更議定律令，寬絞刑五十條為斷右趾，上猶嫌其慘，曰："肉刑廢已久，宜有以易之。"蜀王法曹參軍裴弘獻請改為加役流，流三千裏，居作三年。詔從之。

上令封德彝舉賢，久無所舉。上詰之，對曰："非不盡心，但於今未有奇才耳。"上曰："君子用人如器，各取所長，古之致治者，豈借才於異代乎？正患己不能知，安可誣一世之人！"德彝慚而退。御史大夫杜淹奏："諸司文案恐有稽失，請令御史就司檢校。"上以問封德彝，對曰："設官分職，各有所司。果有愆違，御史自應糾舉；若遍歷諸司，搜括疵纇，太為煩碎。"淹默然。上問淹："何故不復論執？"對曰："天下之務，當盡至公，善則從之。德彝所言，真得大體，臣誠心服，不敢遂非。"上悅曰："公等各能如是，朕復何憂！"

【35】《新唐書》本傳謂其去此十日必死。與此說略亦。《新唐書·方伎·甄權傳附甄立言傳》云：（弟）立言仕為太常丞。杜淹苦流腫，帝遣視，曰："去此十日，午漏上，且死。"如之。有道人必腹瀡煩彌二歲，診曰："腹有蟲，誤食發而然。"令餌雄黃一劑，少選，吐一蛇如拇，無目，燒之有發氣，乃愈。

是歲，關中饑，至有鬻男女者。

葉法善是年十二歲，於松陽故居侍奉親老，隨父耕讀，修習儒家經典《禮》《樂》。

《唐故葉有道先生神道碑》：孫子景龍觀道士鴻臚卿越國公，幼得父書，早傳成法。夤念有訓，邁跡自身，讀天下之書，備方外之術。

《唐葉真人傳》：家貧，嘗曰：“我生人世，功業未成，堂有垂白之親，何以為養？”遂備耕畝畝，日籲不休，時有紫云為之覆蓋。同人奪其陰處，云亦隨之。被漁者掃水外於泥中，口中不言，色亦不慍。牧馬既去其害，牧牛瓦無其金。”

名儒陸德明是年官拜國子博士，封吳縣男。太宗后嘗閱德明《經典釋文》，甚嘉之，賜其家束帛二百段。

《舊唐書·儒學·陸德明傳》：貞觀初，拜國子博士，封吳縣男。尋卒。撰《經典釋文》三十卷、《老子疏》十五卷、《易疏》二十卷，並行於世。太宗后嘗閱德明《經典釋文》，甚嘉之，賜其家束帛二百段。

袁朗以文章見知於太宗。或於是年卒官，太宗為之息朝一日。有文集十四卷。

《舊唐書·文苑·袁朗傳》：袁朗，雍州長安人，陳尚書左僕射樞之子。其先自陳郡仕江左，世為冠族，陳亡徙關中。朗勤學，好屬文。在陳，釋褐秘書郎，甚為尚書令江總所重。嘗制千字詩，當時以為盛作。陳后主聞而召入禁中，使為《月賦》，朗染翰立成。后主曰：“觀此賦，謝希逸不能獨美於前矣！”又使為《芝草》《嘉蓮》二頌，深見優賞。武德初，授齊王文學、祠部郎中，封汝南縣男，再轉給事中。貞觀初卒官。太宗為之廢朝一日，謂高士廉曰：“袁朗在任雖近，然其性謹厚，特使人傷惜。”因敕給其喪事，並存問妻子。有文集十四卷。

賀德仁以文章見知於太宗。太宗即位，轉趙王友，或於是年卒。有文集二十卷。

《舊唐書·文苑·賀德仁傳》：賀德仁，越州山陰人也。德仁少與從兄基俱事國子祭酒周弘正，咸以詞學見稱。時人語曰：“學行可師賀德基，文質彬彬賀德仁。”德仁兄弟八人，時人方之荀氏。入隋，僕射楊素薦之，授豫章王府記室參軍。王以師資禮之，恩遇甚厚。素與隱太子善，及高祖平京師，隱太子封隴西

公，用德仁為隴西公友。尋遷太子中舍人，以衰老不習吏事，轉太子洗馬。時蕭德言亦為洗馬，陳子良為右衛率府長史，皆為東宮學士。貞觀初，德仁轉趙王友。無幾，卒，年七十余。有文集二十卷。

蔡允恭以文學見知於太宗。或於是年除太子洗馬，尋致仕，卒於家。有集十卷，又撰《后梁春秋》十卷。

《舊唐書·文苑·蔡允恭傳》：蔡允恭，荊州江陵人也。允恭有風采，善綴文。仕隋歷著作佐郎、起居舍人。雅善吟詠。煬帝屬詞賦，多令諷誦之。嘗遣教宮女，允恭深以為恥，因稱氣疾，不時應召。煬帝又許授以內史舍人，更令入內教宮人，允恭固辭不就，以是稍被疏絕。江都之難，允恭從宇文化及西上，沒於竇建德。及平東夏，太宗引為秦府參軍，兼文學館學士。貞觀初，除太子洗馬。尋致仕，卒於家。有集十卷，撰《后梁春秋》十卷。

謝偃以文辭賦序有名於當世。是年以應詔對策及第，為高陵主簿。

《舊唐書·文苑·謝偃傳》：謝偃，衛縣人也，本姓直勒氏。祖孝政，北齊散騎常侍，改姓謝氏。貞觀初，應詔對策及第，歷高陵主簿。

李淳風奉詔造渾天儀，鑄銅為之，七年万成。

《舊唐書·李淳風傳》：貞觀初，以駁傅仁均曆議，多所折衷，授將仕郎，直太史局。尋又上言曰："今靈臺候儀，是魏代遺範，觀其制度，疏漏實多。臣案《虞書》稱，舜在璿璣玉衡，以齊七政。則是古以混天儀考七曜之盈縮也。《周官》大司徒職，以土圭正日景，以定地中。此亦據混天儀日行黃道之明證也。暨於周末，此器乃亡。漢孝武時，洛下閎復造混天儀，事多疏闕。故賈逵、張衡各有營鑄，陸績、王蕃遞加修補，或綴附經星，機應漏水，或孤張規郭，不依日行，推驗七曜，並循赤道。今驗冬至極南，夏至極北，而赤道當定於中，全無南北之異，以測七曜，豈得其真？黃道渾儀之闕，至今千余載矣。"太宗異其說，因令造之，至貞觀七年造成。其制以銅為之，表裏三重，下據准基，狀如十字，末樹鰲足，以張四表焉。時稱其妙。又論前代渾儀得失之差，著書七卷。名為《法象志》以奏之。太宗稱善，置其儀於凝暉閣，加授承務郎。

唐太宗貞觀二年，戊子，公元六二八年。太宗數與大臣如房玄齡、魏徵、王珪等論政之得失。始立孔子廟堂於國學，以宣父為先聖，顏子為先師，大征天下儒士，以為學官。數幸國學，令祭酒、博士講論。詔令狐德棻等修撰諸史。【36】詔前中書侍郎顏師古考定《五經》，頒於天下，詔孔穎達與諸儒撰定《五經》義疏。秋八月，河北河南大霜，乏食人饑。葉法善是年十三歲，於家侍奉親老，隨父耕讀，研窮《周易》，耽味《莊》《老》。河洛圖緯，悉皆詳覽。矢志修道，棲運林泉。

《舊唐書·太宗本紀》：三月丁卯，遣御史大夫杜淹巡關內諸州。出樂府金寶，贖男女自賣者還其父母。庚午，大赦天下。夏四月己卯，詔骸骨暴露者，令所在埋瘞。五月，大雨雹。八月甲戌朔，幸朝堂，親覽冤屈。是月，河南、河北大霜，人饑。

《舊唐書·儒學》：貞觀二年，停以周公為先聖，始立孔子廟堂於國學，以宣父為先聖，顏子為先師，大征天下儒士，以為學官。數幸國學，令祭酒、博士講論。畢，賜以束帛。學生能通一大經已上，鹹得署吏。又於國學增築學舍一千二百間，太學、四門博士亦增置生員，其書算合置博士、學生，以備藝文，凡三千二百六十員。其玄武門屯營飛騎，亦給博士，授以經業；有能通經者，聽之貢舉。是時四方儒士，多抱負典籍，雲會京師。俄而高麗及百濟、新羅、高昌、吐蕃等諸國酋長，亦遣子弟請入於國學之內。鼓篋而升講筵者，八千余人。濟濟洋洋焉，儒學之盛，古昔未之有也。

太宗又以經籍去聖久遠，文字多訛謬，詔前中書侍郎顏師古考定《五經》，頒於天下，命學者習焉。又以儒學多門，章句繁雜，詔國子祭酒孔穎達與諸儒撰定《五經》義疏，凡一百七十卷，名曰《五經正義》，令天下傳習。

《資治通鑒》卷192：上問魏徵曰："人主何為而明，何為而暗？"對曰："兼聽則明，偏信則暗。昔堯清問下民，故有苗之惡得以上聞；舜明四目，達四聰，故共、鯀、驩兜不能蔽也。秦二世偏信趙高，以成望夷之禍；梁武帝偏信朱

【36】《舊唐書·令狐德棻傳》：德棻嘗從容言於高祖曰："竊見近代已來，多無正史，梁、陳及齊，猶有文籍。至周、隋遭大業離亂，多有遺闕。當今耳目猶接，尚有可憑，如更十數年后，恐事跡湮沒。陛上既受禪於隋，復承周氏曆數，國家二祖功業，並在周時。如文史不存，何以貽鑒今古？如臣愚見，並請修之。"高祖然其奏，詔修之。瑀等受詔，歷數年竟不能就而罷。貞觀三年，太宗復敕修撰，乃令德棻與秘書郎岑文本修周史，中書舍人李百藥修齊史，著作郎姚思廉修梁、陳史，秘書監魏徵修隋史，與尚書左僕射房玄齡總監諸代史。眾議以魏史既有魏收、魏彥二家，已為詳備，遂不復修。德棻又奏引殿中侍御史崔仁師佐修周史，德棻仍總知類會梁、陳、齊、隋諸史。武德已來創修撰之源，自德棻始也。又以撰《氏族志》成，賜帛二百匹。十五年，轉太子右庶子。承乾敗，隨例除名。十八年，起為雅州刺史，以公事免。尋有詔改撰《晉書》，房玄齡奏德棻令預修撰，當時同修一十八人，並推德棻為首，其體制多取決焉。書成，除秘書少監。

異，以取臺城之辱；隋煬帝偏信虞世基，以致彭城閣之變。是故人君兼聽廣納，則貴臣不得擁蔽，而下情得以上通也。”上曰：“善！”

上謂房玄齡等曰：“為政莫若至公。昔諸葛亮竄廖立、李嚴於南夷，亮卒而立、嚴皆悲泣，有死者，非至公能如是乎！又高熲為隋相，公平識治體，隋之興亡，係熲之存沒。朕既慕前世之明君，卿等不可不法前世之賢相也。

上謂侍臣曰：“朕觀《隋煬帝集》，文辭奧博，亦知是堯、舜而非桀、紂，然行事何其反也！”魏徵對曰：“人君雖聖哲，猶當虛己以受人，故智者獻其謀，勇者竭其力。煬帝恃其俊才，驕矜自用，故口誦堯、舜之言而身為桀、紂之行，曾不自知，以至覆亡也。”上曰：“前事不遠，吾屬之師也！”

上曰：“朕每臨朝，欲發一言，未嘗不三思。恐為民害，是以不多言。”給事中知起居事杜正倫曰：“臣職在記言，陛下之言失，臣必書之，豈徒有害於今，亦恐貽譏於后。”上悅，賜帛二百段。

上曰：“梁武帝君臣惟談苦空，侯景之亂，百官不能乘馬。元帝為周師所圍，猶講《老子》，百官戎服以聽。此深足為戒。朕所好者，唯堯舜周孔之道，以為如鳥有翼，如魚有水，失之則死，不可暫無耳。”

上問王珪曰：“近世為國者益不及前古，何也？”對曰：“漢世尚儒術，宰相多用經術士，故風俗淳厚；近世重文輕儒，參以法律，此治化之所以益衰也。”上然之。

魏徵狀貌不逾中人，而有膽略，善回人主意，每犯顏苦諫；或逢上怒甚，征神色不移，上亦為之霽威。嘗謁告上塚，還，言於上曰：“人言陛下欲幸南山，外皆嚴裝已畢，而竟不行，何也？”上笑曰：“初實有此心，畏卿嗔，故中輟耳。”上嘗得佳鷂，自臂之，望見徵來，匿懷中；征奏事固久不已，鷂竟死懷中。

十二月，上嘗閑居，與侍中珪語，有美人侍側，上指示珪曰：“此廬江王瑗之姬也，瑗殺其夫而納之。”珪避席曰：“陛下以廬江納之為是邪，非邪？”上曰：“殺人而取其妻，卿何問是非！”對曰：“昔齊桓公知郭公之所以亡，由善善而不能用，然棄其所言之人，管仲以為無異於郭公。今此美人尚在左右，臣以為聖心是之也。”上悅，即出之，還其親族。

上使太常少卿祖孝孫教宮人音樂，不稱旨，上責之。溫彥博、王珪諫曰：“孝孫雅士，今乃使之教宮人，又從而譴之，臣竊以為不可。”上怒曰：“朕置卿等於腹心，當竭忠直以事我，乃附下罔上，為孝孫遊說邪？”彥博拜謝。珪不拜，曰："陛下責臣以忠直，今臣所言豈私曲邪！此乃陛下負臣，非臣負陛下。"上默然而罷。明日，上謂房玄齡曰："自古帝王納諫誠難，朕昨責溫彥博、王珪，至今悔之。公等勿為此不盡言也。"

葉法善是年十三歲，於家侍奉親老，隨父耕讀，研窮《周易》，耽味"莊老"。河洛圖緯，悉皆詳覽。矢志修道，棲運林泉。與父俱遁乎卯山，樵蘇自給。

《唐葉真人傳》：及弱冠，身長九尺，額有二午。性純潔，自小不茹葷，獨處幽室。好古學文，十一誦詩書，十二學禮樂。研窮周易，耽味老莊。河洛圖緯，悉皆詳覽。志願修道，棲運林泉。與父俱遁乎卯山，樵蘇自給。尋形選勝，占星候氣。登高臨深，窮源逝險。

是年河南河北大災，民饑，幾易子相食，葉氏雖居江南之括州，但天下初定，民人多貧病饑饉實非鮮見。法善父母或于是時因水旱之災以致貧病而隨後先後亡故亦未可知。

名儒朱子奢是年奉太宗詔持節諭旨高麗、百濟、新羅，以平三國之憾。高麗、百濟二國上書謝罪，贈遺甚厚。

《舊唐書·儒學·朱子奢傳》：朱子奢，蘇州吳人，從鄉人顧彪授《左氏春秋》，善文辭。隋大業中，為直秘書學士。天下亂，辭疾還鄉裏。后從杜伏威入朝，授國子助教。

貞觀初，高麗、百濟同伐新羅，連年兵不解。新羅告急，帝假子奢員外散騎侍郎，持節諭旨，平三國之憾。子奢有儀觀，夷人尊畏之。二國上書謝罪，贈遺甚厚。初，子奢行，帝戒曰："海夷重學，卿為講大誼，然勿入其幣，還當以中書舍人處卿。"子奢唯唯。至其國，為發《春秋》題，納其美女。帝責違旨，而猶愛其才，以散官直國子學，累轉諫議大夫、弘文館學士。

唐太宗貞觀三年，己丑，公元六二九年。夏四月辛巳，太上皇徙居大安宮。以房玄齡為尚書左僕射，杜如晦為尚書右僕射，李靖為兵部尚書，右丞魏徵為守秘書監，參預朝政。葉法善是年十四歲，或於是年中丁父母憂。法善親為擇地為葬所。隨后四處云遊，遍及名山仙境，以求師問道。

《資治通鑒》卷193：春二月戊寅，以房玄齡為左僕射，杜如晦為右僕射，以尚書右丞魏徵守秘書監，參預朝政。

玄齡明達吏事，輔以文學，夙夜盡心，惟恐一物失所；用法寬平，聞人有善，若己有之，不以求備取人，不以己長格物。與杜如晦引拔士類，常如不及。至於臺閣規模，皆二人所定。上每與玄齡謀事，必曰：“非如晦不能決。”及如晦至，卒用玄齡之策。蓋玄齡善謀，如晦能斷故也。二人深相得，同心徇國，故唐世稱賢相者，推房杜焉。玄齡雖蒙寵待，或以事被譴，輒累日詣朝堂，稽顙請罪，恐懼若無所容。

是歲，戶部奏：中國人自塞外歸，及四夷前后降附者，男子一百二十余萬口。

《舊唐書·太宗本紀》：夏四月辛巳，太上皇徙居大安宮。甲子，太宗始於太極殿聽政。冬十一月癸丑，詔建義以來交兵之處，為義士勇夫殞身戎陣者各立一寺，命虞世南、李伯藥、褚亮、顏師古、岑文本、許敬宗、朱子奢等為之碑銘，以紀功業。

葉法善是年十四歲，與父母居卯酉山耕讀習道。或於是年丁父母憂[37]。法善親為擇地為葬所[38]。隨后四處雲遊，遍及名山仙境，以求師問道。從括蒼山入天臺、四明、金華、會稽，涉江浙。北入天柱、天目、姑蘇、洞庭、勾曲、衡山、霍山。南遊劍水，登赤城，至羅浮等處，凡名山勝地，自江漢

【37】法善父母亡故因由及時間不可考，然據相關史料推測，其死因或為貧病饑羸。《資治通鑒·唐紀》卷193云貞觀四年條下載貞觀初年，天下災眚迭生，水旱蟲蝗相繼，由是民間饑苦，餓殍遍野：“元年，關中饑，米斗直絹一匹；二年，天下蝗；三年，大水。上勤而撫之，民雖東西就食，未嘗嗟怨。是歲，天下大稔，流散者鹹歸鄉裏，米斗不過三、四錢，終歲斷死刑才二十九人。東至於海，南及五嶺，皆外戶不閉，行旅不齎糧，取給於道路焉。”且葉法善自遊學歸家后曾有親老家貧之歎，《唐葉真人傳》曰：“家貧，嘗曰：‘我生人世，功業未成，堂有垂白之親、何以為養。’遂備耕畝畝，日籲不休，時有紫云為之覆蓋。同人奪其陰處，云亦隨之。被漁者掃水外於泥中，口中不言，色亦不慍。牧馬既去其害，牧牛瓦無其金。無何居父母喪，乃於歐溪近山訪蔔葬之地，有一白鹿外於山下雪中，近之，鹿遂躍去，其臥處溫然，其有白氣互屬高下。真人異之，因小立環視此山，則重岡疊隴，朝抱四正。與夫左右前后連裹起伏，形勢悉備。歎曰：‘斯可藏矣。’遂葬焉。”

【38】至於葉法善父祖葬所，《唐葉真人傳》載云：真人於是請還山，拜掃致敬，於麗水松陽二處墓門，封樹碑表。命李邕作墓志，韓擇木書以光奄寶。其墓在沖真之側。真人祖國重，葬於松陽之酉山，山有石雞能鳴，遂於其處置道院，今日天真院。立碑於下。時請李邕為碑記，並求其書，而邕不允，是夜追其魂書之，續以碑刻示邕。邕笑曰：初以為夢，今果然矣。真人始得碑石於海嶠，遣神人運歸，水神不知，誤裂其石，即投符治之，水神哀告，得免。以膠綴石斷處，今其碑斷痕在焉。真人封樹碑拜祭，泉石生輝，鄉閭圻慶。

之南，無不經歷。尋詣豫章萬法師求煉丹、辟穀、導引、胎息之法。

《太平廣記·葉法善傳》：（葉法善）常獨處幽室，或遊林澤，或訪云泉。自仙府歸還，已有役使之術矣，遂入居卯酉山。其門近山，巨石當路，每環回為徑以避之。師投符起石，須臾飛去，路乃平坦。眾共驚異。

《唐葉真人傳》：是時已有役使之術，其門巨石當路，投符起之，須臾飛去，疊於山之東南，眾皆驚異。今卯山有石坎存焉。常尋幽訪隱，得靈墟福地。其有歐治鑄劍溪。歐溪有神女化塚，石門嶺，仙人曳履嶺，其山勢並括蒼仙都洞天。連延天臺四明。近金華長山赤松洞，黃初平叱石羊之處，相去不遠。中有白馬山瀑布水。青溪萬仞，古號仙居，林泉蒽情，於是真人隱焉。無何，居父母喪，乃於歐溪近山訪葛葬之地，有一白鹿外於山下雪中，近之，鹿遂躍去，其臥處溫然，其有白氣互屬高下。真人異之，因小立環視此山，則重岡疊巇，朝抱四正。與夫左右前后連裹起伏，形勢悉備。歎曰：「斯可藏矣。」遂葬焉。

真人曰：「不遇名師，將何度世。」是時歲方十三，從括蒼山入天臺、四明、金華、會稽，涉江浙。北入天柱、天目、姑蘇、洞庭、勾曲、衡山、霍山。南遊劍水，登赤城，至羅浮等處，凡名山勝地，自江漢之南，無不經歷。尋詣豫章萬法師求煉丹、辟穀、導引、胎息之法。但熊經鳥申，吐故納新，食松茹木，無榮於世。

【考辨】葉法善父母生卒年因史傳不載，考無所據。《唐葉真人傳》謂法善年十三時便以「有不遇名師，無以度世」之憾，故而由括蒼山入於天臺、四明、金華、會稽，涉江浙。北入天柱、天目、姑蘇、洞庭、勾曲、衡山、霍山。南遊劍水，登赤城，至羅浮等處，凡名山勝地，自江漢之南，無不經歷。尋詣豫章萬法師求煉丹、辟穀、導引、胎息之法。其間路途不止萬裏，費時不下十數年，所以其丁父母憂應在其再次離鄉遠遊之前。

又，傳云法善自學道歸來，即有役使之能，然「投符起石」，實非人間可見之事，論者或以為乃氣功之屬，然巨石擋道，非一人之功力可以去之。因存其說，且疑之。

房玄齡、魏徵、姚思廉、李百藥等諸文史之士奉詔撰輯齊、梁、陳、周、隋五代之史傳，因恐有遺漏，故常訪之於孫思邈。思邈口以傳授，有如目睹。

《舊唐書·方伎·孫思邈傳》：初，魏徵等受詔修齊、梁、陳、周、隋五代史，恐有遺漏，屢訪之，思邈口以傳授，有如目睹。東臺侍郎孫處約將其五子侹、儆、俊、佑、佺以謁思邈，思邈曰：「俊當先貴；佑當晚達；佺最名重，禍在執兵。」后皆如其言。太子詹事盧齊卿童幼時，請問人倫之事，思邈曰：「汝后五十年位登方伯，吾孫當為屬吏，可自保也。」后齊卿為徐州刺史，思邈孫溥

果為徐州蕭縣丞。思邈初謂齊卿之時，溥猶未生，而預知其事。凡諸異跡，多此類也。

呂才是年以博聞精音律為太宗所征。

《舊唐書·呂才傳》：呂才，博州清平人也。少好學，善陰陽方伎之書。貞觀三年，太宗令祖孝孫增損樂章，孝孫乃與明音律人王長通、白明達遞相長短。太宗令侍臣更訪能者，中書令溫彥博奏才聰明多能，眼所未見，耳所未聞，一聞一見，皆達其妙，尤長於聲樂，請令考之。侍中王珪、魏徵又盛稱才學之妙，徵曰：“才能為尺十二枚，尺八長短不同，各應律管，無不諧韻。”太宗即征才，令直弘文館。累遷太常博士。太宗以陰陽書近代以來漸致訛偽，穿鑿既甚，拘忌亦多。遂命才與學者十余人共加刊正，削其淺俗，存其可用者。勒成五十三卷，並舊書四十七卷，十五年書成，詔頒行之。

僧玄奘是年二十三歲[39]**，謂所行世之佛經譯文多有訛謬，故就西域，廣求異本以參驗之。是年始隨商人往遊西域。**

《舊唐書·方伎·僧玄奘傳》：僧玄奘，姓陳氏，洛州偃師人。大業末出家，博涉經論。嘗謂翻譯者多有訛謬，故就西域，廣求異本以參驗之。貞觀初，隨商人往遊西域。玄奘既辯博出群，所在必為講釋論難，蕃人遠近咸尊伏之。在西域十七年，經百余國，悉解其國之語，仍采其山川謠俗，土地所有，撰《西域記》十二卷。貞觀十九年，歸至京師。

【考辨】本傳既云玄奘在西域十七年，且於貞觀十九年歸至京師，故逆推知玄奘於貞觀三年中隨商人前往西域求取真經。

唐太宗貞觀元四年，庚寅，公元六三零年。李靖率軍破突厥，擒頡利可汗。葉法善是年十五歲，當在江浙一帶遊歷名山並尋找名師。中毒幾死，后遇救，入天臺山拜茅君為師修習道術。

《資治通鑒》卷193：上皇聞擒頡利，歎曰：“漢高祖困白登，不能報；今我子能滅突厥，吾托付得人，復何憂哉！”上皇召上與貴臣十余人及諸王、妃、主置酒凌煙閣，酒酣，上皇自彈琵琶，上起舞，公卿迭起為壽，逮夜而罷。

【39】考《舊唐書》僧玄奘本傳，謂玄奘貞觀初隨商人遊西域，歷十七年始歸國，卒於唐高宗顯慶六年即西元661年，時年五十六，歸葬於白鹿原。逆推知玄奘是年二十三歲。因係之。

秋七月乙丑，上問房玄齡、蕭瑀曰："隋文帝何如主也？"對曰："文帝勤於為治，每臨朝，或至日昃，五品已上，引坐論事，衛士傳餐而食；雖性非仁厚，亦勵精之主也。"上曰："公得其一，未知其二。文帝不明而喜察，不明則照有不通，喜察則多疑於物。事皆自決，不任群臣。天下至廣，一日萬機，雖復勞神苦形，豈能一一中理！群臣既知主意，唯取決受成，雖有愆違，莫敢諫爭，此所以二世而亡也。朕則不然。擇天下賢才，置之百官，使思天下之事，關由宰相，審熟便安，然后奏聞。有功則賞，有罪則刑，誰敢不竭心力以修職業，何憂天下之不治乎！"因敕百司："自今詔敕行下有未便者，皆應執奏，毋得阿從，不盡己意。"

諸宰相侍宴，上謂王珪曰："卿識鑒精通，復善談論，玄齡以下，卿宜悉加品藻，且自謂與數子何如？"對曰："孜孜奉國，知無不為，臣不如玄齡。才兼文武，出將入相，臣不如李靖。敷奏詳明，出納惟允，臣不如溫彥博。處繁治劇，眾務畢舉，臣不如戴冑。恥君不及堯舜，以諫爭為己任，臣不如魏徵。至於激濁揚清，嫉惡好善，臣於數子，亦有微長。"上深以為然，眾亦服其確論。

上之初即位也，嘗與群臣語及教化，上曰："今承大亂之后，恐斯民未易化也。"魏徵對曰："不然。久安之民驕佚，驕佚則難教；經亂之民愁苦，愁苦則易化。譬猶飢者易為食，渴者易為飲也。"上深然之。封德彝非之曰："三代以還，人漸澆訛，故秦任法律，漢雜霸道，蓋欲化而不能，豈能之而不欲邪！魏徵書生，未識時務，若信其虛論，必敗國家。"徵曰："五帝、三王不易民而化，昔黃帝征蚩尤，顓頊誅九黎，湯放桀，武王伐紂，皆能身致太平，豈非承大亂之后邪！若謂古人淳樸，漸至澆訛，則至於今日，當悉化為鬼魅矣，人主安得而治之！"上卒從徵言。

葉法善是年十五歲，在江浙荊楚一帶遊歷名山並尋找名師。嘗詣豫章萬法師求煉丹、辟穀、導引、胎息之法。中毒幾死[40]，后為天臺山茅君遣使相救。會是年天下豐稔，法善蓄不復備糧，並隨青童入天臺山拜茅君為師修道。

《葉尊師碑》：十五中毒死，又見昔青童曰："天臺茅君飛印印其腹，始殊

【40】諸傳云法善是年中毒幾死，其所以中毒，當是遊歷山川修煉道術時誤食毒物所致。至於誤食何物，實不可考。《傳》云法善嘗詣豫章萬法師求煉丹、辟穀、導引、胎息之術，或其術不精，法善年輕膽大，妄自為煉丹之諸物配伍，如所用丹砂鉛汞過量，其毒性未除，食之未見其益反致性命不保，故其晚年乃為唐室沙汰煉丹術士凡九十余人，抑或以此服丹中毒殆死之故也。

閟絕，良久豁如。師以靈應感通，殊尤若此。"遂乃杖策遊諸名山，遠訪茅君而遇。嶽骨上起，目瞳正方，冰雪綽約，嫣焉微笑，曰："爾來乎！爾名已登仙格，身逢魔試，故此相救，宜勉之！當以輔人弼教為意，無汲汲於去來也。"

《唐葉真人傳》：真人曰："不遇名師，將何度世。"是時歲方十三，從括蒼山入天臺、四明、金華、會稽，涉江浙。北入天柱、天目、姑蘇、洞庭、勾曲、衡山、霍山。南遊劍水，登赤城，至羅浮等處，凡名山勝地，自江漢之南，無不經歷。尋詣豫章萬法師求煉丹、辟穀、導引、胎息之法。但熊經烏申，吐故納新，食松茹木，無榮於世。年十五中毒殆死。又見青童曰："勾曲仙人，天臺茅君，飛印相救。"言畢，印至，印其腹。良久豁如。遠訪茅君，相遇，嶽骨上起，目瞳正方。微笑曰："爾來乎。汝名已登仙格、身逢魔試，故相救而免，當以輔人弼教為意。"

【考辨】丁煌認為[41]，葉法善當於是年舍俗出家為道士並受道籙，然葉法善既是出家為道士，諸傳當提及法善之師承與所住宮觀名址。然葉氏既世代以道士為業，僅其父葉慧明曾棄道業儒，葉法善之其餘先人並無舍俗出家之說，只有住家與住道觀宮室之別。其後葉法善舍宅為宮觀即是一證。且其時法善尚年未及弱冠，只是有志尋求名師以成功業。故其遊歷四方，尋師問道，當是一人獨行。其後中毒殆亡，由早年引之入道的青童所救活。據青童所言"天臺茅君飛印印其腹"，則可以推知法善甫七歲即被三青童所引入的修道場所，或是天臺茅君所住之宮觀。且天臺山離松陽縣不過數百裏，即使步行，也不過數日之旅程，故此葉法善初期當於在天臺山隨諸青童或其業師修習道術。

且《舊唐書·葉法善傳》云："法善少傳符籙，尤能厭劾鬼神。顯慶中，高宗聞其名，征詣京師，將加爵位，固辭不受。求為道士，因留在內道場，供待甚厚。"如果是年法善已經受符籙為道士，那麼到顯慶中為高宗所征聘將授官職加爵位之時法善倒是求為道士？這顯然葉法善受符籙出家為道士之年是在高宗顯慶中。

唐太宗貞觀元五年，辛卯，公元六三一年。詔僧、尼、道士致拜父母。以金帛購中國人因隋亂沒於突厥者男女八萬人，盡還其家屬。法善是年十六歲，遊歷山川、尋師問道中，或暫居天臺山茅君治所習道。

《資治通鑒》卷193：春正月，詔僧尼道士致拜父母。隋末，中國人多沒於突厥，及突厥降，上遣使以金帛贖之。五月乙丑，有司奏，凡得男女八萬口。

【41】參見丁煌《葉法善在道教史上地位之探討》。

九月，上修仁壽宮，更命曰九成宮。又將修洛陽宮，民部尚書戴胄表諫，以
"亂離甫爾，百姓凋弊，帑藏空虛，若營造不已，公私勞費，殆不能堪！"上嘉
之曰："戴胄於我非親，但以忠直體國，知無不言，故以官爵酬之耳。"久之，
竟命將作大匠竇璡修洛陽宮，璡鑿池築山，雕飾華靡。上遽命毀之，免璡官。

上謂執政曰："朕常恐因喜怒妄行賞罰，故欲公等極諫。公等亦宜受人諫，
不可以己之所欲，惡人違之。苟自不能受諫，安能諫人？"康國求內附。上曰：
"前代帝王，好招來絕域，以求服遠之名，無益於用而糜弊百姓。今康國內附，
儻有急難，於義不得不救。師行萬裏，豈不疲勞！勞百姓以取虛名，朕不為
也。"遂不受。

上嘗與侍臣論獄，魏徵曰："煬帝時嘗有盜發，帝令於士澄捕之，少涉疑
似，皆拷訊取服，凡二千余人，帝悉令斬之。大理丞張元濟怪其多，試尋其狀，
內五人嘗為盜，余皆平民；竟不敢執奏，盡殺之。"上曰："此豈唯煬帝無道，
其臣亦不盡忠。君臣如此，何得不亡？公等宜戒之！"

法善是年十六歲，遊歷山川、尋師問道中，或暫居天臺山茅君治所習道。
考見上年條。

**名儒曹憲以多識難字為太宗所賞，太宗征為弘文館學士。憲以年老不
仕，乃遣使就家拜朝散大夫，學者榮之。然曹憲本傳不言被征弘文館學士
於何年，僅言其貞觀中揚州長史李襲譽表薦之，因姑系之**[42]。

《舊唐書·儒學·曹憲傳》：曹憲，揚州江都人也。仕隋為秘書學士。每聚
徒教授，諸生數百人。當時公卿已下，亦多從之受業。憲又精諸家文字之書，自
漢代杜林、衛宏之后，古文泯絕，由憲，此學復興。大業中，煬帝令與諸學者撰
《桂苑珠叢》一百卷，時人稱其該博。憲又訓注張揖所撰《博雅》，分為十卷，
煬帝令藏於秘閣。

貞觀中，揚州長史李襲譽表薦之，太宗征為弘文館學士。以年老不仕，乃遣
使就家拜朝散大夫，學者榮之。

太宗又嘗讀書有難字，字書所闕者，錄以問憲，憲皆為之音訓及引證明白，
太宗甚奇之。年一百五歲卒。所撰《文選音義》，甚為當時所重。初，江、淮間
為《文選》學者，本之於憲，又有許淹、李善、公孫羅復相繼以《文選》教授，
由是其學大興。

【42】貞觀中李襲譽為揚州長史之年無從考系，其表薦曹憲及為太宗征聘之期亦難考定。

唐太宗貞觀六年，壬辰，公元六三二年。朝議請封禪，上亦欲從之，魏徵獨以為不可，罷之。法善是年十七歲，遊歷山川、尋師問道中，或暫居天臺山茅君治所習道。

《資治通鑒》卷194：春正月，文武官復請封禪，上曰："卿輩皆以封禪為帝王盛事，朕意不然。若天下乂安，家給人足，雖不封禪，庸何傷乎！昔秦始皇封禪，而漢文帝不封禪，后世豈以文帝之賢不及始皇邪！且事天掃地而祭，何必登泰山之巔，封數尺之土，然后可以展其誠敬乎！"群臣猶請之不已，上亦欲從之，魏徵獨以為不可。上曰："公不欲朕封禪者，以功未高邪？"曰："高矣。""德未厚邪？"曰："厚矣。""中國未安邪？"曰："安矣。""四夷未服邪？"曰："服矣。""年穀未豐邪？"曰："豐矣。""符瑞未至邪？"曰："至矣。""然則何為不可封禪？"對曰："陛下雖有此六者，然承隋末大亂之后，戶口未復，倉廩尚虛，而車駕東巡，千乘萬騎，其供頓勞費，未易任也。且陛下封禪，則萬國咸集，遠夷君長，皆當扈從；今自伊洛以東至於海岱，煙火尚希，灌莽極目，此乃引戎狄入腹中，示之以虛弱也。況賞費不貲，未厭遠人之望；給復連年，不償百姓之勞；崇虛名而受實害，陛下將焉用之！"會河南、北數州大水，事遂寢。

九月己酉，幸慶善宮，上生時故宅也，因與貴臣宴，賦詩。起居郎清平呂才被之管弦，命曰："《功成慶善樂》，使童子八佾為《九功之舞》。"大宴會，與《破陳舞》偕奏於庭。同州刺史尉遲敬德預宴，有班在其上者，敬德怒曰："汝何功，坐我上！"任城王道宗次其下，諭解之。敬德舉拳毆道宗，目幾眇。上不懌而罷，謂敬德曰："朕見漢高祖誅滅功臣，意常尤之，故欲與卿等共保富貴，令子孫不絕。然卿居官數犯法，乃知韓、彭菹醢，非高祖之罪也。國家綱紀，唯賞與罰，非分之恩，不可數得，勉自修飭，無貽后悔！"敬德由是始懼而自戢。

十二月，癸丑，帝與侍臣論安危之本。中書令溫彥博曰："伏願陛下常如貞觀初，則善矣。"帝曰："朕比來怠於為政乎？"魏徵曰："貞觀之初，陛下志在節儉，求諫不倦。比來營繕微多，諫者頗有忤旨，此其所以異耳。"帝拊掌大笑曰："誠有是事！"

上謂魏徵曰："為官擇人，不可造次。用一君子，則君子皆至；用一小人，則小人競進矣。"對曰："然。天下未定，則專取其才，不考其行；喪亂既平，則非才行兼備不可用也。"

法善是年十七歲，遊歷山川、尋師問道中，或暫居天臺山茅君治所習道。
考見前年條。

崔信明為太宗所賞，有"楓落吳江冷"之句。是年應詔，授興世丞，遷秦川令。

《舊唐書·文苑·崔信明傳》：崔信明，青州益都人也，後魏七兵尚書光伯曾孫也。及長，博聞強記，下筆成章。鄉人高孝基有知人之鑒，每謂人曰："崔信明才學富贍，雖名冠一時，但恨其位不達耳！"大業中，為堯城令。竇建德僭號，欲引用之。信明曰："昔申胥海畔漁者，尚能固其節；吾終不能屈身偽主，求門育之職。"遂逾城而遁，隱於太行山。貞觀六年，應詔舉，授興世丞。遷秦川令，卒。

信明頗寒傲自伐，常賦詩吟嘯，自謂過於李百藥，時人多不許之。又矜其門族，輕侮四海士望，由是為世所譏。【43】

唐太宗貞觀七年，癸巳，公元六三三年。李淳風貞觀初奉詔造渾天儀，歷七年，至是年方功畢。太宗稱善，置其儀於凝暉閣。時人稱其機巧。葉法善是年十八歲，遊歷山川、尋師問道中，或暫居天臺山茅君治所習道。

《資治通鑒》卷194：直太史雍人李淳風奏靈臺候儀制度疏略，但有赤道，請更造渾天黃道儀，許之。癸巳，成而奏之。【44】

帝謂左庶子於志寧、右庶子杜正倫曰："朕年十八，猶在民間，民之疾苦情偽，無不知之。及居大位，區處世務，猶有差失。況太子生長深宮，百姓艱難，耳目所未涉，能無驕逸乎？卿等不可不極諫。"太子好嬉戲，頗虧禮法，志寧與右庶子孔穎達數直諫，上聞而嘉之，各賜金一斤，帛五百匹。

【43】崔信明嘗為文士鄭世翼所賞，及相遇，崔出所作以示鄭，讀之數篇即棄之，以其名實不副。《舊唐書·文苑·鄭世翼傳》曰：鄭世翼，鄭州滎陽人也，世為著姓。祖敬德，周儀同大將軍。父機，司武中士。世翼弱冠有盛名。武德中，歷萬年丞、揚州錄事參軍。數以言辭忤物，稱為輕薄。時崔信明自謂文章獨步，多所淩轢；世翼遇諸江中，謂之曰："嘗聞'楓落吳江冷'。"信明欣然示百余篇。世翼覽之未終，曰："所見不如所聞。"投之於江，信明不能對，擁楫而去。世翼貞觀中坐怨謗，配流巂州，卒。文集多遺失，撰《交遊傳》，頗行於時。

【44】李淳風所造渾天儀有三。《舊唐書·李淳風傳》載：太宗異其說，因令造之，至貞觀七年造成。其制以銅為之，表裏三重，下據准基，狀如十字，末樹鼇足，以張四表焉。第一儀名曰六合儀，有天經雙規、渾緯規、金常規，相結於四極之內，備二十八宿、十幹、十二辰，經緯三百六十五度。第二名三辰儀，圓徑八尺，有璿璣規道，月遊天宿矩度，七曜所行，並備於此，轉於六合之內。第三名四遊儀，玄樞為軸，以連結玉衡遊筒而貫約規矩；又玄樞北樹北辰，南距地軸，傍轉於內；又玉衡在玄樞之間而南北遊，仰以觀天之辰宿，下以識器之晷度。時稱其妙。又論前代渾儀得失之差，著書七卷，名為《法象志》以奏之。太宗稱善，置其儀於凝暉閣，加授承務郎。

葉法善是年十八歲，遊歷山川、尋師問道中，或暫居天臺山茅君治所習道。傳言又云法善弱冠時曾遊括蒼白馬山，於石室中遇三神人。然考系無由，姑系之。

《太平廣記·葉法善傳》：常遊括蒼白馬山，石室內遇三神人[45]，皆錦衣寶冠，謂師曰："我奉太上命，以密旨告子。子本太極紫微左仙卿，以校錄不勤，謫於人世，速宜立功濟人，佐國功滿，當復舊任。以正一三五之法，令授於子。又勤行助化。宜勉之焉。"言訖而去。自是誅蕩精怪，掃蕩凶妖，所在經行，以救人為志。

唐太宗貞觀八年，甲午，公元六三四年。是年十一月修大明宮。葉法善是年十九歲。或於是后十數年間遍訪名山仙府，尋師問道，於青城趙元陽受遁甲步元之術，於嵩高韋善俊傳八史云蹻之道。宴息於括蒼羅浮，往還於蓬萊方丈。

《資治通鑒》卷194：上屢請上皇避暑九成宮，上皇以隋文帝終於彼，惡之。冬十月，營大明宮，以為上皇清暑之所。未成而上皇寢疾，不果居。

中牟丞皇甫德參上言："修洛陽宮，勞人；收地租，厚斂；俗好高髻，蓋宮中所化。"上怒，謂房玄齡等曰："德參欲國家不役一人，不收鬥租，宮人皆無發，乃可其意邪！"欲治其謗訕之罪。魏徵諫曰："賈誼當漢文帝時上書，云'可為痛哭者一，可為流涕者二'。自古上書不激切，不能動人主之心，所謂狂夫之言，聖人擇焉，唯陛下裁察。"上曰："朕非斯人，則誰復敢言？"乃賜絹二十四。他日，徵奏言："陛下近日不好直言，雖勉強含容，非曩時之豁如。"上乃更加優賜，拜監察御史。

葉法善是年十九歲。或於是后十數年間遍訪名山仙府，尋師問道，於青城趙元陽受遁甲步元之術，於嵩高韋善俊傳八史云蹻之道。宴息於括蒼羅浮，往還於蓬萊方丈。靈圖秘訣，仙符真度，實錄生券，冥感空傳。

【45】明凌蒙初所輯《初刻拍案驚奇》卷七載云："法善弱冠時，曾遊括蒼白馬，出石室內，遇三神人。"其典當出於此。

唐玄宗《葉尊師碑》：由是便於青城趙元陽受遁甲步元之術，於嵩高韋善俊傳八史云蹻之道。宴息於括蒼羅浮，往還於蓬萊方丈。靈圖秘訣，仙符真度，寶錄生券，冥感空傳。臨目而萬八千神，咽胎而千二百息。或潛泳水府，或飛步火房，或剖腹滌腸，勿藥自復；或刳腸割膜，投符有加；或聚合毒味，服之自若；或征召鬼物，使之立至；呵叱群鬼，奔走眾神，若陪隸也。

姚思廉是年拜散騎常侍。

《舊唐書·姚思廉傳》：姚思廉，字簡之，雍州萬年人。思廉少受漢史於其父，能盡傳家業，勤學寡欲，未嘗言及家人產業。初，父察在陳嘗修梁、陳二史，未就，臨終令思廉續成其志。思廉上表陳父遺言，有詔許其續成《梁史》《陳史》。高祖受禪，授秦王文學。尋引為文學館學士。太宗入春宮，遷太子洗馬。貞觀初，遷著作郎、弘文館學士。寫其形像，列於《十八學士圖》，令文學褚亮為之贊，曰：“志苦精勤，紀言實錄。臨危殉義，余風勵俗。”三年，又受詔與秘書監魏徵同撰梁、陳二史。思廉又采謝炅等諸家梁史續成父書，並推究陳事，刪益博綜顧野王所修舊史，撰成《梁書》五十卷、《陳書》三十卷。魏徵雖裁其總論，其編次筆削，皆思廉之功也。九年，拜散騎常侍，賜爵豐城縣男。十一年卒。太宗深悼惜之，廢朝一日，贈太常卿，諡曰康，賜葬地於昭陵。

唐太宗貞觀九年，乙未，公元六三五年。太上皇李淵五月庚子崩於垂拱殿，詔太子承乾於東宮平決庶政。葉法善是年二十歲。至是年法善身長九尺，日角月淵，隆集樓背，脩上促下，額有二午。

《資治通鑑》卷194：上謂魏徵曰：“齊后主、周天元皆重斂百姓，厚自奉養，力竭而亡。譬如饞人自啖其肉，肉盡而斃，何其愚也！然二主孰為優劣？”對曰：“齊后主懦弱，政出多門；周天元驕暴，威福在己；雖同為亡國，齊主尤劣也。”

上皇自去秋得風疾，五月庚子，崩於垂拱殿。甲辰，群臣請上准遺詔視軍國大事，上不許。乙巳，詔太子承乾於東宮平決庶政。冬十月庚寅，葬太武皇帝於獻陵，廟號高祖。

葉法善是年二十歲。法善即成年，其身長九尺許，日角月淵，隆集樓背，脩上促下，額有二午。

《唐葉真人傳》：年二十歲，有善人倫者，曰：“子以日角月淵，隆集樓

背，脩上促下，當為帝王之師。”及弱冠，身長九尺，額有二午。性純潔，自小不茹葷，獨處幽室。

【考辨】《禮記·曲禮上》：“二十曰弱，冠。”孔穎達疏：“二十成人，初加冠，體猶未壯，故曰弱也。”既曰葉法善是年乃其弱冠之年，則其身長九尺，額有二午，日角月淵，隆集樓背，脩上促下，其形貌當是之時已然成立。因係之。

道士王知遠是年卒，享壽一百二十六歲。

《舊唐書·隱逸·王知遠傳》：道士王遠知，琅邪人也。祖景賢，梁江州刺史。父曇選，陳揚州刺史。遠知母，梁駕部郎中丁超女也。嘗晝寢，夢靈鳳集其身，因而有娠，又聞腹中啼聲，沙門寶志謂曇選曰：“生子當為神仙之宗伯也。”

遠知少聰敏，博綜群書。初入茅山，師事陶弘景，傳其道法。后又師事宗道先生臧兢。陳主聞其名，召入重陽殿，令講論，甚見嗟賞。及隋煬帝為晉王，鎮揚州，使王子相、柳顧言相次召之。遠知乃來謁見，斯須而須髮變白，晉王懼而遣之，少頃又復其舊。煬帝幸涿郡，遣員外郎崔鳳舉就邀之，遠知見於臨朔宮，煬帝親執弟子之禮，敕都城起玉清玄壇以處之。及幸揚州，遠知諫不宜遠去京國，煬帝不從。

高祖之龍潛也，遠知嘗密傳符命。武德中，太宗平王世充，與房玄齡微服以謁之。遠知迎謂曰：“此中有聖人，得非秦王乎？”太宗因以實告。遠知曰：“方作太平天子，願自惜也。”太宗登極，將加重位，固請歸山。至貞觀九年，敕潤州於茅山置太受觀，並度道士二十七人。其年，遠知謂弟子潘師正曰：“吾見仙格，以吾小時誤損一童子吻，不得白日升天。見署少室伯，將行在即。”翌日，沐浴，加冠衣，焚香而寢。卒，年一百二十六歲。

唐太宗貞觀十年，丙申，公元六三六年。長孫皇后疾篤，太子請奏赦罪人及度人入道以獲冥福，后以道、釋異端之教，蠹國病民，皆太宗素所不為，止之。六月己卯，崩於立政殿。冬十一月庚寅，葬文德皇后於昭陵。葉法善是年二十一歲。僧玄奘已於印度獲取部分經書。

《資治通鑒》卷194：侍中魏徵屢以目疾求為散官，上不得已，以徵為特進，仍知門下事，朝章國典，參議得失。

長孫皇后性仁孝儉素，好讀書，常與上從容商略古事，因而獻替，裨益弘多。后素有氣疾，前年從上幸九成宮，后扶疾以從，由是疾遂甚。太子言於后曰：“醫藥備盡而疾不瘳，請奏赦罪人及度人入道，庶獲冥福。”后曰：“死生有命，非智力所移。若為善有福，則吾不為惡；如其不然，妄求何益！赦者國之大事，不可數下。道釋異端之教，蠹國病民，皆上素所不為，奈何以吾一婦人使上為所不為乎？必行汝言，吾不如速死！”太子不敢奏，私以語房玄齡，玄齡白上，上哀之，欲為之赦，后固止之。及疾篤，與上訣。時房玄齡以譴歸第，后言於上曰：“玄齡事陛下久，小心慎密，奇謀秘計，未嘗宣泄，苟無大故，願勿棄之。妾之本宗，因緣葭莩，以致祿位，既非德舉，易致顛危，欲使其子孫保全，慎勿處之權要，但以外戚奉朝請足矣。妾生無益於人，不可以死害人，願勿以丘壟勞費天下，但因山為墳，器用瓦木而已。仍願陛下親君子，遠小人，納忠諫，屏讒慝，省作役，止遊畋，妾雖沒於九泉，誠無所恨！兒女輩不必令來，見其悲哀，徒亂人意。”己卯，崩於立政殿。

葉法善是年二十一歲。於是時或已遵天臺茅君之命遍訪名師。法善此時當已善陰陽符咒及厭劾之術。

《葉尊師碑》：由是便於青城趙元陽受遁甲步玄之術，於嵩高韋善俊傳八史云蹻之道。宴息於羅浮括蒼，往還於蓬萊方丈。靈圖祕訣，仙符真度，實錄生券，冥感空傳。臨目而萬八千神，咽胎而千二百息。或潛泳水府；或飛步火房；或剖腹濯腸，勿藥自復；或剖睛抉膜，投符有嘉；或聚合毒藥，服之自若；或征召鬼物，使之立至；呵叱群鬼，奔走眾神，若陪隸也。故海內稱焉，千轉萬變。

《舊唐書·葉法善傳》：道士葉法善，括州括蒼縣人。自曾祖三代為道士，皆有攝養占蔔之術。法善少傳符籙，尤能厭劾鬼神。

《新唐書·葉法善傳》：高宗時，又有葉法善者，括州括蒼人。世為道士，傳陰陽、占緯、符架之術，能厭劾怪鬼。

《唐葉真人傳》：由是於青城趙元陽受遁甲步玄之術，嵩高韋善俊傳八史云蹻之道。后入蒙山訪求隱術，於是山路遇一羽士，問曰：“子何往。”真人曰：“欲求師學道。”羽士曰：“余亦學道，幸得相遇於此。我欲暫往他處，有小衣樓，君為守之。”真人曰：“諾。”羽士遂去。經數日復來，曰：“子真長者，願以仙書一卷，神劍一口相報。”遂開樸取贈授之。羽士告別，且曰：“子但持此按行，爾后景界漸來，預知善惡。”又合煉神丹，置壇起醮，經涉數年，思存靈應。

【考辨】關於葉法善之師承，史無明載，蓋法善自少及壯數十年間遊歷四方求訪名師，然所以使其知名於世者，乃其所善之茅山道術。至於傳紀所載於青城山趙元陽受遁甲步玄之術，於嵩高韋善俊傳八史云蹻之道，或於蒙山所求隱身之術，或得羽士所贈預知善惡之仙書神劍，均非葉法善賴以成就功業名聲之主途。推究本源，葉法善一生成就最高、也最為民眾所知的，仍是其家傳及於茅君所處修習之茅山道法。

僧玄奘是年已經在印度取得眾多佛教典籍。

《舊唐書·西戎傳》：貞觀十年，沙門玄奘至其國，將梵本經論六百余部而歸。

《新唐書·西域傳》：會唐浮屠玄奘至其國，屍羅逸多召見曰："而國有聖人出，作《秦王破陣樂》，試為我言其為人。"玄奘粗言太宗神武，平禍亂，四夷賓服狀。王喜，曰："我當東面朝之。"貞觀十五年，自稱摩伽陀王，遣使者上書。帝命云騎尉梁懷璥持節慰撫，屍羅逸多驚問國人："自古亦有摩訶震旦使者至吾國乎？"皆曰："無有。"戎言中國為摩訶震旦。乃出迎，膜拜受詔書，戴之頂，復遣使者隨入朝。詔衛尉丞李義表報之，大臣郊迎，傾都邑縱觀，道上焚香，屍羅逸多率群臣東面受詔書，復獻火珠、鬱金、菩提樹。

唐太宗貞觀十一年，丁酉，公元六三七年。頒《道上女冠在僧尼之上》詔令，稱"朕之本系起自柱下"，道上女冠自今以后齋供行立，至於稱謂可在僧尼之前，定道、佛次序。秋七月癸未，大霪雨。穀水溢入洛陽宮，毀宮寺十九所；洛水溢，漂六百家，溺死者六千余人。取武曌為才人以充后宮，貞觀之政至是衰矣。葉法善是年二十二歲，婚否未可考。

《資治通鑒》卷194：上作飛山宮。庚子，特進魏徵上疏，以為："煬帝恃其富強，不虞后患，窮奢極欲，使百姓困窮，以至身死人手，社稷為墟。陛下撥亂返正，宜思隋之所以失，我之所以得，撤其峻宇，安於卑宮；若因基而增廣，襲舊而加飾，此則以亂易亂，殃咎必至，難得易失，可不念哉！"

夏四月己卯，魏徵上疏，以為："人主善始者多，克終者寡，豈取之易而守之難乎？蓋以殷憂則竭誠以盡下，安逸則驕恣而輕物；盡下則胡、越同心，輕物則六親離德，雖震之以威怒，亦皆貌從而心不服故也。人主誠能見可欲則思知足，將興繕則思知止，處高危則思謙降，臨滿盈則思抑損，遇逸樂則思撙節，在宴安則思后患，防壅蔽則思延納，疾讒邪則思正己，行爵賞則思因喜而僭，施刑罰則思因怒而濫，兼是十思，而選賢任能，固可以無為而治，又何必勞神苦體以代百司之任哉！"

魏徵上疏，以為："《文子》曰：'同言而信，信在言前；同令而行，誠在令外。'自王道休明，十有余年，然而德化未洽者，由待下之情未盡誠信故也。今立政致治，必委之君子；事有得失，或訪之小人。其待君子也敬而疏，遇小人也輕而狎；狎則言無不盡，疏則情不上通。夫中智之人，豈無小慧！然才非經國，慮不及遠，雖竭力盡誠，猶未免有敗；況內懷奸宄，其禍豈不深乎！夫雖君子不能無小過，苟不害於正道，斯可略矣。既謂之君子而復疑其不信，何異立直木而疑其影之曲乎！陛下誠能慎選君子，以禮信用之，何憂不治！不然，危亡之期，未可保也。"上賜手詔褒美曰："昔晉武帝平吳之后，志意驕怠，何曾位極臺司，不能直諫，乃私語子孫，自矜明智，此不忠之大者也。得公之諫，朕知過矣。當置之幾案以比弦韋。"

侍御史馬周上疏，以為："三代及漢，歷年多者八百，少者不減四百，良以恩結人心，人不能忘故也。自是以降，多者六十年，少者才二十余年，皆無恩於人，本根不固故也。陛下當隆禹湯文武之業，為子孫立萬代之基，豈得但持當年而已！今之戶口不及隋之什一，而給役者兄去弟還，道路相繼。陛下雖加恩詔，使之裁損，然營繕不休，民安得息！……自古以來，國之興亡，不以畜積多少，在於百姓苦樂。且以近事驗之，隋貯洛口倉而李密因之，東都積布帛而世充資之，西京府庫亦為國家之用，至今未盡。夫畜積固不可無，要當人有餘力，然后收之，不可強斂以資寇敵也。又，百姓所以治安，唯在刺史、縣令，苟選用得人，則陛下可以端拱無為。今朝廷唯重內官而輕州縣之選，刺史多用武人，或京官不稱職始補外任，邊遠之處，用人更輕。所以百姓未安，殆由於此。"疏奏，上稱善久之。謂侍臣曰："刺史，朕當自選；縣令，宜詔京官五品以上各舉一人。"

頒《道上女冠在僧尼之上》詔令，稱"朕之本系起自柱下"，道上女冠自今以后齋供行立，至於稱謂可在僧尼之前，定道、佛次序。

《舊唐書·太宗本紀》：秋七月癸未，大霪雨。穀水溢入洛陽宮，深四尺，壞左掖門，毀宮寺十九所；洛水溢，漂六百家。庚寅，詔以災命百官上封事，極言得失。

葉法善是年二十二歲。婚否無從稽考。

據丁煌先生《葉法善在道教史上地位之探討》一文引《唐葉真人傳》中"世系之譜"，謂松陽葉氏累世與彭城劉氏聯姻。丁氏文章又引《道藏·天臺山志》

"洞天宮條"所載，葉法善孫藏質【46】"嘗於玉霄峰創道齋，號為石門山居，后奏乞為'玉霄宮'，懿宗許之。有經、鐘一樓，經皆鹹通十一年書，后題云：'上清弟子葉藏質為妣劉氏四娘造，永鎮玉霄藏中。'以此知葉法善子亦娶彭城劉氏女"。然葉法善何時結婚生子，則因史料闕如無從稽考。

武曌是年十四歲，以姿色為太宗所賞，入宮為才人。

《舊唐書·則天皇后本紀》：則天皇后武氏，諱曌，並州文水人也。初，則天年十四時，太宗聞其美容止，召入宮，立為才人。及太宗崩，遂為尼，居感業寺。

《新唐書·后妃傳》：文德皇后崩，久之，太宗聞士彠女美，召為才人，方十四。母楊，慟泣與訣，后獨自如，曰："見天子庸知非福，何兒女悲乎？"母豁其意，止泣。既見帝，賜號武媚。及帝崩，與嬪御皆為比丘尼。高宗為太子時，入侍，悅之。王后久無子，蕭淑妃方幸，后陰不悅。它日，帝過佛廬，才人見且泣，帝感動。后廉知狀，引內後宮，以撓妃寵。

《舊唐書·李淳風傳》：初，太宗之世有《秘記》云："唐三世之后，則女主武王代有天下。"太宗嘗密召淳風以訪其事，淳風曰："臣據象推算，其兆已成。然其人已生，在陛下宮內，從今不逾三十年，當有天下，誅殺唐氏子孫殲盡。"帝曰："疑似者盡殺之，如何？"淳風曰："天之所命，必無禳避之理。王者不死，多恐枉及無辜。且據上象，今已成，復在宮內，已是陛下眷屬。更三十年，又當衰老，老則仁慈，雖受終易姓，其於陛下子孫，或不甚損。今若殺之，即當復生，少壯嚴毒，殺之立讎。若如此，即殺戮陛下子孫，必無遺類。"太宗然竟善其言而止。

文士謝偃隨駕幸東都，秋七月，穀、洛泛溢，民溺亡者六千余人，洛水入洛陽宮，毀宮寺十九所，詔求直諫之士。偃上封事，極言得失。太宗稱善，引為弘文館直學士，拜魏王府功曹。

《舊唐書·謝偃傳》：十一年，駕幸東都，穀、洛泛溢洛陽宮，詔求直諫之士。偃上封事，極言得失。太宗稱善，引為弘文館直學士，拜魏王府功曹。偃嘗為《塵》《影》二賦，甚工。太宗聞而詔見，自制賦序，言"區宇义安，功德茂

【46】順治《松陽縣志》卷十雜事，頁6，載葉藏質（810-890）於安和觀（淳和觀）出家為道，系唐代高道葉法善六世孫。（宋）賈善翔《高道傳》和（宋）陳耆卿《赤城志》卷五十，均載葉法善后裔葉藏質事略。

盛"。令其為賦，偃奉詔撰成，名曰《述聖賦》，賜采數十匹。偃又獻《惟皇誠德賦》以申諷。

唐太宗貞觀十二年，戊戌，公元六三八年。 吏部尚書高士廉奉詔修氏族志，正月乙未，書成，奏上之，太宗以皇族與后族並為高門，門第不應在山東崔盧以下，乃更命刊定，專以今朝品秩為高下。於是以皇族為首，外戚次之，降崔氏為第三。葉法善是年二十三歲。其行蹤飄忽，難於考系。

《資治通鑒》卷195：春正月乙未，吏部尚書高士廉《氏族志》成，上之。先是，山東人士崔、盧、李、鄭諸族，好自矜地望，雖累葉陵夷，苟他族欲與為婚姻，必多責財幣，或舍其鄉裏而妄稱名族，或兄弟齊列而更以妻族相陵。上惡之，命士廉等遍責天下譜諜，質諸史籍，考其真偽，辨其昭穆，第其甲乙，褒進忠賢，貶退奸逆，分為九等。

甲寅，上問侍臣："帝王創業與守成孰難？"房玄齡曰："草昧之初，與群雄並起角力而后臣之，創業難矣。"魏徵曰："自古帝王，莫不得之於艱難，失之於安逸，守成難矣。"上曰："玄齡與吾共取天下，出百死，得一生，故知創業之難。徵與吾共安天下，常恐驕奢生於富貴，禍亂生於所忽，故知守成之難。然創業之難，既已往矣，守成之難，方當與諸公慎之。"玄齡等拜曰："陛下及此言，四海之福也。"

葉法善是年二十三歲。其行蹤飄忽，難以考系。 然諸傳既云法善博采眾長，以成其法，故可推知，法善於高宗顯慶中被征聘並請度為道士之前，曾經四海為家，其生業當是亦道亦農。

【考辨】 據卿希泰《中國道教史》[47]載，武德、貞觀之際，高祖、太宗雖以神仙長生之事為虛妄，然實崇道。唐二百八十余年間，道教宮觀不僅遍布全國，且規模日益宏大。自南朝道教宮觀制度形成后，道教宮觀逐漸增多。到唐代，道教宮觀幾乎遍及名山都邑。據杜光庭中和四年（884年）十二月十五日的記載，唐代自開國以來，"所造宮觀約1900余（座），所度道士計15000余人，其親王貴主及公卿士庶或舍宅舍莊為觀並不在其數"。其中，如太清宮、太微宮、紫微宮等主要供奉老子的宮觀，規模可與皇家的殿堂相比擬，對以后道教宮觀的建築規模和建築藝術都有直接的影響。

在唐代，較大的道派是茅山宗，其次是樓觀派，此外還有張天師一系的復

【47】所據為四川人民出版社1996年成都修訂版。

起。高宗乾封元年（666年），更是下詔尊封老子為"太上玄元皇帝"。其以老子姓李又於周衰之際出關往隴右之故也。李氏起於隴右，故自認老子為其先祖。由是以老子為太上玄元皇帝的茅山宗道教更是得到發揚光大。其后唐玄宗對道教更加崇奉和扶植。曾於開元九年（721年）遣使迎司馬承禎入京，親受法籙。成為取得道士資格的皇帝；開元十九年（731年），令五嶽各置老君廟；開元二十一年（733），玄宗親注《道德真經》，又令士庶家藏《老子》一本，並把《老子》列入科舉考試範圍；開元二十五年（737年），令道士、女冠隸屬宗正寺，將道士當作皇族看待；開元二十九年（741年），詔兩京（長安、洛陽）及諸州各置崇玄學，規定生徒學習《老子》《莊子》《列子》《文子》；天寶元年（742年），玄宗贈封莊子為南華真人，文子為通玄真人，列子為沖虛真人，庚桑子為洞虛真人，其四子所著之書改名為真經；天寶七年（748年），玄宗令有關部門審定張天師子孫，將有封植，以隆真嗣，並冊追祖天師張陵為太師。天寶八年（749年）追贈玄元皇帝為"聖祖大道玄元皇帝"，后又升為"大聖祖高上大道金闕玄元天皇大帝"。玄宗以后，肅宗、代宗、憲宗、穆宗、武宗、宣宗等不少皇帝都繼續崇奉和扶植道教，其中較為典型的是唐武宗。武宗於開成五年（840年）親受法籙，會昌元年（841年）詔接衡山道士劉玄靖為銀青光祿大夫，任崇玄館學士，封號廣成先生；會昌四年（844年），授道士趙歸真為左右街門教授先生。總而言之，在唐朝近300年的時間裏，唐皇室以道教為"本朝家教"，始終扶植和崇奉道教，因此，促使道教在教理教義及齋醮儀式等方面均有較大的發展。

孔穎達是年六十四歲，[48] 拜國子祭酒，仍侍講東宮。

《舊唐書·孔穎達傳》：开元十二年，拜國子祭酒，仍侍講東宮。十四年，太宗幸國學觀釋奠，命穎達講《孝經》，既畢，穎達上《釋奠頌》，手詔褒美。后承乾不循法度，穎達每犯顏進諫。承乾乳母遂安夫人謂曰："太子成長，何宜屢致面折？"穎達對曰："蒙國厚恩，死無所恨。"諫諍逾切，承乾不能納。

【48】謂孔穎達是年六十四歲，是根據慣例以年滿七十即可以老致仕。然初唐諸名臣中有年屆90旬方以老致仕者，因不知孔穎達確切的生年，故此係之。若以孔穎達隋大業初即被舉明經高第，"授河內郡博士。煬帝召天下儒官集東都，詔國子秘書學士與論議，穎達為冠，又年最少"。假設隋大業元年（即公元605年）孔穎達舉明經高第時為三十歲，則孔穎達貞觀十七年（公元643年）表請致仕時，其年齡大概也就六十八歲。故此推之，孔穎達是年表請致仕時大致為七十歲。

先是，與顏師古、司馬才章、王恭、王琰等諸儒受詔撰定《五經》義訓，凡一百八十卷，名曰《五經正義》。太宗下詔曰：“卿等博綜古今，義理該洽，考前儒之異說，符聖人之幽旨，實為不朽。”付國子監施行，賜穎達物三百段。十七年，以年老致仕。十八年，圖形於凌煙閣，贊曰：“道光列第，風傳闕裏。精義霞開，掞辭飆起。”二十二年卒，陪葬昭陵，贈太常卿，諡曰憲。

古人以人生七十為老，官員可以老退休（致仕）。考諸本傳，孔穎達貞觀十七年致仕，故知孔穎達退休時大約為七十歲。逆推知孔穎達是年六十四歲。

唐太宗貞觀十三年，己亥，公元六三九年。加房玄齡為太子少師。葉法善是年二十四歲。其時行蹤籍載闕如，難以考系。太史令傅奕精究術數，而終不之信，武德九年嘗上疏廢佛，有詔禁佛而事不果行。奕臨終，戒其子無得學佛書，時年八十五歲。

《資治通鑒》卷195：春正月戊午，加左僕射房玄齡太子少師。玄齡自以居端揆十五年，男遺愛尚上女高陽公主，女為韓王妃，深畏滿盈，上表請解機務；上不許。玄齡固請不已，詔斷表，乃就職。太子欲拜玄齡，設儀衛待之，玄齡不敢謁見而歸，時人美其有讓。玄齡以度支系天下利害，嘗有闕，求其人未得，乃自領之。

五月甲寅，詔五品以上上封事。魏徵上疏，以為：“陛下志業，比貞觀之初，漸不克終者凡十條。其中一條以為：頃年以來，輕用民力。乃云：‘百姓無事則驕逸，勞役則易使。’自古未有因百姓逸而敗、勞而安者也。此恐非興邦之至言。”上深加獎歎，云：“已列諸屏障，朝夕瞻仰，並錄付史官。”仍賜徵黃金十斤。廄馬二匹。

葉法善是年二十四歲。其時行蹤籍載闕如，難以考系。然《唐葉真人傳》謂法善曾以陰功濟世救人，其岐黃之術亦當頗精湛。

《葉尊師碑》：由是便於青城趙元陽受遁甲步元之術，於嵩高韋善俊傳八史云蹻之道。宴息於括蒼羅浮，往還於蓬萊方丈。靈圖秘訣，仙符真度，寶錄生券，冥感空傳。臨目而萬八千神，咽胎而千二百息。或潛泳水府；或飛步火房；或剖腹滌腸，勿藥自復；或刳腸割膜，投符有加；或聚合毒味，服之自若；或征召鬼物，使之立至；呵叱群鬼，奔走眾神，若陪隸也。故海內稱焉，千轉萬變；先朝寵焉，一畫三接。

《唐葉真人傳》：由是於青城趙元陽受遁甲步玄之術，嵩高韋善俊傳八史云嬌之道。后入蒙山訪求隱術，於是山路遇一羽士，問曰：“子何往？”真人曰：“欲求師學道。”羽士曰：“余亦學道，幸得相遇於此。我欲暫往他處，有小衣樓，君為守之。"真人曰："諾。"羽士遂去。經數日復來，曰："子真長者。願以仙書一卷，神劍一口相報。"遂開樓取贈授之。羽士告別，且曰："子但持此按行，爾后景界漸來，預知善惡。又合煉神丹，置壇起醮，經涉數年，思存靈應。"

十月上甲夜半，焚香願念，忽聞空中鳴鍾擊磬，管弦簫瑟之音。起而視之，俄頃見騎從滿室，內有三神人，各長八尺余，容貌異常，衣云錦之衣，戴通天冠。真人俯伏虔請。

神人曰："汝但復坐勿恐，太上遣吾喻汝，汝合得道。蓋昔是太極紫微左宮仙翁領校簿，書錄諸仙，及天下得道之士名字，增年藏算，一月三奏。緣汝失謹，曾於休暇之日，遊乎八荒。因茲降下人世，更修功累德。行滿之日，當復汝仙位。今汝行三五盟威，正一之法，誅斬魑魅妖魔，救護旱品，惠施貧乏，代天行理。但以陰德為先，不須別有貢告。吾有祕法欲相傳授，須清齋三日，無使世人知。受吾口訣，不得文字相付，恐傳非人。輕泄帝旨，罪延七祖，不得上升。"即以符、劍、封、印授之。

又一神人曰："卿今退真，下生人世，宜廣建功德。更受五嶽符圖，天皇大字，及三一真經，黃庭紫書，八景素書，步躡呈紀祕密微妙。但是三洞上清、上法、上真須精進修習，晨夕無替。及長存五千文，統理人道，明察天地。勿致輕泄，道當自成。"

又一神人曰："至道微妙，非此能言，要當守一，屏去驕淫。每以鳴鍾擊鼓，調三理關，導引吐納，服內外丹。常抱存日月，開閉門戶，朝修太上，則當朱光潛照，無英白元，自來守護。黃老奏書，功成行滿，必當升舉。汝受此言，修行不倦，后期欲至，即於許氏旌陽君宅北山峰，重復相見。"

真人俯伏，謝曰："某行微德薄，不悟天真，枉垂靈駕，非意所及，恭承教旨，精意奉行。"再拜奉辭，神人騰空而去。

由是潛行陰德，濟度死生。及會稽理病，屢曾起死。復於揚州，以劍開長史夫人之腹，取病以示人，夫人當時病差如故。凡開腸易胃，破腹剪形，一無損壞，亦無痛楚。抉目洗睛，出安紙上，除去膜翳，復納於中，全不驚動，目明如故。人強與錢，則乞諸貧病。其有狂邪淫祀為災害者，行履所及，並皆誅戮。名聞遠近，並皆知之。

【考辨】《葉尊師碑》和《唐葉真人傳》中這些有關葉法善出神入化、身具多種匡國救人技藝的記載，大約說明了葉法善得道的緣由與所持之修道本末。在葉法善知名當世的幾個主要領域，就有由這裏的羽士和三位身高八尺余、容貌異常、衣云錦之衣、戴通天冠的神人分別授予的道術及其修持方式，后經葉法善數年乃至數十年的勤修，終於掌握一些濟人救亡的實用醫術。如用羽士所贈寶劍為揚州長史夫人剖腹療疾及給其他重症患者開腸易胃、剖腹剪形而患者無一有痛楚，又為病患人士"抉目洗睛""除去膜翳、復納於中"而患者全不驚動卻目明如故的種種外科手術。葉法善在當時施行的這種醫療手術技藝，即使在現代科技如此發達之日，要讓病人完全不感痛楚，其催眠止痛或所用麻醉藥物的技術可謂是超一流的。而且，從地域上來考察，葉法善數十年間行蹤所至，主要在江浙淮揚一帶。而使葉法善獲得最大名譽的還是為揚州長史夫人等病患施行的各種高難度外科醫療手術。而這種高難度外科手術，在當時民俗看來，幾乎只有神仙、異能之士方可為之。

太史令傅奕是年卒，時年八十五歲。嘗上書禁佛。注《老子》，並撰《音義》，又集魏、晉以來駁佛教者為《高識傳》十卷，行於世。

《資治通鑒》卷195：太史令傅奕精究術數之書，而終不之信，遇病，不呼醫餌藥。有僧自西域來，善咒術，能令人立死，復咒之使蘇。上擇飛騎中壯者試之，皆如其言；以告奕，奕曰："此邪術也。臣聞邪不幹正，請使咒臣，必不能行。"上命僧咒奕，奕初無所覺，須臾，僧忽僵仆，若為物所擊，遂不復蘇。又有婆羅門僧，言得佛齒，所擊前無堅物。長安士女輻湊如市。奕時臥疾，謂其子曰："吾聞有金剛石者，性至堅，物莫能傷，唯羚羊角能破之，汝往試焉。"其子往見佛齒，出角叩之，應手而碎，觀者乃止。奕臨終，戒其子無得學佛書，時年八十五。

《舊唐書·傅奕傳》：太宗嘗臨朝謂奕曰："佛道玄妙，聖跡可師，且報應顯然，屢有征驗，卿獨不悟其理，何也？"奕對曰："佛是胡中桀黠，欺誑夷狄，初止西域，漸流中國。遵尚其教，皆是邪僻小人，模寫莊、老玄言，文飾妖幻之教耳。於百姓無補，於國家有害。"太宗頗然之。

奕卒於貞觀十三年，年八十五。臨終誡其子曰："老、莊玄一之篇，周、孔《六經》之說，是為名教，汝宜習之。妖胡亂華，舉時皆惑，唯獨竊歎，眾不我從，悲夫！汝等勿學也。古人裸葬，汝宜行之。"奕生平遇患，未嘗請醫服藥，雖究陰陽數術之書，而並不之信。又嘗醉臥，蹶然起曰："吾其死矣！"因自為墓志曰："傅奕，青山白云人也。因酒醉死，嗚呼哀哉！"其縱達皆此類。注《老子》，並撰《音義》，又集魏、晉以來駁佛教者為《高識傳》十卷，行於世。

唐太宗貞觀十四年，庚子，公元六四零年。二月丁丑，上幸國子監，觀釋奠，命祭酒孔穎達講《孝經》，學生能明一大經以上皆得補官。於是四方學者云集京師，乃至高麗、百濟、新羅、高昌、吐蕃諸酋長亦遣子弟請入國學，升講筵者至八千余人。吐蕃贊普遣使請婚。上許以文成公主妻之。葉法善是年二十五歲。其時行蹤籍載闕如，難以考系。然觀其史傳所載法善事跡，其所擅長者乃江南天師道系之茅山宗道術。

《資治通鑒》卷195：春二月丁丑，上幸國子監，觀釋奠，命祭酒孔穎達講《孝經》，賜祭酒以下至諸生高第帛有差。是時上大征天下名儒為學官，數幸國子監，使之講論，學生能明一大經以上皆得補官。增築學舍千二百間，增學生滿三千二百六十員，自屯營飛騎，亦給博士，使授以經，有能通經者，聽得貢舉。於是四方學者云集京師，乃至高麗、百濟、新羅、高昌、吐蕃諸酋長亦遣子弟請入國學，升講筵者至八千余人。上以師說多門，章句繁雜，命孔穎達與諸儒撰定《五經》疏，謂之《正義》，令學者習之。

冬十月丙辰，吐蕃贊普遣其相祿東贊獻金五千兩及珍玩數百，以請婚。上許以文成公主妻之。

葉法善是年二十五歲。其時行蹤籍載闕如，難以考系。然觀其史傳所載法善事跡，其所擅長者乃屬江南天師道系之茅山法術。[49]

道教之茅山宗，係由梁時著名道士陶弘景在三清道的基礎上發展而來，從而成為唐代最著影響的一個道教流派。陶弘景的道教傳授師是孫遊嶽。孫遊嶽是陸修靜[50]

【49】卿希泰《中國道教史》述葉法善為初唐洞淵派高道。但未詳其何據。

【50】陸修靜（406—477），字元德，吳興東遷人。三國吳丞相陸凱后裔，世為南朝高門著姓。陸修靜以士族身份皈依道門，精研道書，窮究奧旨，道風遠播。陸修靜居廬山簡寂觀修道，帝王母后，慕其聲名，躬親問道，執門徒之禮。陸修靜是改革、整頓天師道，使民間道教官方化的關鍵人物。陸修靜在較長的時間中，潛心研究科儀經典。陸修靜對天師道的改革，最重要的貢獻是齋醮儀範的制定。據《茅山志》記載，陸修靜所著齋法儀範達百余卷。陸修靜制定的百余卷齋儀，其內容可分為"九齋十二法"，包括靈寶齋九法、上清齋二法和三元塗炭齋法。陸修靜《洞玄靈寶五感文》，記十二種齋法中之靈寶齋為：金籙齋、黃籙齋、明真齋、三元齋、八節齋、自然齋、洞神三皇齋、太一齋、指教齋。陸修靜的九齋十二法，原科儀經本似在《無上秘要》中尚有保存。

道教認為靈寶之教最初密而不傳，在道門中口口相授，太極仙翁葛玄始撰成經典，"著敷齋威儀之訣，陸天師復加撰次，立為成儀"。陸修靜作為靈寶派道士，擔當制定齋儀之重任，但他並不囿於靈寶齋儀，對上清派和天師道的齋儀，也兼收並蓄，予以整理。陸修靜所撰齋科，被后世視為齋儀之範模，考證科書之歧異，多追根溯源，指陸修靜科本為定說。唐代杜光庭撰修齋科，亦是既考三洞經科，"又參以陸儀為准"。陸修靜整理制定科的弟子，得受三洞經籙及楊羲、許謐的上清經法。孫遊嶽又盡相授與陶弘景，而陶弘景卻不滿足，又遍訪江東名山，曾遊歷到今天的金華、麗水、溫州諸地以搜集散失的楊羲、許謐的上清經訣手跡。永明十年陶弘景隱居茅山后，便著手整理研究上清經法，撰寫了《真誥》《登真隱訣》等。《真誥》對《上清經》的來源、傳授關系以及上清派的教義、方術等做了系統的記述，實為早期上清派教義和歷史的集大成之作。《登真隱訣》是配合《真誥》的，專門抄摘諸《上清經》中的方術秘訣，亦即上清派養生登仙之方術秘決。這兩部著作對擴大上清派的影響，起了很大的作用。

由於陶弘景在茅山廣招徒眾，宣揚傳授上清經法，建立了茅山上清道團；加之梁武帝和王公朝貴對他的敬重，使他的名氣、聲望大增，故當時的茅山，已成為上清派的核心基地。以后陶弘景的繼承人，也多是有影響的上清道士，使茅山一直保持著上清派的核心地位，故后世便稱陶弘景開創的茅山上清派為茅山宗。

茅山宗以元始天尊為主神；教義以《上清經》為主，並兼收各派道法及儒釋思想；修持方法以存神、誦經為主，也兼習靈寶、三皇及天師道的經戒法籙；組織以出家居道館為主。茅山宗不僅在南朝時期興盛，在隋、唐、兩宋時期也一直未衰，在道教諸派中占有重要地位。

建立道教的神仙體系早期道教——天師道和太平道都尊奉老子為最高神，稱之為太上老君。這一傳統，直至南北朝時期的北天師道和樓觀道都是如此，都奉太上老君為教主，為最高神，而在東晉南朝則不然。東晉南朝的道教，除尊奉古代傳說修仙得道的神仙真人外，上清派尊奉元始天王為最高神，靈寶派的最高神則稱元始天尊。

儀，以江南盛行的齋科為主，此后，靈寶之齋大行於世。

陸修靜奠定了靈寶齋儀的主導地位，此后的道教科儀經典，所載齋法皆以靈寶為宗，甚至有"非靈寶不可度人"之說。據陶弘景《真誥》記載：齊梁之際，赴茅山崇元館學道者，居道館周圍數裏，廨舍十余坊，皆修靈寶齋及章符，學上清經者寥寥無幾。當時茅山每年三月十八日的鶴會，公私云集，車有數百乘，人有四五千，道俗男女，登茅山作靈寶唱贊，可見靈寶齋法確乎風行於江表。

陸修靜在《洞玄靈寶齋說光燭戒罰燈祝願儀》論齋法之功用說："夫感天地，致群神，通仙道，洞至真，解積世罪，滅凶咎，卻怨家，修盛德，治疾病，濟一切，莫過乎齋轉經者也。夫齋直是求道之本，莫不由斯成矣。此功德巍巍無能比者，上可升仙得道；中可安國寧家，延年益壽，保於福祿，得無為之道；下除宿愆，赦見世過，救厄拔難，消滅災病，解脫死人憂苦，度一切物，莫有不宜矣。"陸修靜此論，為后世科儀所沿襲。道教認為治人當先治身，正人當先自正，而治身正心就離不開齋直，齋是齊人參差之行，直是正人入道之心。陸修靜說的齋直，即指祭祀之齋法。自陸修靜制定齋醮儀範后，道教齋醮活動的舉行有章可循，祝香啟奏，出官請事，禮謝願念，莫不遵循經文。南北朝時期，道教齋醮科儀已粗具規模，此標志著道教正向成熟宗教轉化。

陶弘景繼承了道教養生修煉的傳統，又做了系統而重要的發揮。他撰寫了《養性延命錄》，對養生的理論和方法做了系統的闡述。他認為養生應神形雙修，說形神合時，則是人是物；形神若離，則是靈是鬼；假令為仙者，以藥石煉其形，以精靈瑩其神，以和氣濯其質，以善德解其纏。《養生延命錄序》也說：「人所貴者，蓋貴為生。生者神之本，形者神之具。神大用則竭，形大勞則斃。若能遊心虛靜，息慮無為，服元氣於子后，時導引於閑室，攝養無虧，兼餌良藥，則百年耆壽，是常分也。」養神的方法，是遊心虛靜，息慮無為，就是說要清心寡欲。陶弘景認為，人的七情六欲都是傷神的，但人的情欲又是不可斷絕的，只有做到有節制，適可而止，便可養神而長壽。煉形則必須飲食有節，起居有度；勞逸適中，動靜得當；還必須正確運用行氣導引及房中之術。這是陶弘景養生術中的主要部分。陶弘景的這套養生與修持理論及其實踐指導與葉法善之所以能享壽107歲不無關係。

毋庸置疑，養生可健身防病，而患病卻須醫藥治療。故陶弘景開創的道教茅山宗也很重視醫藥學，作為開派宗主的陶弘景同時還撰寫了大量醫藥著作，主要有《本草集注》《陶隱居本草》《補闕肘后百一方》《效驗方》等。

陶弘景養生修煉的重要部分是服餌煉丹。他曾說：「攝養無虧，兼餌良藥，則萬年耆壽。」所以他長期從事煉丹。自天監四年（公元505年）至普通六年（公元525年）的二十年中，共煉丹七次，而只有最后一次成功。在多次實踐的基礎上，陶弘景撰寫了多種煉丹著作，主要有《太清諸丹集要》《合丹藥諸法式節度》《集金丹黃白方》《煉化雜術等》。

由於丹藥難成，作為茅山宗弟子的葉法善，即使在得到李唐朝廷認可，而高宗皇帝又十分信奉煉丹術士之際，他仍然認為丹藥難成，不宜徒費財物。《舊唐書·方伎·葉法善傳》云：「時高宗令廣征諸方道術之士，合煉黃白。法善上言：『金丹難就，徒費財物，有虧政理，請核其真偽。』帝然其言，因令法善試之，由是乃出九十余人，因一切罷之。」然葉法善之所以能行陰功以為百姓療疾救亡，即使在葉法善晚年被逐出長安南下廣州時，在年近九十高齡時仍以為廣州有仙藥可采。[51] 這不能說不是他繼承並秉持了由葛玄、葛洪注重醫術及陶弘景開創的茅山宗注重實用醫學與道術以匡時救世之道之因。

【51】《唐葉真人傳》：后中宗皇帝在位，武三思尚秉國權，時多信讒說。真人從容累諫，作旨貶之嶺外。門人憂色。真人曰：「否泰有時，隱見正當爾也。」遂遁至南嶽，抵連州，去廣州，尚數百裏陸路不通，要以舟濟。真人欲於廣州采藥，先遣弟子舟行至廣府。

唐太宗貞觀十五年，辛丑，公元六四一年。文成公主入藏和親，吐蕃王贊普見唐使臣禮部尚書江夏王道宗，盡子婿禮，慕中國衣服、儀衛之美，為公主別築城郭宮室而處之，自服紈綺以見公主。西藏慕中國之教化或自此時始。葉法善是年二十六歲。其時行蹤籍載闕如，難以考系。

《資治通鑑》卷196：春正月丁丑，命禮部尚書江夏王道宗持節送文成公主於吐蕃。贊普大喜，見道宗，盡子婿禮，慕中國衣服、儀衛之美，為公主別築城郭宮室而處之，自服紈綺以見公主。其國人皆以赭塗面，公主惡之，贊普下令禁之；亦漸革其猜暴之性，遣子弟入國學，受《詩》《書》。

上問魏徵："比來朝臣何殊不論事！"對曰："陛下虛心采納，必有言者。凡臣徇國者寡，愛身者多，彼畏罪，故不言耳。"上曰："然。人臣關說忤旨，動及刑誅，與夫蹈湯火冒白刃者亦何異哉！是以禹拜昌言，良為此也。"房玄齡、高士廉遇少府少監竇德素於路，問："北門近何營繕？"德素奏之。上怒，讓玄齡等曰："君但知南牙政事，北門小營繕，何預君事！"玄齡等拜謝。魏徵進曰："臣不知陛下何以責玄齡等，而玄齡等亦何所謝！玄齡等為陛下股肱耳目，於中外事豈有不應知者！使所營為是，當助陛下成之；為非，當請陛下罷之。問於有司，理則宜然。不知何罪而責，亦何罪而謝也！"上甚愧之。

葉法善是年二十六歲。其時行蹤籍載闕如，難以考系。或是時仍遵師命遊學中。

考有唐三百年間之道教，在道教理論建設方面有很大發展，湧現了許多道教宗室和學者，如孫思邈、成玄英、李榮、王玄覽、司馬承禎、吳筠、李筌、張萬福、施肩吾、杜光庭等，他們對道教的教理、教義和修煉方術等方面做了全面的發展。由於唐皇室的大力倡導，唐代研究老莊思想蔚然成風。當時王公大臣及儒生、道士等紛紛研究和注疏《老子》《莊子》，據不完全統計，隋唐時代注疏箋解《老子》者近30家；其他受老莊思想影響的理論著作也很多，如通玄先生的《休道論》、司馬承禎的《坐忘論》等。特別是以成玄英、李榮為代表的重玄學派，對當時和以後的道教理論發展產生了重大影響。

道教科儀方面，在唐代有較系統的發展。道教科儀在南朝陸修靜時已初具規模，唐代道士張萬福、張承先和唐末五代的杜光庭等對道教科儀、經戒法籙傳授進行了系統的整理和增刪，使其更加豐富和完備。特別是唐末五代的杜光庭（850—933）所著的《道門科範大全集》（87卷），將道教主要道派的齋醮科儀加以統一並使之規範化，集唐代道教齋醮科儀之大成。他所制定的道門科範，道教至今依然沿用。

太史令薛頤是年諫阻太宗封禪泰山。

《資治通鑑》卷196：夏四月，辛卯朔，詔以來年二月有事於泰山。五月己酉，有星孛於太微，太史令薛頤上言"未可東封"。辛亥，起居郎褚遂良亦言之。丙辰，詔罷封禪。

《舊唐書·方伎·薛頤傳》：貞觀中，太宗將封禪泰山，有彗星見，頤因言"考諸玄象，恐未可東封"。會褚遂良亦言其事，於是乃止。

薛頤后上表請為道士，太宗為置紫府觀於九稅山，拜頤中大夫，行紫府觀主事。又敕於觀中建一清臺，候玄象，有災祥薄蝕謫見等事，隨狀聞奏。前後所奏，與京臺李淳風多相符契。后數歲卒。

唐太宗貞觀十六年，壬寅，公元六四二年。上愛魏王泰，供給逾於太子，諫議大夫褚遂良諫止之。上又欲觀褚遂良所為"起居注"，褚不予。葉法善是年二十七歲。其時行蹤籍載闕如，難以考系。或是時仍遵師命遊學中。

《資治通鑑》卷196：春正月乙丑，魏王泰上《括地志》。泰好學，司馬蘇勖說泰，以古之賢王皆招士著書，故泰奏請修之。於是大開館舍，廣延時俊，人物輻湊，門庭如市。

四月壬子，上謂褚遂良曰："卿猶知起居注，所書可得觀乎？"對曰："史官書人君言動，備記善惡，庶幾人君不敢為非，未聞自取而觀之也！"上曰："朕有不善，卿亦記之邪？"對曰："臣職當載筆，不敢不記。"黃門侍郎劉洎曰："借使遂良不記，天下亦皆記之。"上曰："誠然。"

特進魏徵有疾，上手詔問之。八月丁酉，上曰："當今國家何事最急？"諫議大夫褚遂良曰："今四方無虞，唯太子、諸王宜有定分最急。"上曰："此言是也。"時太子承乾失德，魏王泰有寵，群臣日有疑議，上聞而惡之，謂侍臣曰："方今群臣，忠直無逾魏徵，我遣傅太子，用絕天下之疑。"九月丁巳，以魏徵為太子太師。徵疾小愈，詣朝堂表辭，上手詔諭以"周幽晉獻，廢嫡立庶，危國亡家。漢高祖幾廢太子，賴四皓然后安。我今賴公，即其義也。知公疾病，可臥護之"。徵乃受詔。

葉法善是年二十七歲。其時行蹤籍載闕如，難以考系。或是時仍遵師命遊學中。

考諸籍載，自魏晉以降，金華、括州（今麗水市一帶）、溫州諸地歷代為江南道教之重鎮。江南道教之領袖人物如魏晉時期的魏華存（252—334），葛洪（283—363）、楊義（330—387）、許謐（？—376）、許翔（341—370）及南朝陸修靜、陶弘景等，無一不曾如此求道訪師。其以葛洪、陶弘景等人對地處浙東南山區的麗水之崇道民俗影響尤深。

正是由於葛洪等人的倡導和影響，在東晉哀帝年間（363—365），江東天師道盛行，出現了以撰作道書、傳播經法為首務的道教經籙派。這是天師道向義理化演變的一次重大發展，其具體體現便是上清、靈寶、三皇經法的出現。

《上清經》系是由魏華存創始，楊義、許謐、許翔共同完成的，其主要經書為《上清大洞真經》及《黃庭經》等；《靈寶經》系是由葛巢甫（葛洪的族孫）所撰作而成，其主要經書為《元始無量度人經》；《三皇經》系是由西晉鮑靚傳《三皇文》至東晉而顯於世的。《上清經》系的問世是楊義和許謐、許翔繼葛洪之后對神仙道教的又一次改革和發展，它為道教茅山宗的形成奠定了基礎。上清派的修行理論認為人身中各部位均有真神鎮守，修道者思神服氣、叩齒咽液、固精安神，輔以誦經念咒，便可以內保臟腑，外卻災邪，飛升成仙。靈寶派重視符籙科教和齋戒儀軌，注重勸善度人，宣稱"普度一切人"。靈寶派在修持方法等方面，吸收了天師道和上清派的長處，使它的宗教活動較能吸引群眾，成為晉末宋初社會影響很大的道派。后衍變為閣皂宗。

南朝劉宋時，又有廬山道士陸修靜[52]（406—477），對南方的天師道進行了改革。

陸修靜自少修習儒學，愛好詞章，年長時棄家入云夢山隱居修道。宋明帝時（465—472），他將搜集的道書（其中有上清、靈寶、三皇各派的經典），加以整理甄別，鑒定其中經戒、方藥、符圖等1228卷，分為"三洞"（即洞真、洞玄、洞神）。泰始七年（471年）又撰定《三洞經書目錄》，此為我國最早的道教經書總目，奠定了后世纂修《道藏》的基礎。他還在總結自天師道以來原有的各種齋儀的基礎上，進一步完善了道教的齋醮儀範，以適應道教發展的需要。陸修靜編著有關齋醮儀範的著作達100余卷，基本上完成了道教的科儀。陸修靜在著述中繼承了早期五門米道三元日祭祖"三官"（天官、地官、水官）的儀式，對上

【52】參見前有關陸修靜條考論和注釋。

清派、天師道等道派的齋醮制度做了明確的敘述和規定，使這些儀式中的祝香、奏啟、請事、禮謝、願念等都統一起來。此外，陸修靜還就組織制度方面對天師道提出了一套較完整方案，如進一步健全"三會日"制度；建立和健全道官祭酒依功受籙和按級晉升制度；始創服飾規範等。經陸修靜改革后的南方天師道被稱為南天師道，即江南天師道。

唐太宗貞觀十七年，癸卯，公元六四三年。魏徵是年薨。上命百官九品以上皆赴喪，給羽葆鼓吹，陪葬昭陵。上自制碑文，並為書石。上思徵不已，謂侍臣曰："人以銅為鏡，可以正衣冠；以古為鏡，可以見興替；以人為鏡，可以知得失；魏徵沒，朕亡一鏡矣！"戊申，詔圖畫司徒、趙國公無忌等勳臣二十四人於凌煙閣。葉法善是年二十八歲。其時行蹤籍載闕如，難以考系。

《資治通鑒》卷196：春正月丙寅，上謂群臣曰："聞外間士民以太子有足疾，魏王穎悟，多從遊幸，遽生異議，徵幸之徒，已有附會者。太子雖病足，不廢步履。且《禮》：嫡子死，立嫡孫。太子男已五歲，朕終不以孽代宗，啟窺窬之源也。"

魏徵寢疾，上遣使者問訊，賜以藥餌，相望於道。徵薨，命百官九品以上皆赴喪，給羽葆鼓吹，陪葬昭陵。上自制碑文，並為書石。上思徵不已，謂侍臣曰："人以銅為鏡，可以正衣冠；以古為鏡，可以見興替；以人為鏡，可以知得失；魏徵沒，朕亡一鏡矣！"

二月戊申，上命圖畫功臣趙公長孫無忌、趙郡元王孝恭、萊成公杜如晦、鄭文貞公魏徵、梁公房玄齡、申公高士廉、鄂公尉遲敬德、衛公李靖、宋公蕭瑀、褒忠壯公段志玄、夔公劉弘基、蔣忠公屈突通、郧節公殷開山、譙襄公柴紹、邳襄公長孫順德、郧公張亮、陳公侯君集、郯襄公張公謹、盧公程知節、永興文懿公虞世南、渝襄公劉政會、莒公唐儉、英公李世勣、胡壯公秦叔寶等於凌煙閣。

時皇子為都督、刺史者多幼稚，遂良上疏，以為："漢宣帝云：'與我共治天下者，其惟良二千石乎？'今皇子幼稚，未知從政，不若且留京師，教以經術，俟其長而遣之。"上以為然。

太子多不法，又私幸太常樂童稱心，與同臥起。道士秦英、韋靈符挾左道，得幸太子。上聞之大怒，悉收稱心等殺之，連坐死者數人，誚讓太子甚至。太子意泰告之，怨怒逾甚，陰養刺客紇幹承基等及壯士百余人，謀殺魏王泰。

夏四月庚辰朔，承基上變，告太子謀反。敕長孫無忌、房玄齡、蕭瑀、李世勣與大理、中書、門下參鞫之，反形已具。上謂侍臣："將何以處承乾？"群臣莫敢對，通事舍人來濟進曰：“陛下不失為慈父，太子得盡天年，則善矣！”上從之。

乙酉，詔廢太子承乾為庶人，幽於右領軍府。上欲免漢王元昌死，群臣固爭，乃賜自盡於家，而宥其母妻。侯君集、李安儼、趙節、杜荷等皆伏誅。左庶子張玄素、右庶子趙弘智、令狐德棻等以不能諫爭，皆坐免為庶人。余當連坐者，悉赦之。詹事於志寧以數諫，獨蒙勞勉。以紇幹承基為祐川府折沖都尉，爵平棘縣公。

九月癸未，徙承乾於黔州。甲午，徙順陽王泰於均州。

葉法善是年二十八歲。其時行蹤籍載闕如，難以考系。或是時仍遵師命遊學並修習道術中，或因已娶妻生子，乃於家松陽亦道亦耕以為生業。

考葉法善一生之行實，中年之前大體以遊歷修道為主。然以《唐葉真人傳》所云葉法善早年家境貧寒，曾以傭耕為業，則知其娶妻之后，迫於家室及其生計，當有數年乃至數十年在括州松陽老家以一鄉間道士之身份輔助其生計。然《太平廣記·葉法善傳》云：“叔祖靖能，頗有神術，高宗時，入直翰林，為國子祭酒[53]。武后監國，南遷而終。[54]”若以高宗朝葉靖能即已入值翰林，官拜國子祭酒，則葉靖能當於貞觀年間已在朝廷任職，否則以次第不當為國子祭酒。葉法善於顯慶中被征，亦當由其叔祖葉靖能舉薦[55]。至於葉靖能為高宗朝國子祭酒，當在令狐德棻以老致仕之後，即至少應在令狐德棻龍朔二年以老致仕之后。且葉靖能作為一名有“神術”之人，以道士身份出仕為國子祭酒時，應該年齡也不會太輕，至少也有六十歲了。即使是中唐時期的通才碩學韓愈元和十五年徵拜國子祭酒時，也已經五十二歲了[56]。故知葉靖能於高宗朝拜國子祭酒前，當已在朝為官數年乃至數十年。若果如此，則葉靖能至遲在太貞觀年中后期當已入朝為官了。

【53】據《新唐書·百官三》：國子祭酒一人，從三品。

【54】高宗弘道年（公元683年）十二月丁巳崩於貞觀殿。遺詔太子柩前即位。甲子，中宗即位，尊天后為皇太后，政事鹹取決焉。由是知武后監國乃始於弘道年間，而武后佞佛，素不喜道教，故此葉靖能可能因故被遣或者見大勢已去，遂離京南歸松陽。此葉靖能當與韋后黨羽之國子祭酒葉靜能非同一人。

【55】《舊唐書·方伎·葉法善傳》：顯慶中，高宗聞其名，征詣京師，將加爵位，固辭不受。求為道士，因留在內道場，供待甚厚。

【56】考諸史傳，韓愈於元和十三年（公元818年）上疏諫迎佛骨，憲宗大怒，欲加誅，后貶愈為潮州刺史。元和十五年（公元820年）征拜愈為國子祭酒。韓愈長慶四年（公元824年）卒，年五十七。

又，考史載較為詳明的孔穎達嘗於貞觀十二年至貞觀十七年間為國子祭酒，以老致仕；令狐德棻於高宗永徽四年（公元653年）遷國子祭酒，至龍朔二年（公元662年）以老致仕[57]，二人均是當年高祖起事時的舊時僚屬，且二人學業德行均為時人所重，而在擔任國子祭酒一職時卻都是年近古稀了。國子祭酒官職品級雖不高，但卻是太平時期頗受朝廷重視的一個職位，多以名儒碩學德高年尊者為之。

此時由於法善叔祖葉靖能或已在朝為官，松陽葉氏一門的經濟狀態與政治地位當有所提升。葉法善此時或因已頗有道術而能自謀生計了。

名醫甄權是年一百三歲。太宗親幸其家，視其飲食，訪以藥性，因授朝散大夫，賜幾杖衣服。其年卒。

《舊唐書·甄權傳》：甄權，許州扶溝人也。嘗以母病，與弟立言專醫方，得其旨趣。隋開皇初，為秘書省正字，後稱疾免。隋魯州刺史庫狄嶔苦風患，手不得引弓，諸醫莫能療。權謂曰："但將弓箭向垛，一針可以射矣。"針其肩隅一穴，應時即射。權之療疾，多此類也。

貞觀十七年，權年一百三歲，太宗幸其家，視其飲食，訪以藥性，因授朝散大夫，賜幾杖衣服。其年卒。撰《脈經》《針方》《明堂人形圖》各一卷。

唐太宗貞觀十八年，甲辰，公元六四四年。上御駕親征高麗。群臣諫不聽。十一月壬寅，車駕至洛陽宮。發天下甲士，召募十萬，並趨平壤，以伐高麗。十二月辛丑，庶人承乾死。葉法善是年二十九歲。其時行蹤籍載闕如，難以考系。

《資治通鑒》卷197：上欲自征高麗，諸遂良上疏，以為："天下譬猶一身：兩京，心腹也；州縣，四支也；四夷，身外之物也。高麗罪大，誠當致討，但命二、三猛將將四五萬眾，仗陛下威靈，取之如反掌耳。今太子新立，年尚幼稚，自余藩屏，陛下所知，一旦棄金湯之全，逾遼海之險，以天下之君，輕行遠舉，皆愚臣之所甚憂也。"上不聽。

【57】令狐德棻於高宗永徽四年始為國子祭酒時已年七十。《舊唐書·令狐德棻傳》：永徽元年，又受詔撰定律令，復為禮部侍郎，兼弘文館學士，監修國史及《五代史志》。尋遷太常卿，兼弘文館學士。四年，遷國子祭酒，以修貞觀十三年以後實錄功，賜物四百段，兼授崇賢館學士。尋又撰《高宗實錄》三十卷，進爵為公。龍朔二年，表請致仕，許之，仍加金紫光祿大夫。乾封元年（公元666年），卒於家，年八十四，諡曰憲。德棻暮年尤勤於著述，國家凡有修撰，無不參預。

十二月壬寅，故太子承乾卒於黔州，上為之廢朝，葬以國公禮。

　　葉法善是年二十九歲。其時行蹤籍載闕如，難以考系。或是時仍遵師命遊學並修習道術中，或因已娶妻生子，乃於家松陽亦道亦耕以為生業。

　　綜觀葉法善一生之修為，大體不外乎如下幾個方面：（一）陰陽；（二）符咒厭劾；（三）內外科醫術；（四）胎息；（五）煉丹術；（六）辟穀；（七）導引吐納；（八）遁甲步玄；（九）隱身幻術；（十）預知善惡。而這些修道之術，葉法善既有早年便傳自父祖者，也有年輕時由遊歷四方尋訪名師所得。其陰陽占葡、符咒厭劾、醫術及預言善惡是一般修道之士服務社會大眾並求取資財之方式。葉法善早年所善之術，實乃民間道團賴以謀生之技能，難登大雅之堂，故葉法善早年即有志於道，自謂不遇名師，無以度世。

　　據道書記載，早在軒轅黃帝時期，就有隱居深山的修煉之人，一直發展到后來的方仙道和黃老道。他們從事的神仙方術，為正統道教直接吸收和繼承。這方面主要有心齋、坐忘、緣督、導引、吐納、聽氣、踵息、守靜、存想、守一、辟穀、服食、房中、行氣、胎息、外丹、內丹，等等，下面略加總括：

　　心齋，"齋"即潔淨之義，心齋即內心清淨。《莊子》："唯道集虛，虛者，心齋也。"

　　坐忘，即靜坐志身。《莊子》："墮肢體，黜聰明，離形去知，同於大通，此謂坐忘。"

　　緣督，指遵循中道，或云運行督脈。《莊子》："緣督以為徑，可以保身，可以全生，可以養親，可以盡年。"

　　導引，指導行肢體，引氣通身。《莊子》："熊經鳥伸，為壽而已矣，此導引之法。"三國時華佗所傳五禽戲，即屬此類。

　　吐納，始吸入清氣，呼出濁氣。《莊子》："吹噓呼吸，吐故納新。"

　　聽氣，指靜聽內氣。《莊子》："無聽之以耳，而聽之以心；無聽之以心，而聽之以氣。"

　　踵息，指內呼吸深達於睡。《莊子》："真人之息以踵，眾人之息以喉。"

　　守靜，即收心求靜。《太平經》："求道之法靜為根。"

　　存想，又稱存思、存神，即聚集身神不使外遊。《天隱子》："存謂存我之神，想謂想我之身。"

　　守一，即守心於一。《莊子》："我守其一，以處其和。"

辟穀，亦稱斷穀、休糧、絕粒等。辟穀約分五種：①不食五穀，即不吃米面之類。②不食人間煙火，即不吃熟食。③不吃油鹽。④不吃食物，專門服氣。⑤服用藥物代替食物。

服食，又稱服餌，指服食藥物或外丹。《服氣精義論》："諸藥以代於穀，使氣味兼致臟腑而全也。"

房中，又稱禦女、黃赤之道等。源於古代的生殖崇拜。房中術原是講房事禁忌及卻病益壽之衛生術。《漢書藝文志》說："樂而有節，則和平壽考。"《抱樸子》言："其大要在於還精補腦之一事耳。"后因易遭毀謗，道教不傳。

行氣，亦稱引氣、運氣，指調動體內真氣運行，以通經脈。《抱樸子內篇》："初學行氣，鼻中引氣而閉之。……及引之，皆不欲令己耳聞其出入之聲，常令人多出少。"

胎息，即如胎兒般以肚臍呼吸。高層次丹道的胎息，指全身呼吸。《云笈七簽》："人能依嬰兒在母腹中，自服內氣，握固守一，是名胎息。"

外丹，又稱煉丹術、金丹術、燒煉術等，指用爐鼎燒煉金石草木煉成神丹，配合修煉服用。《抱樸子內篇》："夫金丹之藥物，煉之愈久，變化愈妙，……服此二藥，煉人身體。"

道教修煉在以上眾多神仙方術的基礎之上，不斷發展完善，終於形成了以"三元丹法"為主的完整的修煉體系，所有道功道術均可涵括其中。

唐太宗貞觀十九年，乙巳，公元六四五年。上御駕親征高麗，雖有獲勝，然諸軍亦困於彼而不得凱旋。葉法善是年三十歲。其時行蹤籍載闕如，難以考系。僧玄奘遊西域十七年，至是年始從西域返長安。太宗業師張后胤是時當繼孔穎達為國子祭酒。

《資治通鑒》卷197：春三月丁亥，上謂侍臣曰："遼東本中國之地，隋氏四出師而不能得；朕今東征，欲為中國報子弟之仇，高麗雪君父之恥耳。且方隅大定，惟此未平，故及朕之未老，用士大夫余力以取之。朕自發洛陽，唯啖肉飯，雖春蔬亦不之進，懼其煩憂故也。"上見病卒，召至御榻前存慰，付州縣療之，士卒莫不感悅。有不預征名，自願以私裝從軍，動以千計，皆曰："不求縣官勳賞，惟願效死遼東！"上不許。

中書令馬周攝吏部尚書，以四時選為勞，請復以十一月選，至三月畢；從之。

葉法善是年三十歲。其時行蹤籍載闕如，難以考系。或是時仍遵師命
遊學並修習道術中，或因已娶妻生子，乃於家松陽亦道亦耕以為生業。

考如前述。

太宗業師張后胤是時當繼孔穎達為國子祭酒。

《舊唐書·儒學·張后胤傳》：張后胤，蘇州昆山人也。后胤從父在並州，
以學行見稱。時高祖鎮太原，引居賓館。太宗就受《春秋左氏傳》。武德中，累
除燕王諮議參軍。貞觀中，后胤上言："陛下昔在太原，問臣：'隋氏運終，何
族當得天下？'臣奉對：'李姓必得。公家德業，天下係心，若於此首謀，長驅
關右，以圖帝業，孰不幸賴！'此實微臣早識天命。"太宗曰："此事並記之
耳。"因詔入賜宴，言及平昔，從容謂曰："今弟子何如？"后胤對曰："昔孔
子領徒三千，達者無子男之位。臣翼贊一人，為萬乘主，計臣功逾於先聖。"太
宗甚悅，賜良馬五匹，拜燕王府司馬。遷國子祭酒，轉散騎常侍。永徽初，請致
仕，加金紫光祿大夫，給賜並同職事。卒，贈禮部侍郎，陪葬昭陵。

庶人承乾業師張士衡是年卒。

《舊唐書·儒學·張士衡傳》：張士衡，瀛州樂壽人也。士衡九歲喪母，哀慕
過禮。及長，軌思授以《毛詩》《周禮》，又從熊安生及劉焯受《禮記》，皆精究
大義。此后遍講《五經》，尤攻《三禮》。仕隋為余杭令，后以年老歸鄉裏。

貞觀中，幽州都督、燕王靈夔北面師之。庶人承乾在東宮，又加徵命。及至
洛陽宮謁見，太宗延之升殿，賜食，擢授朝散大夫、崇賢館學士。承乾見之，問
"布施營功德，有果報不？"對曰："事佛在於清淨無欲，仁恕為心。如其貪婪
無厭，驕虐是務，雖復傾財事佛，無救目前之禍。且善惡之報，若影隨形，此是
儒書之言，豈徒佛經所說。是為人君父，當須仁慈；為人臣子，宜盡忠孝。仁慈
忠孝，則福祚攸永；如或反此，則殃禍斯及。此理昭然，願殿下勿為憂慮。"及
承乾廢黜，敕給乘傳，令歸本鄉。十九年卒。

僧玄奘是年四十歲，是年始歸長安。或曾謁太子治，太子欲為文德皇
后追福，擬造慈恩寺及翻經院。次年太宗御駕親征高麗班師回長安，詔見
之，仍敕右僕射房玄齡、太子左庶子許敬宗，廣召碩學沙門五十余人以襄
助玄奘共譯佛經。

《舊唐書·方伎·僧玄奘傳》：玄奘在西域十七年，經百余國，悉解其國之語，仍采其山川謠俗，土地所有，撰《西域記》十二卷。貞觀十九年，歸至京師。太宗見之大悅，與之談論。於是詔將梵本六百五十七部於弘福寺翻譯，仍敕右僕射房玄齡、太子左庶子許敬宗，廣召碩學沙門五十余人，相助整比。

高宗在宮，為文德太后追福，造慈恩寺及翻經院，內出大幡，敕《九部樂》及京城諸寺幡蓋眾伎，送玄奘及所翻經像、諸高僧等入住慈恩寺。

唐太宗貞觀二十年，丙午，公元六四六年。群臣累請封禪，從之。詔造羽衛送洛陽宮。葉法善是年三十一歲。其時行蹤籍載闕如，難以考系。

《資治通鑒》卷197：三月己巳，車駕還京師。上疾未全平，欲專保養，庚午，詔軍國機務並委皇太子處決。

十二月己丑，群臣累請封禪，從之。

葉法善是年三十一歲。其時行蹤籍載闕如，難以考系。或是時仍遵師命遊學並修習道術中，或因已娶妻生子，乃於家松陽亦道亦耕以為生業。

考如前述。

僧玄奘是年在長安觀見唐太宗。是時佛教在士大夫階層倍受排異的情形有所改變，一些朝廷大臣及妃主亦有篤信佛教者。

【考辨】《舊唐書·方伎·僧玄奘傳》云太宗貞觀十九年返長安，太宗見之大悅，與之談論。然貞觀十九年太宗正御駕親征高麗未歸，至貞觀二十年春三月己巳車駕乃還京師。故知僧玄奘回長安后當是先朝觀太子。故有太子為文德皇后追福敕造慈恩寺及翻經院等以尊崇佛教之舉。

唐太宗貞觀二十一年，丁未，公元六四七年。詔曰左丘明、葡子夏等二十一人，並用其書，垂於國胄。既行其道，理合襃崇。自今有事太學，可與顏子俱配享孔子廟堂。其尊重儒道如此。葉法善是年三十二歲。其時行蹤籍載闕如，難以考系。

《資治通鑒》卷198：二月丁丑，太子釋奠於國學。是月，上得風疾，苦京師盛暑，夏四月乙丑，命修終南山太和廢宮為翠微宮。五月戊子，上幸翠微宮。冀州進士張昌齡獻《翠微宮頌》，上愛其文，命於通事舍人裏供奉。

詔："左丘明、蔔子夏、公羊高、穀梁赤、伏勝、高堂生、戴聖、毛萇、孔安國、劉向、鄭眾、杜子春、馬融、盧植、鄭玄、服虔、何休、王肅、王弼、杜元凱、範寧等二十一人，並用其書，垂於國胄。既行其道，理合褒崇。自今有事太學，可與顏子俱配享孔子廟堂"。其尊重儒道如此。

葉法善是年三十二歲。其時行蹤籍載闕如，難以考系。或是時仍遵師命遊學並修習道術中，或因已娶妻生子，乃於家松陽亦道亦耕以為生業。
考如前述。

冀州進士張昌齡獻《翠微宮頌》，上愛其文，命於通事舍人裏供奉。
《舊唐書·文苑·張昌齡傳》：張昌齡，冀州南宮人。弱冠以文詞知名。本州欲以秀才舉之，昌齡以時廢此科已久，固辭。乃充進士貢舉及第。貞觀二十一年，翠微宮成，詣闕獻頌。太宗召見，試作《息兵詔》草，俄頃而就。太宗甚悅，因謂之曰："昔禰衡、潘嶽，皆恃才傲物，以至非命。汝才不減二賢，宜追鑒前軌，以副吾所取也。"乃敕於通事舍人裏供奉。尋為昆山道行軍記室，破盧明月，平龜茲，軍書露布，皆昌齡之文也。再轉長安尉，出為襄州司戶，丁憂去官。后賀蘭敏之奏引於北門修撰，尋又罷去。乾封元年卒。文集二十卷。

唐太宗貞觀二十二年，戊申，公元六四八年。上作《帝範》十二篇以賜太子。充容長城徐惠以上東征高麗，西討龜茲，翠微、玉華，營繕相繼，又服玩頗華靡，上疏諫。太宗善其言，甚禮重之。十二月庚午，太子為文德皇后作大慈恩寺成。葉法善是年三十三歲。其時行蹤籍載闕如，難以考系。王玄策奉旨使西域。
《資治通鑒》卷198：春正月己丑，上作《帝範》十二篇以賜太子，曰《君體》《建親》《求賢》《審官》《納諫》《去讒》《戒盈》《崇儉》《賞罰》《務農》《閱武》《崇文》；且曰："修身治國，備在其中。一旦不諱，更無所言矣。"又曰："汝當更求古之哲王以為師，如吾，不足法也。夫取法於上，僅得其中；取法於中，不免為下。吾居位已來，不善多矣，錦繡珠玉不絕於前，宮室臺榭屢有興作，犬馬鷹隼無遠不致，行遊四方，供頓煩勞，此皆吾之深過，勿以為是而法之。顧我弘濟蒼生，其益多；肇造區夏，其功大。益多損少，故人不怨；功大過微，故業不墜；然比之盡美盡善，固多愧矣。汝無我之功或而承我之

富貴，竭力為善，則國家僅安；驕情奢縱，則一身不保。且成遲敗速者，國也；失易得難者，位也；可不惜哉！可不惜哉！"

初，左武衛將軍武連縣公武安李君羨直玄武門，時太白屢晝見，太史占云："女主昌。"民間又傳《秘記》云："唐三世之后，女主武王代有天下。"上惡之。會與諸武臣宴宮中，行酒令，使各言小名。君羨自言名五娘，上愕然，因笑曰："何物女子，乃爾勇健！"又以君羨官稱封邑皆有"武"字，深惡之，后出為華州刺史。有布衣員道信，自言能絕粒，曉佛法，君羨深敬信之，數相從，屏人語。御史奏君羨與妖人交通，謀不軌。壬辰，君羨坐誅，籍沒其家。

十二月庚午，太子為文德皇后作大慈恩寺成。

葉法善是年三十三歲。其時行蹤籍載闕如，難以考系。或是時仍遵師命遊學並修習道術中，或因已娶妻生子，乃於家松陽亦道亦耕以為生業。
考如前述。

司空、梁國公房玄齡是年七十，秋七月癸卯，薨。
《舊唐書·房玄齡傳》：二十二年，駕幸玉華宮，時玄齡舊疾發，詔令臥總留臺。及漸篤，追赴宮所，乘擔輿入殿，將至御座乃下。太宗對之流涕，玄齡亦感咽不能自勝。敕遣名醫救療，尚食每日供御膳。若微得減損，太宗即喜見顏色；如聞增劇，便為改容淒愴。玄齡因謂諸子曰："吾自度危篤，而恩澤轉深，若孤負聖君，則死有余責。當今天下清謐，咸得其宜，唯東討高麗不止，方為國患。主上含怒意決，臣下莫敢犯顏；吾知而不言，則銜恨入地。"遂抗表諫。

柳芳論之曰：玄齡佐太宗定天下，及終相位，凡三十二年，天下號為賢相；然無跡可尋，德亦至矣。故太宗定禍亂而房杜不言功，王魏善諫諍而房杜讓其賢，英衛善將兵而房杜行其道，理致太平，善歸人主。為唐宗臣，宜哉！

王玄策奉旨使西域。得方士那邏娑婆寐，自言壽二百歲，云有長生之術。太宗深加禮敬，館之於金飆門內，造延年之藥。
《舊唐書·西戎傳》：先是遣右率府長史王玄策使天竺，其四天竺國王咸遣使朝貢。會中天竺王屍羅逸多死，國中大亂，其臣那伏帝阿羅那順篡立，乃盡發胡兵以拒玄策。玄策從騎三十人與胡禦戰，不敵，矢盡，悉被擒。胡並掠諸國貢獻之物。玄策乃挺身宵遁，走至吐蕃，發精銳一千二百人，並泥婆羅國七千余騎，以從玄策。玄策與副使蔣師仁率二國兵進至中天竺國城，連戰三日，大破之，斬首三千余級，赴水溺死者且萬人，阿羅那順棄城而遁，師仁進擒獲之。虜男女萬二千人，牛馬三萬余頭匹。

於是天竺震懼，俘阿羅那順以歸。二十二年至京師，太宗大悅。是時就其國得方土那邇娑婆寐，自言壽二百歲，云有長生之術。太宗深加禮敬，館之於金飆門內，造延年之藥。令兵部尚書崔敦禮監主之，發使天下，采諸奇藥異石，不可稱數。延曆歲月，藥成，服竟不效，后放還本國。太宗之葬昭陵也，刻石像阿羅那順之形，列於玄闕之下。

唐太宗貞觀二十三年，己酉，公元六四九年。五月己巳，太宗崩於含風殿，年五十二。皇太子治即位於柩前。葉法善是年三十四歲。其時行蹤籍載闕如，難以考系。前晉王文學兼侍讀名儒許叔牙是年卒。

《資治通鑒》卷199：夏四月乙亥，上行幸翠微宮。上謂太子曰："李世勣才智有余，然汝與之無恩，恐不能懷服。我今黜之，若其即行，俟我死，汝於后用為僕射，親任之；若徘徊顧望，當殺之耳。"五月戊午，以同中書門下三品李世勣為疊州都督；世勣受詔，不至家而去。

上苦利增劇，太子晝夜不離側，或累日不食，髮有變白者。己巳，復召無忌及褚遂良入臥內，謂之曰："朕今悉以後事付公輩。太子仁孝，公輩所知，善輔導之！"謂太子曰："無忌、遂良在，汝勿憂天下！"仍令遂良草遺詔。有頃，上崩。壬申，發喪太極殿，宣遺詔，太子即位。

《舊唐書·高宗本紀》：高宗皇帝，諱治，太宗第九子也，母曰文德順聖長孫皇后。以貞觀二年六月，生於東宮之麗正殿。初授《孝經》於著作郎蕭德言，太宗問曰："此書中何言為要？"對曰："夫孝，始於事親，中於事君，終於立身。君子之事上，進思盡忠，退思補過，將順其美，匡救其惡。"太宗大悅。及文德皇后崩，晉王時年九歲，哀慕感動左右。十七年，皇太子承乾廢，魏王泰亦以罪黜，太宗與長孫無忌、房玄齡、李勣等計議，立晉王為皇太子。太宗每視朝，常令在側，觀決庶政，或令參議，太宗數稱其善。二十三年五月己巳，太宗崩。六月甲戌朔，皇太子即皇帝位，時年二十二。

葉法善是年三十四歲。其時行蹤籍載闕如，難以考系。或是時仍遵師命遊學並修習道術中，或因已娶妻生子，乃於家松陽亦道亦耕以為生業。

考如前述。

高宗師蕭德言是年九十二歲，表請致仕。許之。

《舊唐書·蕭德言傳》：蕭德言，雍州長安人，齊尚書左僕射思話玄孫也。德言博涉經史，尤精《春秋左氏傳》，好屬文。貞觀中，除著作郎，兼弘文館學士。

德言晚年尤篤志於學，自晝達夜，略無休倦。每欲開《五經》，必束帶盥濯，危坐對之。妻子候間請曰：“終日如是，無乃勞乎？”德言曰：“敬先聖之言，豈憚如此！”時高宗為晉王，詔德言授經講業。及升春宮，仍兼侍讀。尋以年老，請致仕，太宗不許。尋賜爵封陽縣侯。十七年，拜秘書少監。兩宮禮賜甚厚。二十三年，累表請致仕，許之。高宗嗣位，以師傅恩，加銀青光祿大夫。永徽五年，卒於家，年九十七。高宗為之輟朝，贈太常卿。文集三十卷。

晉王文學兼侍讀許叔牙是年卒。[58]

《舊唐書·許叔牙傳》：許叔牙，潤州句容人。少精於《毛詩》《禮記》，尤善諷詠。貞觀初，累授晉王文學兼侍讀，尋遷太常博士。升春宮，加朝散大夫，遷太子洗馬，兼崇賢館學士，仍兼侍讀。嘗撰《毛詩纂義》十卷，以進皇太子。太子賜帛百段，兼令寫本付司經局。御史大夫高智周嘗謂人曰：“凡欲言《詩》者，必須先讀此書。”貞觀二十三年卒。

唐高宗永徽元年，庚戌，公元六五零年。立妃王氏為皇后。上以其舅長孫無忌與褚遂良輔政，天下阜安，謂有貞觀遺風。葉法善是年三十五歲。其時行蹤籍載闕如，難以考系。

《資治通鑒》卷199：春正月辛丑朔，改元。丙午，立妃王氏為皇后。辛酉，上召朝集使，謂曰：“朕初即位，事有不便於百姓者悉宜陳，不盡者更封奏。”自是日引刺史十人入閣，問以百姓疾苦及其政治。有洛陽人李弘泰誣告長孫無忌謀反，上立命斬之。無忌與褚遂良同心輔政，上亦尊禮二人，恭己以聽之，故永徽之政，百姓阜安，有貞觀之遺風。

【58】晉王李治即后之高宗。

葉法善是年三十五歲。其時行蹤籍載闕如，難以考系。或是時仍遵師命遊學並修習道術中，或因已娶妻生子，乃於家松陽亦道亦耕以為生業。

考如前述。

太宗業師張后胤是年表請致仕，加金紫光祿大夫，給賜並同職事。

《舊唐書·文苑·張后胤傳》：張后胤，蘇州昆山人也。時高祖鎮太原，引居賓館。太宗就受《春秋左氏傳》。武德中，累除燕王諮議參軍。

貞觀中，后胤上言："陛下昔在太原，問臣：'隋氏運終，何族當得天下？'臣奉對：'李姓必得。公家德業，天下係心，若於此首謀，長驅關右，以圖帝業，孰不幸賴！'此實微臣早識天命。"太宗曰："此事並記之耳。"因詔入賜宴，言及平昔，從容謂曰："今弟子何如？"后胤對曰："昔孔子領徒三千，達者無子男之位。臣翼贊一人，為萬乘主，計臣功逾於先聖。"太宗甚悅，賜良馬五匹，拜燕王府司馬。遷國子祭酒，轉散騎常侍。永徽初，請致仕，加金紫光祿大夫，給賜並同職事。卒贈禮部侍郎，陪葬昭陵。

劉胤之是年轉著作郎、弘文館學士，與國子祭酒令狐德棻、著作郎楊仁卿等，撰成國史及實錄，奏上之，封陽城縣男。

《舊唐書·文苑·劉胤之傳》：劉胤之，徐州彭城人也。胤之少有學業，與隋信都丞孫萬壽、宗正卿李百藥為忘年之友。武德中，御史大夫杜淹表薦之，再遷信都令，甚存惠政。永徽初，累轉著作郎、弘文館學士，與國子祭酒令狐德棻、著作郎楊仁卿等，撰成國史及實錄，奏上之，封陽城縣男。尋以老不堪著述，出為楚州刺史，卒。

進士敬播以有良史之才，是年拜著作郎，奉詔撰《太宗實錄》。

《舊唐書·儒學·敬播傳》：敬播，蒲州河東人也。貞觀初，舉進士。俄有詔詣秘書內省佐顏師古、孔穎達修《隋史》，尋授太子校書。史成，遷著作郎，兼修國史。與給事中許敬宗撰《高祖》《太宗實錄》，自創業至於貞觀十四年，凡四十卷。奏之，賜物五百段。太宗之破高麗，名所戰六山為駐蹕，播謂人曰："聖人者，與天地合德，山名駐蹕，此蓋以鑾輿不復更東矣。"卒如所言。

永徽初，拜著作郎。與許敬宗等撰《西域圖》。后歷諫議大夫、給事中，並依舊兼修國史。又撰《太宗實錄》，記錄了貞觀十五年至二十三年，為二十卷。

奏之，賜帛三百段。后坐事出為越州都督府長史。龍朔三年，卒官。播又著《隋略》二十卷。

唐高宗永徽二年，辛亥，公元六五一年。九月癸巳，廢玉華宮為佛寺。戊戌，更命九成宮為萬年宮。葉法善是年三十六歲。其時行蹤籍載闕如，難以考系。

《資治通鑒》卷199：金州刺史滕王元嬰驕奢縱逸，居亮陰中，畋遊無節，數夜開城門，勞擾百姓，或引彈彈人，或埋人雪中以戲笑。上賜書切讓之，且曰：「取適之方，亦應多緒，晉靈荒君，何足為則！朕以王至親，不能致王於法，今書王下上考以愧王心。」元嬰與蔣王惲皆好聚斂，上嘗賜諸王帛各五百段，獨不及二王，敕曰：「滕叔、蔣兄自能經紀，不須賜物；給麻兩車以為錢貫。」二王大慚。

九月癸巳，廢玉華宮為佛寺。戊戌，更命九成宮為萬年宮。

葉法善是年三十六歲。其時行蹤籍載闕如，難以考系。或是時仍遵師命遊學並修習道術中，或因已娶妻生子，乃於家松陽亦道亦耕以為生業。

考如前述。

武則天是年二十八歲，复入宮為高宗昭儀。

《舊唐書·則天皇后本紀》：及太宗崩，遂為尼，居感業寺。大帝於寺見之，復召入宮，拜昭儀。時皇后王氏、良娣蕭氏頻與武昭儀爭寵，互讒毀之，帝皆不納。進號宸妃。

《舊唐書·高宗廢后王氏傳》：初，武皇后貞觀末隨太宗嬪御居於感業寺，后及左右數為之言，高宗由是復召入宮，立為昭儀。俄而漸承恩寵，遂與后及良娣蕭氏遞相譖毀。帝終不納后言，而昭儀寵遇日厚。后懼不自安，密與母柳氏求巫祝厭勝。事發，帝大怒，斷柳氏不許入宮中，后舅中書令柳奭罷知政事，並將廢后，長孫無忌、褚遂良等固諫，乃止。俄又納李義府之策，永徽六年十月，廢后及蕭良娣皆為庶人，囚之別院。武昭儀令人皆縊殺之。后母柳氏、兄尚衣奉御全信及蕭氏兄弟，並配流嶺外。遂立昭儀為皇后。

【考辨】：太宗駕崩后，其嬪妃御居感業寺。高宗之為太子時入侍太宗，見才人武氏而悅之。及太宗崩，武氏隨眾於感業寺為尼。武氏泣，上亦泣。王后聞之，陰令武氏長髮，勸上內之后宮，欲以間淑妃之寵。武氏巧慧，多權數，初入宮，卑辭屈體以事后。后愛之，數稱其美於上。未幾大幸，拜為昭儀。后於顯慶元年春武后子李弘四歲被冊封為皇太子，因以為武則天從王皇后旨意蓄髮到入為高宗昭儀，當在是年。否則，皇太子李弘不可能在永徽三年出生，四年被冊封為代王。

唐高宗永徽三年，壬子，公元六五二年。散騎常侍、駙馬房遺愛與太宗女高陽公主等俱以謀反事發。葉法善是年三十七歲。其時行蹤籍載闕如，難以考系。

《資治通鑒》卷199：散騎常侍房遺愛尚太宗女高陽公主，公主驕恣甚，房玄齡薨，公主教遺愛與兄遺直異財，既而反譖遺直。遺直自言，太宗深責讓主，由是寵衰，主怏怏不悅。會御史劾盜，得浮屠辯機寶枕，云主所賜。主與辯機私通，餉遺億計，更以二女子侍遺愛。太宗怒，腰斬辯機，殺奴婢十余人；主益怨望，太宗崩，無戚容。上即位，主又令遺愛與遺直更相訟，遺愛坐出為房州刺史，遺直為隰州刺史。又，浮屠智勖等數人私侍主，主使掖庭令陳玄運伺宮省機祥。

司空、安州都督吳王恪母，隋煬帝女也。恪有文武才，太宗常以為類己，欲立為太子，無忌固爭而止，由是與無忌相惡。恪名望素高，為物情所向，無忌深忌之，欲因事誅恪以絕眾望。遺愛知之，因言與恪同謀，冀如紀幹承基得免死。

葉法善是年三十七歲。其時行蹤籍載闕如，難以考系。或仍遵師命遊學並修習道術中，或因已娶妻生子，乃於家松陽亦道亦耕以為生業。或已於是時在江浙淮揚川蜀間遊歷，以陰陽符咒厭劾及醫術救民危急，乃潛行陰德。

考如前述。

葉法善叔祖葉靖能是時當在內道場或翰林院任職。

《太平廣記·葉法善傳》：叔祖靖能，頗有神術。高宗時，入直翰林，為國子祭酒。武后監國，南遷而終。

《大唐故有道先生葉公碑並序》：乃升閒帝庭，駿發皇眷，簡才受命，降尊加禮，將之以文馬，速之以暢轂。先生盱眙長揖，握手高謝曰："自昔帝舜登庸，德輝允鑠，光武繼統，吏道孔嘉。且薛方逢萌備外臣之禮，虞仲夷逸終處子之業。豈垢俗疵物，偏貢介性；將探道慕類，坐致奇齡。"

【考辨】《太平廣記·葉法善傳》[59]載唐高宗時期有名葉靖能者為翰林學士、國子祭酒，而與葉法善有關的其它籍載，卻不載其叔祖葉靖能事跡。據《大

【59】考《歷代真仙體道通鑒》亦有同樣籍載，或為轉相引述之言。

唐故有道先生葉公碑並序》載，葉法善祖父曾因道術修為高超而受朝廷招聘，但並未奉詔詣闕。誠如所述，若葉法善確有一叔祖名葉靖能，且有神術，而能為高宗朝之國子祭酒，則葉靖能當以儒學顯，而非以道術名世。且法善祖父之所以聞名於帝庭而得朝廷遣使來招【60】，也當是有人薦達。這其中是否有可能葉有道不奉詔，但其舉薦者又向朝廷舉薦了更為年輕，且也有一定修為而兼通儒學的葉法善叔祖葉靖能呢？

　　當然，這些舉薦葉氏兄弟或族人的事件之始末有無及年間很難確定。這一事件也有可能是發生在隋煬帝在位時的大業年間。史載隋煬帝頗重道術，其時國中以術顯者甚眾【61】。而唐太宗初即位時所任用諫官前太子李建成的洗馬魏徵，最初便是一名道士，而魏徵後來竟成為唐太宗時期的一代名相，且魏徵也是一位儒道兼修之士。唐室初期雖然雅重儒術，但賦予了以太上老君為其教主的道教人士特別的地位。唐高宗繼統後，儒學雖仍受重視，但《舊唐書・儒學傳》云"高宗嗣位，政教漸衰，薄於儒術，尤重文吏。於是醞釀日去，畢竟日彰，猶火銷膏而莫之覺也。及則天稱制，以權道臨下，不吝官爵，取悅當時。其國子祭酒，多授諸王及駙馬都尉，准貞觀舊事"。其籍載葉靖能為高宗時翰林學士、國子祭酒，那麼，葉靖能受命為翰林學士，轉國子祭酒，並非絕對不可能之事。然考諸圖集，唯一部名為《天皇真人九仙經》道書，在《通志・藝文略》中記有"唐葉靖能撰"的字樣，而《文獻通考》則以為作者乃葉法靜，是宋元之際就已斷然否定葉靖能通法術有撰述傳世之說。且唐時已有把葉法善寫成葉法靜者，也有誤為葉法喜者，但該書已有學者認為絕非葉靖能所撰著。同時，也有學者認為，《通志》和《文獻通考》之修撰，或者本之於宋初官修之《崇文總目》。然既有《文獻通考》和《通志》記載，亦可作為是書確實在宋初之前既已存在的證據。考《新唐書・藝文志》，則有"葉靖能《太上北帝靈文》三卷"和"劉穀神《葉法善傳》二卷"。另敦煌變文中則有《葉靜能詩》。在唐高宗時期，可能有一個名為葉靖能的道士曾經任職於內道場，甚或曾因道法高深而頗受朝廷重視。但若其

【60】朝廷何時遣使來聘葉法善祖父葉國重（有道先生），實無從稽考。若以歷史事件及葉國重之年歲推之，則可能是隋煬帝大業八年之後發生。《資治通鑑》卷183：大業十二年"夏四月丁巳，大業殿西院火。帝以為盜起，驚走，入西苑，匿草間，火定乃還。帝自八年以後，每夜眠恒驚悸，云有賊，令數婦人搖撫，乃得眠"。或因隋煬帝自大業八年起每夜均無法入睡，故此有詔天下善厭劾之術者入京。葉國重受詔之事是當有之，然葉國重其時一則其時可能已經年邁，二則乃以隋室皇帝失道，故而不肯奉詔。
【61】《隋書・經籍志四》：大業中，道士以術進者甚眾。其術業優者，行諸符禁，往往神驗。而金丹玉液長生之事，歷代糜費，不可勝紀，竟無效焉。

為國子祭酒，則葉靖能其人必定至少是儒道兼修。且因高宗重文辭，故而葉靖能應該也是文筆頗佳，故而可以因此入值翰林並被授國子祭酒。而新舊《唐書·儒學傳》云，高宗時期國子祭酒多以諸王駙馬為之，葉靖能於顯慶中任國子祭酒的可能性就更小了。因唐宗室公主多嫁與功臣勳舊子弟，括蒼葉氏此時尚微，不可能以尚主故而為國子祭酒，故知《太平廣記·葉法善傳》謂葉法善叔祖葉靖能為高宗時國子祭酒，或乃其作者附會，將中宗神龍元年之國子祭酒葉靜能當成是高宗時期的葉靖能了。而敦煌變文中的《葉靜能詩》，或乃編者將盛唐時期諸多名師高道的神異事跡混同起來，編出了一些有關葉靜能的神異故事，但不足為憑。作者以為，葉靖能當有其人，也的確在太宗至高宗時期做過多年文職官吏，而且也因素所擅長的占星候氣、攝養、符籙、厭劾等家傳道法及道家神術而稍有名氣。故當高宗廣招天下術士來京時，葉靖能可能此時趁機向高宗舉薦了其族孫葉法善。

但可斷定的是，高宗時期入值翰林的葉法善叔祖葉靖能與中宗韋后時期被授為國子祭酒、紫金光祿大夫的葉靜能並非是同一人。《太平廣記·葉法善傳》云："叔祖靖能，頗有神術，高宗時，入直翰林，為國子祭酒[62]。武后監國，南邁而終。[63]"這種說法明顯存在諸多不可征信之處。

若以高宗朝葉靖能即已入值翰林並官拜國子祭酒，則葉靖能當於貞觀年間已在朝廷任職，否則以次第不當為國子祭酒。至於葉靖能為高宗朝國子祭酒之年間，次第當在令狐德棻以老致仕之後，即至少應在令狐德棻龍朔二年致仕后。然則，太宗、高宗當政時期，國子祭酒多由碩學名儒任之，如孔穎達、令狐德棻等曾先後為國子祭酒，其間亦有以皇子、駙馬或其他皇宗親任之者。但考諸史籍，唐松陽葉氏一門並無名儒顯學，以一介寒儒而致官拜從三品的國子祭酒，為當時顯赫，唐時官修書目不當不錄葉氏之著述，而葉氏宗譜不當不錄其名位爵祿。至於武則天當政時期，國子學因李唐宗室子弟誅殺幾盡，故名存而實亡，國子祭酒一職多有空缺。武后晚年及中宗始當政時期，國子學復興，國子祭酒一職所授雖以寵近而非德學，但即令如此，據史載神龍元年二月甲戌，朝廷尚以儒學榮身的國子祭酒祝欽明同中書門下三品。故此可知，以頗有神術而為朝廷任用的

【62】據《新唐書·百官三》：國子祭酒一人，從三品。

【63】高宗弘道元年（公元683年）十二月丁巳崩於貞觀殿。遺詔太子柩前即位。甲子，中宗即位，尊天后為皇太后，政事咸取決焉。由是知武后監國乃始於弘道年間，而武后佞佛，故此葉靖能可能離京南歸松陽。此葉靖能當與韋后黨羽之國子祭酒葉靜能非同一人。

葉靖能是不大可能在高宗朝為國子祭酒的。其《太平廣記·葉法善傳》所謂"叔祖靖能，頗有神術，高宗時，入直翰林，為國子祭酒。武后監國，南遷而終"，當是附會之言，實無憑據，或乃該傳記作者誤將中宗韋后時期初任尚衣奉御後被授為國子祭酒的葉靜能與主要活動在太宗、高宗時期的葉靖能混為一人。

嘗試說之。

譜牒亦史也。自古史家秉承"不虛美，不隱惡"之修史原則，故於松陽葉氏族譜中對於先人事跡亦當據實而錄。若松陽葉氏族人中於唐高宗時確有葉靜能曾出任國子祭酒這一儒門顯職，其后人修族譜時必當錄之。而括州松陽葉氏裔宋大儒葉夢得《葉氏宗譜·南陽老譜敘》中不錄葉靖能事跡，蓋葉夢得不認為葉靖能曾為唐高宗時國子祭酒。雖然現有學者認為，松陽葉氏后人以為葉靜能黨於韋后為玄宗所誅，乃宗族之羞，故而隱之，然此論之於宋時大儒葉夢得似乎不切合實情。此乃葉靖能未嘗為唐高宗朝國子祭酒證明之一。

其二，若以在高宗時既已入值翰林為國子祭酒之葉靖能與於神龍元年（公元705年）四月為中宗墨敕為國子祭酒之尚衣奉御葉靜能乃同一人，則於事於理皆不合。《太平廣記·葉法善傳》謂葉靖能在武后監國時便已南遷，而武后監國始於光宅元年（公元684年），則此時葉靖能已辭官南歸，但考諸史傳，弘道元年冬十二月乃以中書侍郎同平章事郭正一為國子祭酒，罷知政事，表明當時對於由誰擔任國子祭酒一職史書均有記載，如果葉靖能確曾為高宗朝國子祭酒，則不可能不見諸史載。而葉靜能主要活動在中宗韋后時期，葉靜能初為尚衣奉御，即專門為皇帝打點服飾的宮廷官吏，官階為從五品，要是在高宗時期既已入值翰林院、任國子祭酒（相當於副宰相），則不可能三十余年後又成了一名專為皇帝管理衣服，官階僅為從五品的宮內低級官員。若兩者乃同一人，以年齡計，葉靜能或葉靖能至少也是百余歲的高齡老者了，他還能為皇帝打點這類細務麼？故此可以確定，葉靖能為葉法善叔祖，但葉靜能則不是。

其三，唐時取官途徑較多，但清顯多以世家舊族或功臣子弟皇室宗族與姻親之有學行名望者為之。至於自隋以來施行的科舉取士，則多為下級官吏，在太宗高宗朝很少有位為三品者。《新唐書·選舉》曰："唐制，取士之科，多因隋舊，然其大要有三。由學館者曰生徒，由州縣者曰鄉貢，皆升於有司而進退之。"《新唐書·百官》亦云："初，武德中，天下兵革新定，士不求祿，官不充員。有司移符州縣，課人赴調，遠方或賜衣續食，猶辭不行。至則授用，無所黜退。"

然而，寒庶出身的葉靖能是如何進入朝廷為官並最終得以入值翰林，是一個值得探究的問題。很顯然，葉靖能出仕為文職官員並入值翰林院，不是因其頗有神術，而因他也如葉法善父親葉慧明一樣在隋代實施科舉取士制度後，同很多年輕知識分子一般"業詩禮，居儒"。但在初唐革命易代之際，天下凋蔽，民生艱困，士大夫不樂仕進，導致朝廷乏才，官府人手不足，故凡來應舉之士人，大多能被朝廷任用為低級文職官吏。葉靖能應該是通過科舉或者鄉貢途徑來入朝為官。

《新唐書·選舉》關於唐代通過科舉【64】選拔及任用官吏及其升遷按照如下條則："諸秀才出身，上上第，正八品上；上中第，正八品下；上下第，從九品上。明經出身，上上第，從八品下；上中第，從九品上。進士、明法出身，甲第，從九品上；乙第，從九品下。若通二經已外，每一經加一等。""凡居官必四考，四考中中，進年勞一階敘。每一考，中上進一階，上下二階，上中以上及計考應至五品以上奏而別敘。六品以下遷改不更選及守五品以上官，年勞歲一敘，給記階牒。考多者，准考累加。"然像葉靖能這樣出身的下級官吏，在門閥制度依舊森嚴、世家與功臣子弟把持權位的初唐，要按部就班成為從三品的朝廷清顯，實在有一定的難度，故此本文作者認為，葉靖能並不曾擔任過高宗時期的國子祭酒。

第四，葉靜能擔任國子祭酒，據史書記載，事在唐中宗神龍元年（公元705年）四月。然朝野對於中宗以術士鄭普思為秘書監、葉靜能為國子祭酒大為不滿，紛紛表諫。應葉法善之請為其父祖做碑銘的括州長史李邕，也上疏中宗表示堅決反對這一任命。《資治通鑒》卷207："術士鄭普思、尚衣奉御葉靜能皆以妖妄為上所信重，（神龍元年）夏四月，墨敕以普思為秘書監，靜能為國子祭酒。桓彥範、崔玄暐固執不可，上曰：'已用之，無容遽改。'彥範曰：'陛下

【64】《新唐書·選舉志》記載了唐代諸生資質及能進入哪一級的學校的相應標准。如果葉靖能父祖無功名，則不得入國子學求學，至多能以庶人之俊異入四門學及律學、書學、算學。"凡學六，皆隸於國子監：國子學，生三百人，以文武三品以上子孫若從二品以上曾孫及勳官二品、縣公、京官四品帶三品勳封之子為之；太學，生五百人，以五品以上子孫、職事官五品期親、若三品曾孫及勳官三品以上有封之子為之；四門學，生千三百人，其五百人以勳官三品以上無封、四品有封及文武七品以上子為之，八百人以庶人之俊異者為之；律學，生五十人，書學，生三十人，算學，生三十人，以八品以下子及庶人之通其學者為之。京都學生八十人，大都督、中都督府、上州各六十人，下都督府、中州各五十人，下州四十人，京縣五十人，上縣四十人，中縣、中下縣各三十五人，下縣二十人。國子監生，尚書省補，祭酒統焉。州縣學生，州縣長官補，長史主焉。"

初即位，下制云政令皆依貞觀故事。貞觀中，魏徵、虞世南、顏師古為秘書監，孔穎達為國子祭酒，豈普思、靜能之比乎！'庚戌，左拾遺李邕上疏，以為：'《詩》三百，一言以蔽之，曰"思無邪"。若有神仙能令人不死，則秦始皇、漢武帝得之矣；佛能為人福利，則梁武帝得之矣。堯、舜所以為帝王首者，亦修人事而已。尊寵此屬，何補於國！'"

當然，李邕是疏也表明，鄭普思、葉靜能等術士【65】能夠得到中宗之賞識與重用，均是以向中宗傳授道家所擅長的長壽攝養及房中等術。雖然括州松陽葉氏擅符禁攝養之術，但當時道家各大流派都研修符禁攝養術，我們不能以此便斷定葉靖能和葉靜能為不同時期的同一人。況且，二人之名諱也僅僅諧音而已。

綜上所述，葉靖能作為括州松陽葉氏之早達者，或對葉法善得以被征入宮並為高宗所重有所促益，但絕對不可能是為韋后之黨並圖謀誅滅相王等宗室大臣以篡奪李氏江山的逆臣葉靜能為同一人。葉靖能和葉靜能分屬於不同年代，葉靜能也非松陽葉氏子弟。

唐高宗永徽四年，癸丑，公元六五三年。散騎常侍、駙馬房遺愛與太宗女高陽公主等俱以謀反事發。葉法善是年三十八歲。其時行蹤籍載闕如，難以考系。

《資治通鑒》卷199：春二月甲申，詔遺愛、萬徹、令武皆斬，元景，恪、高陽、巴陵公主並賜自盡。吳王恪且死，罵曰："長孫無忌竊弄威權，構害良善，宗社有靈，當族滅不久！"

乙酉，侍中兼太子詹事宇文節，特進、太常卿江夏王道宗坐與房遺愛交通，流嶺表。江夏王道宗素與長孫無忌、褚遂良不協，故皆得罪。

葉法善是年三十八歲。其時行蹤籍載闕如，難以考系。或是時仍遵師命遊學並修習道術中；或因已娶妻生子，乃於家松陽亦道亦耕以為生業；或已於是時在江浙淮揚川蜀間遊歷，以陰陽符咒厭劫及醫術救民危急，乃潛行陰德。

【65】關於葉靖能等被唐中宗重用及被唐玄宗誅殺的因由有這樣幾則可資考察：1.《舊唐書·中宗本紀》："神龍二年二月丙申，僧慧範等九人並加五品階，賜爵郡、縣公；道士史崇恩等三人加五品階，除國子祭酒，同正；葉靜能加金紫光祿大夫。"2.《舊唐書·中宗韋庶人傳》："時國子祭酒葉靜能善符禁小術，散騎常侍馬秦客頗閑醫藥，光祿少卿楊均以調膳侍奉，皆出入宮掖。均與秦客皆得幸於后，相次丁母憂，旬日悉起復舊職。"3.《舊唐書·后妃·韋庶人傳》：六月壬申，宗楚客與太常卿武延秀、司農卿趙履溫、國子祭酒葉靜能及諸韋共勸韋后遵武后故事，南北衛軍、臺閣要司皆以韋氏子弟領之，廣聚黨眾，中外連結。

葉法善《乞歸鄉上表》：“道士臣某言，臣江海野人，素無道業。澗飲木食，枯橋自居。”由是可知葉法善出身非爲望族，又非官宦子嗣，僻居松陽，家境一般，在中年之前經濟狀況一直不太優裕，故自謂爲“江海野人”“枯橋自居”。

《唐葉真人傳》：神人曰：‘因茲降下人世，更修功累德。行滿之日，當復汝仙位。今汝行三五盟威，正一之法，誅斬魑魅妖魔，救護旱品，惠施貧乏，代天行理。但以陰德爲先，不須別有貢告。’……再拜奉辭，神人騰空而去。由是潛行陰德，濟度死生。

唐高宗永徽五年，甲寅，公元六五四年。武昭儀是年產女，會王皇后來視之，武昭儀潛扼殺之，置於被中，乃誣告云帝女被皇后弄死，由是高宗有廢后之意。葉法善是年三十九歲。其時行蹤籍載闕如，難以考系。

《資治通鑒》卷199：初，王皇后無子，蕭淑妃有寵，王后疾子。上之爲太子也，入侍太宗，見才人武氏而悅之。太宗崩，武氏隨眾感業寺爲尼。忌日，上詣寺行香，見之，武氏泣，上亦泣。王后聞之，陰令武氏長髮，勸上內之后宮，欲以間淑妃之寵。武氏巧慧多權數，初入宮，卑辭屈體以事后。后愛之，數稱其美於上。未幾大幸，拜爲昭儀，后及淑妃寵皆衰，更相與共譖之，上皆不納。昭儀欲追贈其父而無名，故托以褒賞功臣，遍贈屈突通等，而武士彠預焉。

王皇后、蕭淑妃與武昭儀更相譖訴，上不信后、淑妃之語，獨信昭儀。后不能曲事上左右，母魏國夫人柳氏及舅中書令柳奭入見六宮，又不爲禮。武昭儀伺后所不敬者，必傾心與相結，所得賞賜分與之。由是后及淑妃動靜，昭儀必知之，皆以聞於上。

后寵雖衰，然上未有意廢也。會昭儀生女，后憐而弄之，后出，昭儀潛扼殺之，覆之以被。上至，昭儀伴歡笑，發被觀之，女已死矣，即驚啼。問左右，左右皆曰：“皇后適來此。”上大怒曰：“后殺吾女！”昭儀因泣訴其罪。后無以自明，上由是有廢立之志。又畏大臣不從，乃與昭儀幸太尉長孫無忌第，酣飲極歡，席上拜無忌寵姬子三人皆爲朝散大夫，仍載金寶繒錦十車以賜無忌。上因從容言皇后無子以諷無忌，無忌對以他語，竟不順旨，上及昭儀皆不悅而罷。昭儀又令母楊氏詣無忌第，屢有祈請，無忌終不許。禮部尚書許敬宗亦數勸無忌，無忌屬色折之。

葉法善是年三十九歲。其時行蹤籍載闕如，難以考系。或是時仍遵師

命遊學並修習道術中；或居松陽亦道亦耕以為生業；或於是時在江浙淮揚川蜀間遊歷，以陰陽符咒厭劾及醫術救民危急，乃潛行陰德。其時葉法善之醫術與厭劾之術已是遠近皆知。

《唐葉真人傳》：再拜奉辭，神人騰空而去。由是潛行陰德，濟度死生。及會稽理病，屢曾起死。復於揚州，以劍開長史夫人之腹，取病以示人，夫人當時病差如故。凡開腸易胃，破腹剪形，一無損壞，亦無痛楚。抉目洗睛，出安紙上，除去膜翳，復納於中，全不驚動，目明如故。人強與錢，則乞諸貧病。其有狂邪淫祀為災害者，行履所及，並皆誅戮。名聞遠近，並皆知之。

唐高宗永徽六年，乙卯，公元六五五年。武昭儀誣王后與其母魏國夫人柳氏為厭勝，敕禁后母柳氏不得入宮。是年冬，廢王皇后，另立武昭儀為后。葉法善是年四十歲。其時行蹤籍戴闕如，難以考系。

《資治通鑑》卷199：六月，武昭儀誣王后與其母魏國夫人柳氏為厭勝，敕禁后母柳氏不得入宮。秋七月戊寅，貶吏部尚書柳奭為遂州刺史。奭行至扶風，岐州長史於承素希旨奏奭漏泄禁中語，復貶榮州刺史。

冬十月己酉，下詔稱："王皇后、蕭淑妃謀行鴆毒，廢為庶人，母及兄弟並除名，流嶺南。"許敬宗奏："故特進贈司空王仁祐告身尚存，使逆亂余孽猶得為廕，並請除削。"從之。

葉法善是年四十歲。其時行蹤籍戴闕如，難以考系。或於是時行走在江、浙、淮、揚、川、蜀間，以陰陽符咒厭劾及醫術救民危急，乃潛行陰德。其時葉法善之醫術與厭劾之術已是遠近皆知。

考如前述。

武則天是年三十三歲。三月壬戌，著《內訓》一篇。冬十月己酉，廢皇后王氏為庶人，立武則天為皇后。

《舊唐書·高宗本紀》：三月壬戌，昭儀武氏著《內訓》一篇。冬十月己酉，廢皇后王氏為庶人，立昭儀武昭氏為皇后，大赦天下。十一月丁卯朔，臨軒，命司空勣、左僕射志寧冊皇后，文武群官及番夷之長，奉朝皇后於肅義門。十一月己巳，皇后見於廟。癸酉，追贈后父故工部尚書、應國公、贈並州都督武士彠為司空。

《舊唐書·則天皇后本紀》：初，則天年十四時，太宗聞其美容止，召入宮，立為才人。及太宗崩，遂為尼，居感業寺。大帝於寺見之，復召入宮，拜昭儀。時皇后王氏、良娣蕭氏頻與武昭儀爭寵，互讒毀之，帝皆不納。進號宸妃。永徽六年，廢王皇后而立武宸妃為皇后，高宗稱天皇，武后亦稱天后。后素多智計，兼涉文史。帝自顯慶已后，多苦風疾，百司表奏，皆委天后詳決。自此內輔國政數十年，威勢與帝無異，當時稱為"二聖"。

唐高宗顯慶元年，丙辰，公元六五六年。僧玄奘迎御制並書慈恩寺碑文，導以天竺法儀。九月，括州暴風海溢，溺安固、永嘉二縣四千余家。十二月乙酉，詔置算學。葉法善是年四十一歲。是時葉法善之符咒厭劾之術已是名動江湖。

《舊唐書·高宗本紀》：九月庚辰，括州海水泛溢，壞安固、永嘉二縣，損四千余家。冬十一月乙丑，皇子顯生，詔京官、朝集使各加勳級。十二月乙酉，置算學。

《新唐書·高宗本紀》：顯慶元年正月辛未，廢皇太子為梁王，立代王弘為皇太子。壬申，大赦改元。丙戌，禁胡人為幻戲者。甲午，放宮人。三月辛巳，皇后親蠶。

《資治通鑒》卷200：夏四月戊申，禦安福門，觀僧玄奘迎禦制並書慈恩寺碑文，導從以天竺法儀，其徒甚盛。

葉法善是年四十一歲。是時葉法善之符咒厭劾之術及醫術已是名動江湖。
考如前述。

僧玄奘是年五十一歲。所譯佛經既多，高宗頗賞之，令諸大臣與學士共潤色之。高宗又親書慈恩寺碑文。
《舊唐書·方伎·僧玄奘傳》：顯慶元年，高宗又令左僕射於志寧，侍中許敬宗，中書令來濟、李義府、杜正倫，黃門侍郎薛元超等，共潤色玄奘所定之經，國子博士範義碩、太子洗馬郭瑜、弘文館學士高若思等，助加翻譯。凡成七十五部。奏上之。后以京城人眾競來禮謁，玄奘乃奏請逐靜翻譯，敕乃移於宜君山故玉華宮。

僧神秀是年五十歲。是年往蘄州黃梅縣雙峰東山寺依禪宗五祖弘忍。
《宋高僧傳》卷八、《舊唐書·方伎·僧神秀傳》[66]及張說所撰神秀

【66】《舊唐書·方伎·神秀傳》：僧神秀，姓李氏，汴州尉氏人。少遍覽經史，隋末出家為僧。后遇蘄州雙峰山東山寺僧弘忍以坐禪為業，乃歎伏曰："此真吾師也。"便往事弘忍，專以樵汲自役，以求其道。

《碑》等史料，僧神秀俗姓李，汴州尉氏（今屬河南）人。早年博覽經史，唐武德八年（公元625年）在洛陽天宮寺受具足戒。五十歲時，至蘄州黃梅縣雙峰東山寺（在湖北黃梅縣東北三十裏）參謁禪宗五祖弘忍（公元602—674年），從事打柴汲水等勞役以求法。如此六年，深為弘忍法師所器重。弘忍法師有一天令門弟子各作一偈呈解所悟，來決定付以衣缽傳人。神秀法師作了一偈說："身是菩提樹，心如明鏡臺，時時勤拂拭，莫使惹塵埃。"弘忍見此偈，只說依此修行也有大利益，但不許可他見自本性，終於把衣缽另外付給惠能法師。弘忍法師圓寂后，他去江陵當陽山（今湖北當陽縣東南）玉泉寺，住在寺東七裏的山上，大開禪法，二十余年中，四面八方從他就學的徒眾很多。后武后則天聽到他的盛名，於久視元年（公元700年）遣使迎請，當時神秀法師已年過九十（見宋之問《為洛下諸僧請法事迎秀禪師表》）。第二年（大足元年，公元701年）他到了東京洛陽，住於內道場，受到特殊的禮遇。武后時時向他問道，並命於當陽置度門寺、於尉氏置報恩寺，表彰他的道德。到中宗即位（公元705年），更受禮重。神秀住東京六年，於神龍二年（公元706年）在天宮寺示寂，謚大通禪師。他這時候已經有一百多歲了，但他自己向來不說年齡，所以人們不知其詳（見張說撰碑文）。

"楞伽師資記"的作者淨覺說神秀並沒有什麼著作，但秀門共傳他所作的《大乘五方便》（一作《北宗五方便門》，又作《大乘無生方便門》），晚近在敦煌石

昔后魏末，有僧達摩者，本天竺王子，以護國出家，入南海，得禪宗妙法，云自釋迦相傳，有衣缽為記，世相付授。達摩齎衣缽航海而來，至梁，詣武帝。帝問以有為之事，達摩不說。乃之魏，隱於嵩山少林寺，遇毒而卒。其年，魏使宋云於蔥嶺回，見之，門徒發其墓，但有衣履而已。達摩傳慧可，慧可嘗斷其左臂，以求其法，慧可傳璨，璨傳道信，道信傳弘忍。

弘忍姓周氏，黃梅人。初，弘忍與道信並住東山寺，故謂其法為東山法門。神秀既師事弘忍，弘忍深器異之，謂曰："吾度人多矣，至於懸解圓照，無先汝者。"

弘忍以鹹亨五年卒，神秀乃往荊州，居於當陽山。則天聞其名，追赴都，肩輿上殿，親加跪禮，敕當陽山置度門寺以旌其德。時王公已下及京都士庶，聞風爭來謁見，望塵拜伏，日以萬數。中宗即位，尤加敬異。中書舍人張說嘗問道，執弟子之禮，退謂人曰："禪師身長八尺，龐眉秀耳，威德巍巍，王霸之器也。"

初，神秀同學僧慧能者，新州人也。與神秀行業相埒。弘忍卒后，慧能住韶州廣果寺。韶州山中，舊多虎豹，一朝盡去，遠近驚歎，鹹歸伏焉。神秀嘗奏則天，請追慧能赴都，慧能固辭。神秀又自作書重邀之，慧能謂使者曰："吾形貌短陋，北土見之，恐不敬吾法。又先師以吾南中有緣，亦不可違也。"竟不度嶺而死。天下乃散傳其道，謂神秀為北宗，慧能為南宗。

神秀卒於神龍二年，士庶皆來送葬。有詔賜謚曰"大通禪師"。又於相王舊宅置報恩寺，岐王範、張說及征士盧鴻一皆為其碑文。

窟發現它的寫本（巴黎圖書館藏有兩本）；又有《觀心論》一卷，亦於敦煌發現殘本。他的嗣法弟子有十九人，其中嵩山普寂（公元651—739年）、西京義福（公元658—736年），又繼續領眾，受宮廷與佛徒的崇敬，不下於神秀。普寂的弟子道璿還把北宗禪傳到了日本。

神秀法師的根本思想，從他所作示眾偈說，"一切佛法，自心本有；將心外求，捨父逃走"（參見《景德傳燈錄》卷四），可見一斑。他是繼承道信以來的東山法門，以"心體清淨，體與佛同"立說。神秀因此主張坐禪習定，以住心看淨，為一種觀行方便。《壇經》記載惠能問神秀的弟子志誠，神秀如何示眾，志誠說："常指誨大眾：住心觀淨，常坐不臥。"神秀門人之一的宰相張說也說，他的"開法大略，則忘念以息想，極力以攝心。其入也品均凡聖；其到也行無先后。趣定之前，萬緣皆閉；發慧之后，一切皆如"（張說撰《大通禪師碑》）。這都是說明神秀的禪風。后來他的弟子普寂、降魔藏更將其發展為"凝心入定，住心看淨，起心外照，攝心內證"之說。

神秀法師繼承了道信、弘忍以心為宗的禪法，故"特奉'楞伽'，遞為心要"（見張說《碑》文），楞伽宗也立為第七祖（此外《楞伽經》譯者求那跋陀羅為第一祖、達摩為第二祖、慧可為第三祖、僧璨為第四祖、道信為第五祖、弘忍為第六祖，而神秀為第七祖，見《楞伽師資記》）。但此宗從道信以來，即並重"般若"（梵文"般若"又譯為智慧、知識），而提倡一行三昧。神秀更擴大其方便，涉及多種經論。其門下相傳有五方便門，即一、總彰佛體門，亦稱離念門，依"起信論"說心體離念；二、開智慧門，亦稱不動門，依《法華經》說開示悟入佛之知見；三、顯不思議解脫門，依《維摩經》說無思無想為解脫；四、明諸法正性門，依《思益經》說心不起離自性為正性；五、見不異門，依《華嚴經》說見諸法無異，自然無礙解脫。由這五門依經論而又溝通其義，故后人稱為方便經（見宗密《圓覺經大疏鈔》卷三之下）。

神秀法師寂后，普寂、義福兩大弟子在帝王的支持之下，繼續闡揚他的宗風，盛極一時，有《兩京之間皆宗神秀》之概。普寂並以神秀為達摩一宗的正統法嗣，立為第六祖，而自稱為第七祖。其惠能法師一系，在惠能法師寂后荷澤神會出而論定是非，指出達摩宗的正統法嗣不是神秀而是惠能，並以神秀之禪由方便入為漸門，不知惠能之頓悟，於是有南頓北漸之分。南頓適應當時佛徒捨繁趨簡之要求，日見其盛，神秀門庭遂日見寂寞，傳了幾代，法脈就斷絕了。

唐高宗顯慶二年，丁巳，公元六五七年。武后既以酷刑施予故后妃王、蕭，繼而又殺之於酒甕，雖得封后，然王、蕭數為崇宮中，武后頻見王、

蕭披髮瀝血，如死時狀。武后惡之，禱以巫祝，又移居蓬萊宮，复見，終歲不得一日安寧。故是年閏正月，車駕行幸洛陽宮，並於洛陽招方術之士為之厭劾。葉法善是年四十二歲，以為武后厭勝故，為朝廷招致洛陽。

《資治通鑒》卷200：春閏正月壬寅，上行幸洛陽。二月辛酉，車駕至洛陽宮。夏五月丙申，上幸明德宮避暑。上自即位，每日視事；庚子，宰相奏天下無虞，請隔日視事；許之。秋七月丁亥朔，上還洛陽宮。是歲有詔："自今僧尼不得受父母及尊者禮拜，所司明有法制禁斷。"

葉法善是年四十二歲。自永徽六年冬殺故王皇后及蕭淑妃於酒甕后，武后數見王、蕭為祟，披髮瀝血如死時狀。后徙居蓬萊宮，复見之。故是年閏正月壬寅，為武后計，車駕離京師，行幸洛陽。然武后之夢魘仍不能止，故葉法善因奉詔赴洛陽宮為武后厭劾鬼神、驅除魔魅。

有關葉法善何年及因何奉詔入宮，史無明載，浙江麗水學院李丹先生《葉法善生平簡譜》謂法善入宮在高宗顯慶一年至顯慶五年間，所據乃新、舊《唐書》之葉法善《本傳》。然考諸史載，葉法善入宮緣由及入宮時間，並非無跡可尋。本編年作者認為，葉法善《本傳》既云葉法善奉詔入宮時間在"顯慶中"，那麼，葉法善當如是年夏秋間即已奉詔入宮。而詔令入宮的真實緣由，乃是為武后數見故后及王氏及故淑妃蕭氏二人之屬鬼為祟，雖有厭劾，仍不能去之，故高宗令駕幸洛陽宮以避之，然武后仍是夢魘纏身，故有詔令葉法善入宮厭劾之。

關於葉法善何時被征入宮，《舊唐書·葉法善傳》云："顯慶中，高宗聞其名，征詣京師。"根據這一記載，我們僅能確定葉法善大概在唐高宗顯慶年間被征入宮。顯慶年號共行五年，而葉法善入宮的具體年間及入宮緣由，考諸史載，亦並非無跡可尋。我們認為，葉法善當在顯慶二年夏秋間即已奉詔入宮。而詔令葉法善入宮的真實緣由，乃因武后數見故后王氏及故淑妃蕭氏為祟宮中，雖有內廷僧道為之厭劾，仍不能去，且即使高宗曾令駕幸他處以避，然武后仍是夢魘纏身，故有詔朝野舉異能有道之士，葉法善因此方被征入宮為之厭劾。《舊唐書·葉法善傳》云：

道士葉法善，括州括蒼縣人。自曾祖三代為道士，皆有攝養占蔔之術。法善少傳符籙，尤能厭劾鬼神。顯慶中，高宗聞其名，征詣京師，將加爵位，固辭不受。求為道士，因留在內道場，供待甚厚。

在葉法善本傳的這段字數不多的記述中，可以找到有關葉法善被招入宮時間及緣由的一些線索。綜合其他記載，我們可以推定葉法善於顯慶二年夏、秋間奉詔入洛陽宮為中宗皇后武則天厭劾。至於武后令人厭劾事，史有明載。《舊唐書·后妃傳》云：

> 永徽六年十月，廢后及蕭良娣皆為庶人，囚之別院。武昭儀令人皆縊殺之。后母柳氏、兄尚衣奉御全信及蕭氏兄弟，並配流嶺外。遂立昭儀為皇后。庶人良娣初囚，大罵曰："願阿武為老鼠，吾作貓兒，生生扼其喉！"武后怒，自是宮中不畜貓。初囚，高宗念之，閒行至其所，見其室封閉極密，惟開一竅通食器出入。高宗惻然，呼曰："皇后、淑妃安在？"庶人泣而對曰："妾等得罪，廢棄為宮婢，何得更有尊稱，名為皇后？"言訖悲咽，又曰："今至尊思及疇昔，使妾等再見日月，出入院中，望改此院名為'回心院'，妾等再生之幸。"高宗曰："朕即有處置。"武后知之，令人杖庶人及蕭氏各一百，截去手足，投於酒甕中，曰："令此二嫗骨醉！"數日而卒。后則天頻見王、蕭二庶人披髮瀝血，如死時狀。武后惡之，禱以巫祝，又移居蓬萊宮，復見，故多在東都。

葉法善為朝廷所征並於顯慶二年夏秋之際入宮，有如下幾點理由：

第一，本傳說，"顯慶中，高宗聞其名，征詣京師"。這裏的京師是指長安而非東都洛陽。因為是年閏正月壬寅，中宗攜武則天等行幸洛陽宮。那麼，可以推定高宗聞葉法善之名並下旨征葉法善入京，是在高宗與武后一行尚未出發前往洛陽之前，也就是在顯慶二年閏正月壬寅之前。而唐玄宗所撰《葉尊師碑》云"先朝寵焉，一晝三接"與《唐葉真人傳》中的"高宗皇帝見之，不使設以臣禮"，都表明高宗征葉法善入京師是有求於彼，故此特地降尊紆貴以客禮待法善。以彼時之情況，若非皇帝以武后因頻見王、蕭披髮瀝血如死時恐怖之狀而驚恐莫名導致宮室不寧，高宗皇帝也絕對不可能對葉法善這樣的鄉間道士一晝三接[67]，同時也不可能對葉法善給予這種超乎想象的禮遇。

第二，武則天被冊封為皇后是在永徽六年冬，武則天此前為誣陷王皇后，以十分殘忍的手段親手扼殺死自己尚在襁褓中的女兒，故意嫁禍王皇后讓高宗大怒，是故不顧朝臣反對而將王皇后幽廢。然由於武則天嘗侍奉過太宗十余年，故此在武則天封后一事上也不是很順利，但一旦得勢，便立即以十分殘忍的方式殺

【67】《葉尊師碑》云"先朝寵焉，一晝三接"，當指高宗時期武則天為王、蕭二人厲鬼所祟，致使在武后病情嚴重之時一日之內嘗三次詔葉法善進宮為之厭劾。

害了廢后王氏和淑妃蕭氏，又前后無辜誅殺或流放了眾多與王、蕭二人關系密切或為其親黨家人的朝廷大臣，因此一時之間朝廷內外難免讓人覺得是王、蕭二人之冤氣沖天。武則天一介女流，顯慶元年中正懷有身孕，其時或當強整精神以應對復雜的宮廷內外情形，及十一月生皇子李顯，其皇后地位也已穩固，因此產后虛脫疲憊的武則天，可能有諸多因素導致了某種程度上的間歇性精神病症，如產后抑鬱症、躁鬱症或妄想症之類的病症，也就是史書中所謂的數見王、蕭二庶人為祟，諸多幻象幻覺幻聽如王、蕭二人披髮瀝血之慘狀屢屢在武則天腦海中出現，故需請高道之士為之厭劾。

第三，武后初見王、蕭二庶人屬鬼為祟，雖也曾經由善厭劾鬼神之士為之厭劾，但收效幾無。當然，以傳統中醫觀點來看，婦人產后通常陽氣衰減，易為外邪入侵，故此民間於產婦風寒暑濕之類禁忌甚多。至於婦人產后容易罹患精神類疾病，古人卻知之甚少，多以為乃屬鬼為祟世間，故多有僧道之士在民間用某種儀式加符咒或念經或厭劾以祛除之。當時宮廷內道場供奉的一般道術之士不知是症個中緣由，僅施以之通常符咒厭劾之術，因此無法使武后身心恢復原狀，即使高宗與武后一起避居蓬萊宮，武后魂魄似乎仍為王、蕭屬鬼所攝，百般無奈下，高宗只得下詔廣招天下道術高明之士。葉法善應在顯慶元年十一月武后產下皇子李顯后開始為屬鬼所祟時，由朝中大臣或道士舉薦之，從而始有高宗聞其名而征詣京師之舉。

第四，葉法善本傳云，法善嘗於東都施行所擅長之法術以邀名譽，當然，這也許是奉詔行事，但從側面可以證明，葉法善最初為高宗武后賞識之地點，應在東都而非長安。本傳說"法善又嘗於東都凌空觀設壇醮祭，城中士女競往觀之。俄頃數十人自投火中，觀者大驚，救之而免。法善曰：'此皆魅病，為吾法所攝耳。'問之果然。法善悉為禁劾，其病乃愈。"若葉法善不是隨侍高宗武后於洛陽的話，他是不大可能於東都凌空觀設壇醮祭的。而最合理的時間便是高宗顯慶二年，這一年高宗武后幾乎全年都在洛陽宮及其附近行宮，直到顯慶三年二月丁巳才車駕還京。也就是說通過葉法善在洛陽宮半年左右的施法治療，武則天之疾患基本康復，得以車駕返京師。

第五，《資治通鑒》卷200及《舊唐書·西戎傳》載：貞觀二十二年王玄策奉命使天竺，得天竺國方士那羅邇娑婆寐以歸，方士自云年二百余歲，自言有長生之術。太宗頗信之，深加禮敬，使合長生藥。發使四方求奇藥異石，又發使詣婆羅門諸國采藥。其言率皆迂誕無實，苟欲以延歲月，藥竟不就，乃放還。高宗即位，復詣長安，又遣歸。顯慶二年秋七月自明德宮避暑還洛陽宮后，玄策又奏言："此婆羅門實能合長年藥，自詭必成，今遣歸，可惜失之。"玄策退，上謂

80

侍臣曰："自古安有神仙！秦始皇、漢武帝求之，疲弊生民，卒無所成。果有不死之人，今皆安在！"然是年高宗下詔廣征方術之士詣京師，所以王玄策力薦那羅邇娑婆寐，而此時葉法善已經為武后施法驅魔，武后之病癥大有起色，加以葉法善極力詆毀浮屠法，故此高宗信道士葉法善而遣歸此婆羅門方士。或因葉法善之故，是年更有詔"自今僧尼不得受父母及尊者禮拜，所司明有法制禁斷"。葉法善於高宗武后有大功，因不願向僧尼施禮拜，高宗故下是詔。此亦可間接證明葉法善於是年奉詔詣京師。

至於高宗何以得聞葉法善之名，是一樁難以勘破的歷史懸案。帝王能聞一鄉間道士之名，當是得力於朝臣之舉薦。作者以為，舉薦葉法善入朝者，大體不外乎這麼三種情況：一是由其叔祖翰林學士葉靖能舉薦。二是由揚州長史舉薦。據《唐葉真人傳》載："复於揚州，以劍開長史夫人之腹，取病以示人，夫人當時病差如故。"這表明葉法善曾為揚州長史夫人治病，故此其名聞於朝廷。三是可能是由潘師正舉薦。《舊唐書·隱逸·潘師正傳》："潘師正，大業中，度為道士，師事王遠知，盡以道門隱訣及符籙授之。高宗幸東都，因召見與語……高宗與天后甚尊敬之，留連信宿而還。尋敕所司於師正所居造崇唐觀，嶺上別起精思觀以處之。初置奉天宮，帝令所司於逍遙谷口特開一門，號曰仙遊門；又於苑北面置尋真門，皆為師正立名焉。"高宗嘗為其母追福而為僧玄奘修慈恩寺，而此次為道士潘師正敕修崇唐观及精舍，皆當事出有因。高宗令留戀信宿而還並為之修精舍，這等恩遇當是不可多見之事。其可能的原因，便是潘師正本人所施行之術對武則天的病癥有緩解或促益，或是向高宗武后舉薦了當世對鬼神禁劾之術頗高、嘗入天臺山修行的道人葉法善。葉法善施治后，武后病況好轉，故此高宗天后以為潘師正功高，故特此賞賜之。當然，葉法善聲名聞達帝庭，或許另有他因，但既然史載闕如，做此推斷，亦以備說。

陶弘景再傳弟子潘師正是年七十三歲。會高宗幸東都，因詔見與語，令留連信宿而還。

《舊唐書·隱逸·潘師正傳》：潘師正，趙州贊皇人也。少喪母，廬於墓側，以至孝聞。大業中，度為道士，師事王遠知，盡以道門隱訣及符籙授之。師正清凈寡欲，居於嵩山之逍遙谷，積二十余年，但服松葉飲水而已。高宗幸東都，因召見與語，問師正："山中有何所須？"師正對曰："所須松樹清泉，山中不乏。"高宗與天后甚尊敬之，留連信宿而還。尋敕所司於師正所居造崇唐觀，嶺上別起精思觀以處之。初置奉天宮，帝令所司於逍遙谷口特開一門，號曰仙遊門；又於苑北面置尋真門，皆為師正立名焉。時太常奏新造樂曲，帝又令以《祈仙》《望仙》《翹仙》為名。前後贈詩，凡數十首。潘師正以永淳元年即公元682年卒，時年九十八，逆推知是年七十三歲。至於高宗詔見潘師正及賞賜豐厚禮遇高隆之原因，考如前述。

李善是年為太子內率府錄事宣參軍，補崇賢館直學士，兼沛王侍讀【68】。其注解《昭明文選》或始於是時。

《舊唐書·儒學·李善傳》：李善者，揚州江都人。方雅清勁，有士君子之風。顯慶中，累補太子內率府錄事參軍、崇賢館直學士，兼沛王侍讀。嘗注解《文選》，分為六十卷，表上之。賜絹一百二十四，詔藏於秘閣。除洺王府記室參軍，轉秘書郎。乾封中，出為經城令。坐與賀蘭敏之周密，配流姚州。后遇赦得還，以教授為業，諸生多自遠方而至。又撰《漢書辯惑》三十卷。載初元年卒。子邕，亦知名。

【考辨】顯慶初，廢皇太子忠為梁王，武后子代王弘被冊封為太子，時李賢為洺王，顯慶元年始出閣，遷授岐州刺史。其年，加雍州牧、幽州都督。故其開府所需僚屬當是既有王府舊屬，亦當新授賢德名儒以為幼年王子之師友。李善既曾師從初唐鴻儒曹憲，其名聲亦當為高宗左近所知，故而有此超授。

唐高宗顯慶三年，戊午，公元六五八年。李義府既為中書令，權傾朝野。葉法善是年四十三歲。春二月，隨車駕赴長安【69】。奉旨沙汰內道場假借煉丹術士名號者九十余人。以為武后厭勝之功，將加爵位，法善固辭不受。求為道士，因留在內道場，供待甚厚。

《資治通鑒》卷200：春正月戊子，長孫無忌等上所修新禮；詔中外行之。先

【68】《舊唐書·高宗諸子·李賢傳》：章懷太子賢，字明允，高宗第六子也(永徽三年生)。永徽六年，封潞王。顯慶元年，遷授岐州刺史。其年，加雍州牧、幽州都督。時始出閣，容止端雅，深為高宗所嗟賞。高宗嘗謂司空李勣曰："此兒已讀得《尚書》《禮記》《論語》，誦古詩賦複十余篇，暫經領覽，遂即不忘。我嘗遣讀《論語》，至'賢賢易色'，遂再三覆誦。我問何為如此，乃言性愛此言。方知夙成聰敏，出自天性。"龍朔元年，徙封沛王，加揚州都督，兼左武衛大將軍，雍州牧如故。二年，加揚州大都督。麟德二年，加右衛大將軍。咸亨三年，改名德，徙封雍王，授涼州大都督，雍州牧、右衛大將軍如故，食實封一千戶。上元元年，又依舊名賢。
【69】《新唐書·百官志一》：唐制，乘輿所在，必有文詞、經學之士，下至蔔、醫、伎術之流，皆直於別院，以備宴見；而文書詔令，則中書舍人掌之。

是，議者謂貞觀禮節文未備，故命無忌等修之。時許敬宗、李義府用事，所損益多希旨，學者非之。太常博士蕭楚材等以為豫備凶事，非臣子所宜言；敬宗、義府深然之，遂焚《國恤》一篇，由是凶禮遂闕。

中書令李義府有寵於上，諸子孩抱者並列清貴。而義府貪冒無厭，母、妻及諸子、女婿，賣官鬻獄，其門如市，多樹朋黨，傾動朝野。中書令杜正倫每以先進自處，義府恃恩，不為之下，由是有隙，與義府訟於上前。上以大臣不和，兩責之。十一月乙酉，貶正倫橫州刺史，義府普州刺史。正倫尋卒於橫州。

葉法善是年四十三歲。春二月，隨車駕赴長安。奉旨沙汰內道場假借煉丹術士名號者九十余人。以為武后厭劾之功，將加爵位，法善固辭不受。求為道士，因留在內道場，供待甚厚。時高宗令廣征諸方道術之士，合煉黃白。法善上言：「金丹難就，徒費財物，有虧政理，請核其真偽。」帝然其言，因令法善試之，由是乃出九十余人，因一切罷之。

《舊唐書·葉法善傳》：法善少傳符籙，尤能厭劾鬼神。顯慶中，高宗聞其名，征詣京師，將加爵位，固辭不受。求為道士，因留在內道場，供待甚厚。時高宗令廣征諸方道術之士，合煉黃白。法善上言：「金丹難就，徒費財物，有虧政理，請核其真偽。」帝然其言，因令法善試之，由是乃出九十余人，因一切罷之。

《葉尊師碑》：或潛泳水府；或飛步火房；或剖腹滌腸，勿藥自復；或刳腸割膜，投符有加；或聚合毒味，服之自若；或征召鬼物，使之立至；呵叱群鬼，奔走眾神，若陪隸也。故海內稱焉，千轉萬變；先朝寵焉，一晝三接。

《唐葉真人傳》：征召至於，再三控辭，不允，勉赴闕庭。高宗皇帝見之，不使設以臣禮。湛然示寂。一無所言，但喘息而已。上曰：「卿病耶。」曰：「臣病在市朝，療在山林，願從退隱。」上曰：「此逸人耳。」詔為上卿，真人力辭，不拜。曰：「臣願出家，請為道士。」帝乃從之，度於景龍觀，多留內庭，問以道法，窮盡源奧，吉凶臧否，皆預知之，言無不中。

《太平廣記·葉法善傳》：初，高宗征師至京，拜上卿，不就，請度為道士，出入禁門。乃欲告成中嶽，扈從者多疾，凡噀咒，病皆愈。二京受道籙者，文武中外男女弟子千余人。所得金帛，並修宮觀，恤孤貧，無愛惜。久之，辭歸松陽，經過之地，救人無數。

上述三傳對於葉法善初至帝京時的記述雖各有不同，但《葉尊師碑》的「先朝寵焉，一晝三接」與《唐葉真人傳》中的「高宗皇帝見之，不使設以臣禮」，

都表明高宗征葉法善入京師是有求於彼，故此特地降尊紆貴以客禮待法善。

就筆者所知，江浙一帶民間舊時對於家人中出現因驚嚇或其他緣故引發的精神失常、神不守舍、夜不安睡、噩夢連連，或者家有嬰幼兒日夜啼哭等一般的精神或身體病症，常用僧道方術來為之驅邪去魔。民間道俗人士所常用的法術乃茅山法術，通常要用至陽至厭之物如公雞之血或雄黃、桃木等厭物，加以一定的道場儀式與符咒用物，來厭劾那些令人家宅不寧的"鬼怪""妖孽"。然松陽葉氏一門既然世代以陰陽厭劾之術為江湖稱道，則必定另有他法他物為助。

就現代醫學與心理學的觀點來考察，當年武則天在以殘酷手段加害並誅除了對自己曾有提攜之恩的王皇后及其家人親信，以致后來數為王、蕭二屬鬼所祟，究其之所以數現王蕭二人死時殘像幻影的原因，乃是一種精神疾病中幻視幻聽症，是基於道德良知與內心欲望激烈沖突的外化，屬於精神病中之一種。松陽葉氏既以厭劾獲得盛名，除像一般方士通過某種儀式來驅魔外，必定還另有一套更為行之有效的醫治方法，除了對患者以必要的儀程來驅除其心魔外，對於一些像武則天這樣的幻聽幻視十分嚴重的重症患者，或許葉法善尚有一些安神補氣疏肝壯膽之類的方藥丸劑。況且，考之於茅山道派的開山祖師陶弘景之著述，其《本草經集注》中就有很多有關如何調理情緒心態的藥物或方劑，其中由陶弘景精研后發明的藥理藥性條目亦為數不少，亦可證明葉法善所獨步當時之厭劾之術中，或有由陶弘景等人研發的方劑丸藥為之配合。

唐高宗顯慶四年，己未，公元六五九年。高宗頭苦風疾，武后或代為閱批奏章，至是令許敬宗等一班佞臣構陷前朝重臣與宗室姻親，一批大臣因此被黜，或流或殺，自是政歸中宮，武后之秉國專權由此開端。葉法善是年四十四歲。仍在內道場為道士，因武后之故，葉法善所受供奉獨厚。是年高宗以疾篤，復征孫思邈。

《舊唐書·高宗本紀》：四年春二月乙亥，上親策試舉人，凡九百人，惟郭待封、張九齡五人居上第，令待詔弘文館，隨仗供奉。[70]

【70】此記有誤。《舊唐書》張九齡本傳云："初，九齡為相，薦長安尉周子諒為監察御史。至是，子諒以妄陳休咎，上親加詰問，令於朝堂決殺之。九齡坐引非其人，左遷荊州大都督府長史。俄請歸拜墓，因遇疾卒，年六十八。"考九齡卒於開元二十八年，年六十八，逆推則知生於公元六七三年，此云張九齡等五人居上第，必為誤記。張九齡實為唐中宗景龍初年（公元七零七年）進士。

《資治通鑒》卷200：武后以太尉趙公長孫無忌受重賜而不助己，深怨之。及議廢王后，燕公於志寧中立不言，武后亦不悅。許敬宗屢以利害說無忌，無忌每面折之，敬宗亦怨。武后既立，無忌內不自安，后令敬宗伺其隙而陷之。

八月壬子，以普州刺史李義府兼吏部尚書、同中書門下三品。乙卯，長孫氏、柳氏緣無忌、奭貶降者十三人。高履行貶永州刺史。於志寧貶榮州刺史，於氏貶者九人。自是政歸中宮矣。

葉法善是年四十四歲。前年既辭高宗武后之顯爵重資，已居內道場為景龍觀道士，受朝廷供養甚厚。

《唐葉真人傳》：高宗皇帝見之，不使設以臣禮。湛然示寂。一無所言，但喘息而已。上曰：‘卿病耶？’曰：‘臣病在市朝，療在山林，願從退隱。’上曰：‘此逸人耳。’詔為上卿，真人力辭，不拜。曰：‘臣願出家，請為道士。’帝乃從之，度於景龍觀，多留內庭，問以道法，窮盡源奧，吉凶臧否，皆預知之，言無不中。

武后是时既恃法善之道術，不再顧忌宮中會有冤魂屬鬼為祟，遂令中書令許敬宗等構陷國舅長孫無忌、燕國公於志寧等朝廷宗室重臣。長孫無忌、於志寧等或流或殺，加以高宗自顯慶以來頭苦風疾，於是政歸中宮，自是武后秉國專權，學士許敬宗則由是遂成一代佞臣。

葉法善雖請旨出家為道士，供職內道場景龍觀，然性頗疏放，不願以臣子禮侍主后，故主后特加優禮，以武后尚懼王、蕭等屬鬼冤魂為祟故。

處士、名醫孫思邈是年復為高宗所征。

《舊唐書·孫思邈傳》：顯慶四年，高宗召見，拜諫議大夫，又固辭不受。

《新唐書·孫思邈傳》：顯慶中，復召見，拜諫議大夫，固辭。

唐高宗顯慶五年，庚申，公元六六零年。冬十月，上苦風眩頭重，目不能視[71]，

【71】據史傳記載，唐高宗李治所患苦風眩頭重以致不能視事之症，參以現代醫學的觀點來判斷，大概是偏頭痛症狀之一種。祖國醫學對頭疼諸症特別是偏頭痛之症早有認識，認為其機制多為三陽經病變。《冷廬醫話》云：“頭痛屬太陽病者，自腦后上至巔頂，其痛連項；屬陽明者，上連目珠，在前額；屬少陽者，上至兩角，痛在頭側。”偏頭痛在中醫理論上認為其屬於“頭痛”“頭風”“厥頭痛”等範疇，隋代巢元方的《諸病源候論·頭面風候》首先提出“頭風”的病證，宋代楊士瀛《仁齋直指方》對頭風痛的臨床症狀做了

百司奏事，上或使皇后決之。后性明敏，涉獵文史，處事皆稱旨。由是始委以政事，權俸人主。葉法善是年四十五歲。既留內道場為道士，又素蒙帝后賞過，每有遊幸，法善當為帝后隨從。是年當隨車駕如東都、並州等。

《舊唐書·高宗本紀》：春正月甲子，幸並州。六月辛卯，詔文武五品以上四科舉人。甲午，駕還東都。秋七月乙巳，廢梁王忠為庶人，徙於黔州。

《資治通鑒》卷200：冬十月，上初苦風眩頭重，目不能視，百司奏事，上或使皇后決之。后性明敏，涉獵文史，處事皆稱旨。由是始委以政事，權與人主侔矣。

葉法善是年四十五歲。既留內道場為道士，又素蒙帝后賞過，每有遊幸，法善當為帝后隨從。是年當隨車駕如東都、並州等。

《舊唐書·葉法善傳》：法善又嘗於東都凌空觀設壇醮祭，城中士女競往觀之。俄頃數十人自投火中，觀者大驚，救之而免。法善曰：「此皆魅病，為吾法所攝耳。」問之果然。法善悉為禁劾，其病乃愈。

其於東都施法術之事或在前年，或在本年。史無記載，因姑係之。

唐高宗龍朔元年，辛酉，公元六六一年。二月乙未，以益、綿等州皆言龍見，改元龍朔。九月甲辰，以河南縣大女張年百三歲且九世同堂，親幸其第。葉法善是年四十六歲，仍在內道場景龍觀為道士。僧玄奘是年五十六歲，卒，歸葬白鹿原，士女送葬者數萬人。

《舊唐書·高宗本紀》：春二月乙未，以益、綿等州皆言龍見，改元。三月壬戌，幸合璧宮。夏五月丙申，皇后請禁天下婦人為俳優之戲，詔從之。

秋七月癸卯，車駕還東都。九月甲辰，天宮寺是高祖潛龍時舊宅，上周曆殿宇，感愴久之，度僧二十人。壬子，徙封潞王賢為沛王。

葉法善是年四十六歲，仍在內道場景龍觀為道士。
考如前述。

更詳細的描述。名醫李東垣《東垣十書·內外傷辨》更是把頭痛分為外感頭痛與內傷頭痛，並明確地指出偏頭痛的病名：「如頭半邊痛者……此偏頭痛也。」從古至今，各個醫家對偏頭痛的發病原因皆認為主要在感受外邪，情志內傷，飲食不節，久病致瘀的基礎上造成肝、脾、腎等臟腑功能失調，風襲腦絡，痰濁阻滯，瘀血阻絡所引起。在經絡辨證上，張氏等認為主要是六淫之邪傷及三陽經，而其中又以少陽經、太陽經為多見；陳氏等則認為內傷是由於肝鬱肝火傷及陰絡，腎陰腎精虧虛導致腦海失養，脾失健運致氣血虧虛或痰濁內生阻於經絡而致病。

僧玄奘是年五十六歲。卒，歸葬於白鹿原，士女送葬者數萬人。

《舊唐書·僧玄奘傳》：顯慶元年，高宗又令左僕射於志寧、侍中許敬宗、中書令來濟、李義府、杜正倫、黃門侍郎薛元超等，共潤色玄奘所定之經，國子博士範義碩、太子洗馬郭瑜、弘文館學士高若思等，助加翻譯。凡成七十五部。奏上之。后以京城人眾競來禮謁，玄奘乃奏請逐靜翻譯，敕乃移於宜君山故玉華宮。六年卒，時年五十六，歸葬於白鹿原，士女送葬者數萬人。

是年有兩個年號，改元龍朔始於是年三月丙申朔，即三月初一。《舊唐書·高宗本紀》："（顯慶）六年春二月乙未，以益、綿等州皆言龍見，改元。曲赦洛州。龍朔元年三月丙申朔，改元。"是年有兩個年號，其龍朔年號始於是年三月初一。由是可知僧玄奘卒於三月初一之前。否則，其本傳所記年號當不為"顯慶六年"而應為"龍朔元年"。

唐高宗龍朔二年，壬戌，公元六六二年。立波斯都督卑路斯為波斯王。將軍薛仁貴三箭定天山。六月乙丑，詔僧尼女冠皆致敬父母。葉法善是年四十七歲，仍在內道場景龍觀為道士。文學之士孟利貞與崇賢館學士郭瑜、顧胤、董思恭及太子少師許敬宗等受詔撰《瑤山玉彩》五百卷，是年表上之。

《資治通鑒》卷200：春正月辛亥，立波斯都督卑路斯為波斯王。三月，鄭仁泰等敗鐵勒於天山。鐵勒九姓聞唐兵將至，合眾十余萬以拒之，選驍健者數十人挑戰。薛仁貴發三矢，殺三人，余皆下馬請降。仁貴悉坑之，度磧北，擊其余眾，獲葉護兄弟三人而還。軍中歌之曰："將軍三箭定天山，壯士長歌入漢關。"

六月乙丑，初令僧、尼、道士、女官致敬父母。冬十月癸丑，詔以四年正月有事於泰山，仍以來年二月幸東都。十二月戊申，詔以方討高麗百濟，河北之民，勞於征役，其封泰山、幸東都並停。

葉法善是年四十七歲，仍在內道場景龍觀為道士，出入禁門。
考如前述。

初唐四傑盧照鄰是時年二十余，或在鄧王府為典簽。
《舊唐書·盧照鄰傳》：盧照鄰，字升之，幽州範陽人也。年十余歲，就曹憲、王義方授《蒼》《雅》及經史，博學善屬文。初授鄧王【72】府典簽，王甚愛重之，曾謂群官曰："此即寡人相如也。"后拜新都尉。因染風疾去官，處太白山中，以服餌為事。后疾轉篤，徙居陽翟之具茨山，著《釋疾文》《五悲》等誦，頗有騷人之風，甚為文士所重。

照鄰既沉痾攣廢，不堪其苦，嘗與親屬執別，遂自投潁水而死，時年四十。

【考辨】初唐文壇四傑王楊盧駱生卒年均語焉不詳，學界頗多異說。然《舊唐書》盧照鄰本傳有關盧照鄰生卒年限之說，學者多有疑義。既然盧照鄰嘗師事曹憲王義方等初唐鴻儒碩學，年紀不會太輕。既然史載鄧王元裕嘗與為布衣之交，盧照鄰在麟德二年（公元665年）鄧王元裕薨前已入王府為典簽。鄧王薨后盧照鄰遷新都尉，之後不久以風疾辭官，隱居太白山中養疾。而據其現存詩文賦序所記，盧照鄰嘗於咸亨四年（公元673年）作《病梨樹賦》，序中云及嘗與名醫孫思邈論談【73】，則盧照鄰其時已辭官養疾，逆推故知，因姑係之。

【72】鄧王即李元裕。《舊唐書·高祖諸子·鄧王元裕傳》：鄧王元裕，高祖第十七子也。貞觀五年，封鄶王。十一年，改封鄧王，賜實封八百戶，歷鄧、梁、黃三州刺史。元裕好學，善談名理，與典簽盧照鄰為布衣之交。二十三年，加實封通前一千五百戶。高宗時，又歷壽、襄二州刺史、兗州都督。麟德二年薨，贈司徒、益州大都督，陪葬獻陵，諡曰康。

【73】《舊唐書·孫思邈傳》：當時名士宋令文、孟詵、盧照鄰等，執師資之禮以事焉。思邈嘗從幸九成宮，照鄰留在其宅。時庭前有病梨樹，照鄰為之賦，其序曰："癸酉之歲，余臥疾長安光德坊之官舍。父老云：'是鄱陽公主邑司。昔公主未嫁而卒，故其邑廢。'時有孫思邈處士居之。邈道合古今，學殫數術。高談正一，則古之蒙莊子；深入不二，則今之維摩詰。其推步甲乙，度量乾坤，則洛下閎、安期先生之儔也。"照鄰有惡疾，醫所不能愈，乃問思邈："名醫愈疾，其道何如？"思邈曰："吾聞善言天者，必質之於人，善言人者，亦本之於天。天有四時五行，寒暑迭代，其轉運也。和而為雨，怒而為風，凝而為霜雪，張而為虹蜺，此天地之常數也。人有四支五藏，一覺一寢，呼吸吐納，精氣往來，流而為榮衛，彰而為氣色，發而為音聲，此人之常數也。陽用其形，陰用其精，天人之所同也。及其失也，蒸則生熱，否則生寒，結而為瘤贅，陷而為癰疽，奔而為喘乏，竭而為焦枯，診發乎面，變動乎形。推此以及天地亦如之。故五緯盈縮，星辰錯行，日月薄蝕，孛彗飛流，此天地之危診也。寒暑不時，天地之蒸否也；石立土踊，天地之瘤贅也；山崩土陷，天地之癰疽也；奔風暴雨，天地之喘乏也；川瀆竭涸，天地之焦枯也，良醫導之以藥石，救之以針劑，聖人和之以至德，輔之以人事，故形體有可愈之疾，天地有可消之災。"又曰："膽欲大而心欲小，智欲圓而行欲方。《詩》曰'如臨深淵，如履薄冰'，謂小心也；'糾糾武夫，公侯幹城'，謂大膽也。'不為利回，不為義疚'，行之方也；'見機而作，不俟終日'，智之圓也。"

思邈自云開皇辛丑（公元581年）歲生，至今年九十三矣；詢之鄉裏，咸云數百歲人。話周、齊間事，曆曆如眼見。以此參之，不啻百歲人矣。然猶視聽不衰，神采甚茂，可謂古之聰明博達不死者也。永淳元年卒。遺令薄葬，不藏冥器，祭祀無牲牢。經月餘，顏貌不改，舉屍就木，猶若空衣，時人異之。自注《老子》《莊子》，撰《千金方》三十卷，行於代。又撰《福祿論》三卷，《攝生真錄》及《枕中素書》《會三教論》各一卷。

　　文士孟利貞與崇賢館學士郭瑜、顧胤、董思恭及太子少師許敬宗等受詔撰《瑤山玉彩》五百卷，是年表上之。高宗稱善，賚賜有差。孟利貞又撰《續文選》十三卷。

　　《舊唐書·孟利貞傳》：孟利貞者，華州華陰人也。父神慶，高宗初為沁州刺史，以清介著名。利貞初為太子司議郎，中宗在東宮，深憚之。受詔與少師許敬宗、崇賢館學士郭瑜、顧胤、董思恭等撰《瑤山玉彩》五百卷。龍朔二年奏上之，高宗稱善，加級賜物有差。利貞累轉著作郎，加弘文館學士。垂拱初卒。又撰《續文選》十三卷。

唐高宗龍朔三年，癸亥，公元六六三年。李義府既為相乃知選事，賄賂公行，賣官為事，帝聞之不悅。夏四月乙丑，下義府獄。朝野莫不稱慶。**葉法善是年四十八歲，仍為內道場景龍觀道士，出入禁門。**

　　《資治通鑒》卷201：春正月乙酉，以李義府為右相，仍知選事，恃中宮之勢，專以賣官為事，銓綜無次，怨讟盈路，上頗聞之，從容謂義府曰：“卿子及婿頗不謹，多為非法。我尚為卿掩覆，卿宜戒之！”義府勃然變色，頸頰俱張，曰：“誰告陛下？”上曰：“但我言如是，何必就我索其所從得邪！”義府殊不引咎，緩步而去。上由是不悅。夏四月乙丑，下義府獄，遣司刑太常伯劉祥道與御史詳刑共鞫之，仍命司空李勣監焉。事皆有實。戊子，詔義府除名，流嶲州；津除名，流振州；諸子及婿並除名，流庭州。朝野莫不稱慶。

　　秋八月戊申，上以海東累歲用兵，百姓困於征調，士卒戰溺死者甚眾，詔罷三十六州所造船，遣司元太常伯竇德玄等分詣十道，問人疾苦，黜陟官吏。

　　葉法善是年四十八歲，仍為內道場景龍觀道士，出入禁門。
　　考如前述。

唐高宗麟德元年，甲子，公元六六四年。初，武后屈身忍辱，阿順帝意，故上排群議而立之，及得志，專作威福，動輒制上所欲舉，上不勝其忿，因道士郭行真行厭勝之術為宦者所發，上意欲廢后。**葉法善是年四十九歲，仍為內道場景龍觀道士，出入禁門。葉法善叔祖葉靖能或於是年罷歸。**

　　《資治通鑒》卷201：秋七月丁未朔，詔以三年正月有事於岱宗。八月丙子，車駕還京師，幸舊宅，留七月；壬午，還蓬萊宮。

　　初，武后能屈身忍辱，奉順上意，故上排群議而立之；及得志，專作威福，上欲有所為，動為后所制，上不勝其忿。有道士郭行真，出入禁中，嘗為厭勝之

術，宦者王伏勝發之。上大怒，密召西召侍郎、同東西臺三品上官儀議之。儀因言：「皇后專恣，海內所不與，請廢之。」上意亦以為然，即命儀草詔。左右奔告於后，后遽詣上自訴。詔草猶在上所，上羞縮不忍，復待之如初。

自是上每視事，則后垂簾於後，政無大小皆與聞之。天下大權，悉歸中宮，黜陟、生殺，決於其口，天子拱手而已，中外謂之二聖。

葉法善是年四十九歲，仍為內道場景龍觀道士，出入禁門。

考如前述。

葉法善叔祖葉靖能或於是年罷歸。

《太平廣記·葉法善傳》：叔祖靖能，頗有神術，高宗時，入直翰林，為國子祭酒。武后監國，南遷而終。

【考辨】是年始政歸中宮，高宗拱手而已，可謂乃武后監國，故葉靖能或可能於是年前後罷歸，南下括州。然此傳終非信史，所謂葉靖能南遷而終，或為葉法善諱，故書謂法善叔祖葉靖能道德尚佳，有不肯曲意迎候武則天之意，以與後來正史所述之章后黨與得以超授國子祭酒，卻又被誅殺之葉靜能加以區別之故。然史無明載，難以考實。

初唐文壇四傑之王勃是年十五歲。沛王李賢聞王勃善屬文，召為王府修撰。諸王鬥雞，互有勝負，勃戲為《檄英王雞文》。高宗覽之，怒曰：「據此是交構之漸。」即日斥勃，不令入府。或於是年南下，道經豫章，預洪都府都督閻伯嶼九月九日宴會，作《滕王閣序》以抒懷。

《舊唐書·王勃傳》：王勃，字子安，絳州龍門人。勃六歲解屬文，構思無滯，詞情英邁。父友杜易簡常稱之曰：「此王氏三珠樹也。」勃年未及冠，應幽素舉及第。乾封初，詣闕上《宸遊東嶽頌》。時東都造乾元殿，又上《乾元殿頌》。沛王賢聞其名，召為沛府修撰，甚愛重之。諸王鬥雞，互有勝負，勃戲為《檄英王雞文》。高宗覽之，怒曰：「據此是交構之漸。」即日斥勃，不令入府。久之，補虢州參軍。

【考辨】有關王勃《滕王閣序》作年，論者說頗不一。舊說大致有四種：一是五代王定保《唐摭言》主十四歲；二是宋李昉《太平廣記》、祝穆《古今事文類聚前集》主十三歲說；三是清吳楚才《古文觀止》及蔣清翊《王子安集注》主二十二歲說；四是元辛文房《唐才子傳》主二十九歲說。

《新唐書·王勃傳》：初，道出鐘陵，九月九日都督大宴滕王閣，宿命其婿作序以誇客，因出紙筆遍請客，莫敢當，至勃，沆然不辭。都督怒，起更衣，遣吏伺其文輒報。一再報，語益奇，乃矍然曰：“天才也！”請遂成文，極歡罷。

滕王閣在今江西省南昌市贛江濱。唐高祖幼子滕王李元嬰任洪州都督時（公元653年）始建，后閻伯嶼為洪州牧，宴群僚於閣上。王勃是年初謁劉祥道，祥道表薦之，對策高第，授朝散郎【74】，沛王賢招致幕下，為王府修撰，作《平臺密略》成，因諸王鬥雞戲為檄文，因故被黜，南下省父，途徑豫章，適逢其會，援筆為序，其時頗感失落，所為《滕王閣序》詩文頗多滄桑感。因係之。

初唐文壇四傑駱賓王是年丁道孝王元慶憂，期功。服滿轉武功主簿。鬱鬱不得志。

《新唐書·駱賓王傳》：駱賓王，義烏人。七歲能賦詩。初為道王府屬，嘗使自言所能，賓王不答。歷武功主簿。裴行儉為洮州總管，表掌書奏【75】，不應，調長安主簿。武后時，數上疏言事。下除臨海丞，鞅鞅不得志，棄官去。徐敬業亂，署賓王為府屬，為敬業傳檄天下，斥武后罪。后讀，但嘻笑，至“一抔之土未乾，六尺之孤安在”，矍然曰：“誰為之？”或以賓王對，后曰：“宰相安得失此人！”敬業敗，賓王亡命，不知所之。中宗昌，詔求其文，得數百

【74】唐制：每年二月選舉。如高宗《本紀》：“（麟德）二年春正月壬午，幸東都。丁酉，幸合璧宮。戊子，慮雍、洛二州及諸司囚。甲子，以發向泰山，停選。”又《資治通鑒》卷201：“大略唐之選法，取人以身、言、書、判，計資量勞而擬官。始集而試，觀其書、判；已試而銓，察其身、言；已銓而注，詢其便利；已注而唱，集眾告之。然后類以為甲，先簡僕射，乃上門下，給事中讀，侍郎省，侍中審之，不當者駁下。既審，然后上聞，主者受旨奉行，各給以符，謂之告身。兵部武選亦然。課試之法，以騎射及翹關、負米。人有格限未至，而能試文三篇，謂之宏詞，試判三條，謂之拔萃，入等者得不限而授。其黔中、嶺南、閩中州縣官，不由吏部，委都督選擇士人補授。凡居官以年為考，六品以下，四考為滿。”王勃既謁劉祥道於途，祥道表薦之，則王勃當持之即赴京師參選，故王勃於是年春受朝散郎，隨即為沛王招致幕下，是夏，諸王以鬥雞為樂，故王勃戲為鬥雞檄文，高宗見知，怒而斥出之。王勃故南下省父。道遇洪都都督閻伯嶼大宴群僚賓客，故預之。

【75】史傳云裴行儉素有知人之鑒。駱賓王既為武功主簿，上書時任洮州總管的裴行儉，求掌書奏，裴不應。《舊唐書·裴行儉傳》：“行儉尤曉陰陽、算術，兼有人倫之鑒。自掌選及為大總管，凡遇賢俊，無不甄采，每制敵摧凶，必先期捷日。時有後進楊炯、王勃、盧照鄰、駱賓王並以文章見稱，吏部侍郎李敬玄盛為延譽，引以示行儉，行儉曰：‘才名有之，爵祿蓋寡。楊應至令長，余並鮮能令終。’是時，蘇味道、王劇未知名，因調選，行儉一見，深禮異之。仍謂曰：‘有晚年子息，恨不見其成長。二公十數年當居衡石，願記識此輩。’其后相繼為吏部。皆如其言。”

篇。它日，崔融與張說評勃等曰："勃文章宏放，非常人所及，炯、照鄰可以企之。"說曰："不然。盈川文如縣河，酌之不竭，優於盧而不減王。恥居后，信然；愧在前，謙也。"

唐高宗麟德二年，乙丑，公元六六五年。李淳風以傅仁均《戊寅曆》推步浸疏，乃增損劉焯《皇極曆》，更撰《麟德曆》；五月辛卯詔頒行之。以來年正月封禪泰山，故十月丙寅乃發東都，朝儀人眾，從駕文武儀仗，數百裏不絕。葉法善是年五十歲，仍為內道場景龍觀道士，或隨駕東幸，從封禪泰山。

《資治通鑒》卷201：春二月壬午，車駕發京師。上語及隋煬帝，謂侍臣曰："煬帝拒諫而亡，朕常以為戒，虛心求諫；而竟無諫者，何也？"李勣對曰："陛下所為盡善，群臣無得而諫。"三月辛未，東都乾元殿成。閏月壬申朔，車駕至東都。

秘閣郎中李淳風以傅仁均《戊寅曆》推步浸疏，乃增損劉焯《皇極曆》，更撰《麟德曆》；五月辛卯，行之。

冬十月癸丑，皇后表稱："封禪舊儀，祭皇地祇，太后昭配，而令公卿行事，禮有未發，至日，妾請帥內外命婦奠獻。"詔："禪社首以皇后為亞獻，越國太妃燕氏為終獻。"壬戌，詔："封禪壇所設上帝、后土位，先用槁秸、陶匏等，並宜改用茵褥、罍爵，其諸郊祀亦宜准此。"丙寅，上發東都，從駕文武儀仗，數百裏不絕。列營置幕，彌亙原野。東自高麗，西至波斯、烏長諸國朝會者，各帥其屬扈從，穹廬毳幕，牛羊駝馬，填咽道路。時比歲豐稔，米鬥至五錢，麥、豆不列於市。

壽張人張公藝九世同居，齊、隋、唐皆旌表其門。上過壽張，幸其宅，問所以能共居之故，公藝書"忍"字百余以進。上善之，賜以縑帛。

十二月丙午，車駕至齊州，留十日。丙辰，發靈岩頓，至泰山下，有司於山南為圓壇，山上為登封壇，社首山上為降禪方壇。

葉法善是年五十歲，仍為內道場景龍觀道士，或隨駕東幸，從封禪泰山。
《太平廣記·葉法善傳》："乃欲告成中嶽，扈從者多疾，凡噀咒，病皆愈。"這是葉法善從駕封禪中嶽嵩山的記載。然則，是年既然封禪五嶽之首的東嶽泰山，則葉法善作為隨駕人眾，亦非無此可能。因姑係之。

盧照鄰是年仍為鄧王府典簽，秋七月，鄧王元裕薨，盧照鄰當為服期

功九個月。服滿，乃遷新都尉。

《舊唐書·高宗本紀》：秋七月，鄧王元裕薨。舊制，王府僚屬當為服期功，即自王薨之日起滿九個月方可另授新職。盧照鄰既為鄧王府典簽，又與鄧王以布衣論交，故此當為鄧王元裕服期功。

唐高宗乾封元年，丙寅，公元六六六年。 上與后封禪泰山，大赦天下，唯李義府等長流人不聽還都，義府遂以憂卒。車駕至曲阜，贈孔子太師，以少牢致祭。至亳州，謁老君廟，上尊號曰太上玄元皇帝。葉法善是年五十一歲。自從封禪東嶽歸，仍為內道場景龍觀道士，出入禁門。或於時已獲授徒資格，收授徒眾，從者甚眾。

《資治通鑒》卷201：春正月戊辰朔，上祀昊天上帝於泰山南。己巳，登泰山，封玉牒，上帝冊藏以玉匱，配帝冊藏以金匱，皆纏以金繩，封以金泥，印以玉璽，藏以石䃭。庚午，降禪於社首，祭皇地祇。上初獻畢，執事者皆趨下。宦者執帷，皇后升壇亞獻，帷帟皆以錦繡為之；酌酒實俎豆，登歌皆用宮人。壬申，上御朝覲壇受朝賀；赦天下，改元。

時大赦，惟長流人不聽還，李義府憂憤發病卒。自義府流竄，朝士日憂其復入，及聞其卒，眾心乃安。丙戌，車駕發泰山；辛卯，至曲阜，贈孔子太師，以少牢致祭。癸未，至亳州，謁老君廟，上尊號曰太上玄元皇帝。

葉法善是年五十一歲。自從封禪東嶽，歸途隨駕至亳州老君廟，上尊號曰太上玄元皇帝。其仍為內道場景龍觀道士，出入禁門。於時葉法善當已獲授徒資格，收授徒眾，從者甚眾。

《唐葉真人傳》：帝及皇后，諸王公主，朝士以下，親受道法。百官子弟，京城及諸州道士，從真人受經法者，前后計數千余人。

唐高宗乾封二年，丁卯，公元六六七年。 九月庚申，上以久疾，命太子弘監國。葉法善是年五十二歲，仍在內道場景龍觀為道士；或以離鄉日久，嘗離京返鄉，沿途驅魔厭勝，救助疾患，並以所得金錢賑災濟貧，修繕宮觀；抑或嘗以公卿百官所賜資財之部分於松陽修繕老宅。

《資治通鑒》卷201：上屢責侍臣不進賢，眾莫敢對。司列少常伯李安期對曰："天下未嘗無賢，亦非群臣敢蔽賢也。比來公卿有所薦引，為讒者指為朋黨，滯淹者未獲伸，而在位者先獲罪矣，是以各各杜口耳。陛下果推至誠以待之，其誰不願舉所知！此在陛下，非在群臣也。"上深以為然。時造蓬萊、上陽、合璧等宮，頻征伐四夷，廄馬萬匹，倉庫漸虛。張文瓘諫曰："隋鑒不遠，願勿使百姓生怨。"上納其言，減廄馬數千匹。九月庚申，上以久疾，命太子弘監國。

葉法善是年五十二歲，仍在內道場景龍觀為道士；或以離鄉日久，曾離京返鄉，沿途驅魔厭勝，救助疾患，並以所得金錢賑災濟貧，修繕宮觀，雕飾尊像；抑或以公卿百官所賜資財之余於松陽修繕老宅。經過之地，救人無數。其間或因其志慕騰舉，曾赴中嶽嵩山從先達者修習云行騰舉之術。

《舊唐書·葉法善傳》：法善自高宗、則天、中宗歷五十年【76】，常往來名山，數召入禁中，盡禮問道。然排擠佛法，議者或譏其向背。以其術高，終莫之測。

《新唐書·葉法善傳》：歷高、中二宗朝五十年，往來山中，時時召入禁內。

《太平廣記·葉法善傳》：二京受道籙者，文武中外男女弟子千余人。所得金帛，並修宮觀，恤孤貧，無愛惜。久之，辭歸松陽，經過之地，救人無數。……又師青城山趙元陽，受遁甲。與嵩陽韋善俊傳八史，東入蒙山，神人授書。詣嵩山，神仙授劍。

《唐葉真人傳》：帝及皇后，諸王公主，朝士以下，親受道法。百官子弟，京城及諸州道士，從真人受經法者，前后計數千余人。王公布施塞道盈衢，隨其所得，舍入觀宇，修飾尊像，及救困窮。每日炊米十余碩，以供貧病，來者悉無選擇。……真人雖出入彤闈，佐時輔國，而韜時匿跡，和光同塵，心存仙道，志慕騰舉，辭欲還山，帝乃許焉。歸至茅山、姑蘇、洞庭、天目、天臺、括蒼等處往來。於茅山修真煉丹，朝謁無虧。……卯山絕頂初創山齋，復賜額為通天宮，大中祥符三年【77】改壽昌觀。觀之側西北向，有煉丹井，山下有靈泉，即泉處有醮廚，士民祈禱之所。治平元年【78】賜壽聖觀，今改名廣福觀。真人嘗至清溪，屬炎暑，與道士遊於溪渚。真人忽沉水中，七日不返，同遊道士驚懼，謂已葬蛟龍之腹。歸告其家，及徒眾道俗，盡皆傍溪覓之。七日后，忽見從舊遊處出。曰："汝等必懼耶，我暫共河伯遊蓬萊，值數仙人宴會，留頃刻間。慮子憂之，故亟來，果然也。"送入天臺尋司馬練師，訪不死之福庭。去桐梧，入靈墟，謂司馬練師曰："蔭落落之長松，藉蓁蓁之纖草，今日是也。"又登華頂望海云：

【76】此處謂葉法善自高宗顯慶中詔詣京師到中宗景龍三年（公元709年），或為約數。本年譜作者認為葉法善自顯慶二年（公元657年）應詔如東都，到景龍三年實際歷時長達53年。若以中宗神龍二年或景龍初年葉法善即被黜，則葉法善往來宮中的這段時間也就正好是50年。《唐葉真人傳》："后中宗皇帝在位，武三思尚秉國權，時多信讒說。真人從容累諫，作旨貶之嶺外。"

【77】大中祥符為宋真宗年號，大中祥符三年即公元1010年。

【78】治平為宋英宗年號，治平元年即公元1068年。

"蓬萊去此不遠，與子當復應歸彼。"即司馬練師負琴，真人撫劍。而過石橋，臨青谿萬仞，蹈危履險，撫壁立之翠屏，又何懼焉。歲辛丑，則天皇后征真人投龍采藥【79】，祈禱名山大川。

【考注】此處葉法善所去天臺要尋訪參拜並同遊之司馬練師不知謂誰，或為天臺山道士司馬承禎。考諸籍載，此處之司馬練師當是著名道士，而司馬承禎新、舊《唐書》皆有傳。《舊唐書·隱逸·司馬承禎傳》：道士司馬承禎，字子微。河內溫人，周晉州刺史、琅邪公裔玄孫。少好學，薄於為吏，遂為道士。事潘師正，傳其符籙及辟穀導引服餌之術。師正特賞異之，謂曰："我自陶隱居傳正一之法，至汝四葉矣。"承禎嘗遍遊名山，乃止於天臺山。則天聞其名，召至都，降手敕以贊美之。及將還，敕麟臺監李嶠餞之於洛橋之東。景雲二年，睿宗令其兄承祎就天臺山追之至京，引入宮中，問以陰陽術數之事。承禎對曰："道經之旨：'為道日損，損之又損，以至於無為。'且心目所知見者，每損之尚未能已，豈復攻乎異端，而增其智慮哉！"帝曰："理身無為，則清高矣！理國無為，如何？"對曰："國猶身也。《老子》曰：'遊心於淡，合氣於漠，順物自然而無私焉，而天下理。'《易》曰：'聖人者，與天地合其德。'是知天不言而信，不為而成。無為之旨，理國之道也。"睿宗歎息曰："廣成之言，即斯是也！"承禎固辭還山，仍賜寶琴一張，及霞紋帔而遣之，朝中詞人贈詩者百余人。

此暫存以備說。

唐高宗總章元年，戊辰，公元六六八年。李勣、薛仁貴等將兵破高麗，拔平壤。帝以久病，欲餌婆羅門盧迦逸進所合不死藥，郝處俊諫上乃止。葉法善是年五十三歲。既已辭歸，乃四處遊歷。茅山、姑蘇、洞庭、天目、括蒼等處之名山仙境，葉法善無不登臨。其於茅山居處為時最長，今所留遺跡亦多。

《資治通鑒》卷201：春二月壬午，李勣等拔高麗扶余城。薛仁貴既破高麗於金山，乘勝將三千人將攻扶余城，諸將以其兵少，止之。仁貴曰："兵不必多，顧用之何如耳。"遂為前鋒以進，與高麗戰，大破之，殺獲萬余人，遂拔扶余城。扶余川中四十余城皆望風請服。十二月丁卯，上祀南郊，告平高麗，以李勣為亞獻。是歲，京師及山東江淮旱饑。

【79】武則天為帝之辛丑歲乃大足元年，即公元701年。

葉法善是年五十三歲。既已辭歸，乃四處遊歷，茅山、姑蘇、洞庭、天目、括蒼等處之名山仙境，葉法善無不登臨。其於茅山居處為時最多，今所留遺跡亦多。然葉法善雖四處遊歷，但仍定期詣京師赴內道場供奉，以備帝后之顧問。

考如前述。

唐高宗總章二年，己巳，公元六六九年。是年秋，海水漂永嘉安固六千余家。葉法善是年五十四歲，仍為內道場景龍觀道士，或遊江湖，或居廟堂。

《資治通鑒》卷201：秋八月丁未朔，詔以十月幸涼州。時隴右虛耗，議者多以為未宜遊幸。上聞之，辛亥，御延福殿，召五品已上謂曰："自古帝王，莫不巡守，故朕欲巡視遠俗。若果為不可，何不面陳，而退有后言，何也？"自宰相以下莫敢對。詳刑大夫來公敏獨進曰："巡守雖帝王常事，然高麗新平，余寇尚多，西邊經略，亦未息兵。隴右戶口凋弊，鑾輿所至，供億百端，誠為未易。外間實有竊議，但明制已行，故群臣不敢陳論耳。"上善其言，為之罷西巡。未幾，擢公敏為黃門侍郎。

九月庚寅，大風海溢，漂永嘉、安固六千余家。

葉法善是年五十四歲，仍為內道場景龍觀道士，或遊江湖，或居廟堂。
考如前述。

唐高宗鹹亨元年，庚午，公元六七零年。右相劉仁軌與太子少師許敬宗先后致仕。天下四十余州旱及霜蟲，百姓饑乏。葉法善是年五十五歲，仍為內道場景龍觀道士，或遊江湖，或居廟堂。會天下百姓多饑乏，而法善所得王公布施塞道盈衢，隨其所得，舍入觀宇，修飾尊像，及救困窮。每日炊米十余碩，以供貧病，來者悉無選擇。

《舊唐書·高宗本紀》：五月丙戌詔曰："諸州縣孔子廟堂及學館有破壞並先來未造者，遂使生徒無肄業之所，先師闕奠祭之儀，久致飄露，深非敬本。宜令所司速事營造。"冬十月癸酉，大雪，平地三尺余，行人凍死者贈帛給棺木。令雍同華州貧窶之家，有年十五以下不能存活者，聽一切任人收養為男女，充驅使，皆不得將為奴婢。

是歲，天下四十余州旱及霜蟲，百姓饑乏，關中尤甚。詔令任往諸州逐食，仍轉江南租米以賑給之。

葉法善是年五十五歲，仍為內道場景龍觀道士，或遊江湖，或居廟堂，然朝觀無虧缺。會天下百姓多饑乏，而法善所得王公布施塞道盈衢，隨其所得，舍入觀宇，修飾尊像，及救困窮。每日炊米十余碩，以供貧病，來者悉無選擇。

《唐葉真人傳》：王公布施塞道盈衢，隨其所得，舍入觀宇，修飾尊像，及救困窮。每日炊米十余碩，以供貧病，來者悉無選擇。

【考辨】葉法善嘗以私錢賑濟貧人，然籍載不詳年份。是年天下四十州同饑，有詔令饑民南下就食。葉法善屬於南天師道，於北方奉寇謙之北天師道者往來甚少。是故既有關中諸州饑民南下就食，法善必周濟之。因姑係之。

唐高宗咸亨二年，辛未，公元六七一年。武后以姊子賀蘭敏之為其父嗣，及敏之有過，敕流雷州，至韶州以馬韁勒斃之[80]。葉法善是年五十六歲，仍為內道場景龍觀道士，或遊江湖，或居廟堂，然朝觀無虧缺。

《資治通鑒》卷202：初，武元慶等既死，皇后奏以其姊子賀蘭敏之為士彠之嗣，襲爵周公，改姓武氏，累遷弘文館學士、左散騎常侍。魏國夫人之死也，上見敏之，悲泣曰：“向吾出視朝猶無恙，退朝已不救，何倉卒如此！”敏之號哭不對。后聞之，曰：“此兒疑我！”由是惡之。敏之貌美，烝於太原王妃；及居妃喪，釋衰絰，奏妓。司衛少卿楊思儉女，有殊色，上及后自選以為太子妃，昏有日矣，敏之逼而淫之。后於是表言敏之前后罪惡，請加竄逐。六月丙子，敕流雷州，復其本姓。至韶州，以馬韁絞死。朝士坐與敏之交遊，流嶺南者甚眾。

葉法善是年五十六歲，仍為內道場景龍觀道士，或遊江湖，或居廟堂，然朝觀無虧缺。

考如前述。

唐高宗咸亨三年，壬申，公元六七二年。秋八月，許敬宗卒，朝議諡曰“繆”。其孫太子舍人許彥伯訟太常博士袁思古與許氏有怨，請改諡。王

【80】《舊唐書·外戚·賀蘭敏之傳》：敏之既年少色美，烝於榮國夫人，恃寵多愆犯，則天頗不悅之。咸亨二年，榮國夫人卒，則天出內大瑞錦，令敏之造佛像追福，敏之自隱用之。又司衛少卿楊思儉女有殊色，高宗及則天自選以為太子妃，成有定日矣，敏之又逼而淫焉。及在榮國服內，私釋衰絰，著吉服，奏妓樂。時太平公主尚幼，往來榮國之家，宮人侍行，又嘗為敏之所逼。俄而奸汙事發，配流雷州，行至韶州，以馬韁自縊而死。

勃父太常博士王福時議其謚實，無可更易。禮部尚書陽思敬議曰敬宗有過能改宜曰恭。詔從之。葉法善是年五十七歲，仍為內道場景龍觀道士，或遊江湖，或居廟堂，然朝覲無虧缺。

《資治通鑒》卷202：秋八月壬午，特進高陽郡公許敬宗卒。太常博士袁思古議："敬宗棄長子於荒徼，嫁少女於夷貊。按《謚法》，'名與實爽曰繆，'請謚為繆。"敬宗孫太子舍人彥伯訟思古與許氏有怨，請改謚。太常博士王福時議，以為："謚者得失一朝，榮辱千載。若嫌隙有實，當據法推繩；如其不然，義不可奪。"戶部尚書戴至德謂福時曰："高陽公任遇如是，保以謚之為繆？"對曰："昔晉司空何曾既忠且孝，徒以日食萬錢，秦秀謚之曰'繆'。許敬宗忠孝不逮於曾，而飲食男女之累過之，謚之曰'繆'，無負許氏矣。"詔集五品已上更議，禮部尚書陽思敬議："按《謚法》，既過能改曰恭。請謚曰恭。"詔從之。敬宗嘗奏流其子昂於嶺南，又以女嫁蠻酋馮盎之子，多納其貨，故思古議及之。福時，勃之父也。

九月癸卯，徙沛王賢為雍王。冬十月己未，詔太子監國。壬戌，車駕發東都。十一月甲辰，車駕至京師。

葉法善是年五十七歲，仍為內道場景龍觀道士，或遊江湖，或居廟堂，然朝覲無虧缺。

考如前述。

王勃是年二十三歲。乃父既已為太常博士，勃或已於是時補虢州參軍。

《舊唐書·王勃傳》：久之，補虢州參軍。

《新唐書·王勃傳》：勃既廢，客劍南。嘗登葛憒山曠望，慨然思諸葛亮之功，賦詩見情。聞虢州多藥草，求補參軍。倚才陵藉，為僚吏共嫉。官奴曹達抵罪，匿勃所，懼事泄，輒殺之。事覺當誅，會赦除名。父福時，繇雍州司功參軍坐勃故左遷交趾令。勃與楊炯、盧照鄰、駱賓王皆以文章齊名，天下稱"王、楊、盧、駱"四傑。炯嘗曰："吾愧在盧前，恥居王后。"議者謂然。

唐高宗鹹亨四年，癸酉，公元六七三年。三月以許敬宗所主修之國史多不實，詔劉仁軌等改修國史。八月詔以瘧疾令太子於楅殿受諸司啟事。冬十月為皇太子納妃。葉法善是年五十八歲，仍為內道場景龍觀道士，或遊江湖，或居廟堂，然朝覲無虧缺。

《舊唐書·高宗本紀》：春正月甲午，詔咸亨初收養為男女及驅使者，聽量酬衣食之直，放還本處。秋七月辛巳，婺州暴雨，水泛溢，漂溺居民六百家，詔令賑給。八月辛丑，上瘧疾，令太子受諸司啟事。

《資治通鑒》卷202：三月丙申，詔劉仁軌等改修國史，以許敬宗等所記多不實故也。八月辛丑，上以瘧疾，令太子於延福殿受諸司啟事。

　　葉法善是年五十八歲，仍為內道場景龍觀道士，或遊江湖，或居廟堂，然朝觀無虧缺。
　　考如前述。

唐高宗上元元年，甲戌，公元六七四年。秋八月壬申詔：皇帝稱天皇，皇后稱天后。天后上表令王公以下皆習《老子》，准《孝經》《論語》策試及京官八品以上量加俸祿等便宜十二條，詔書褒美，皆行之。葉法善是年五十九歲，仍為內道場景龍觀道士，或遊江湖，或居廟堂，然朝觀無虧缺。孫思邈是年上表稱疾還山。高宗賜良馬，假鄱陽公主舊居以居之。盧照鄰是年臥疾長安，與孫思邈遊處，為《病梨樹賦》。

《資治通鑒》卷202：秋八月壬辰，詔皇帝稱天皇，皇后稱天后，以避先帝、先后之稱。改元，赦天下。冬十二月壬寅，天后上表，以為：“國家聖緒，出自玄元皇帝，請令王公以下皆習《老子》，每歲明經，准《孝經》《論語》策試。”又請“自今父在，為母服齊衰三年。又，京官八品以上，宜量加俸祿”。及其餘便宜，合十二條。詔書褒美，皆行之。

　　葉法善是年五十九歲，仍為內道場景龍觀道士，或遊江湖，或居廟堂，然朝觀無虧缺。
　　考如前述。

　　孫思邈是年上表稱疾還山。高宗賜良馬，假鄱陽公主舊居以居之。
　　《舊唐書·孫思邈傳》：上元元年，辭疾請歸，特賜良馬，及鄱陽公主邑司以居焉。當時知名之士宋令文、孟詵、盧照鄰等，執師資之禮以事焉。
　　《新唐書·孫思邈傳》：上元元年，稱疾還山，高宗賜良馬，假鄱陽公主邑司以居之。思邈於陰陽、推步、醫藥無不善，孟詵、盧照鄰等師事之。

　　盧照鄰是年臥疾長安，與孫思邈遊處，為《病梨樹賦》。

會名醫孫思邈上表稱疾還山，高宗以名醫在側為便，故賜思邈良馬大宅以居之。當時名士宋令文、孟詵等皆與思邈遊處，盧照鄰預耶，為《病梨樹賦》。

《舊唐書·孫思邈傳》：思邈嘗從幸九成宮，照鄰留在其宅。時庭前有病梨樹，照鄰為之賦，其序曰："癸酉之歲，余臥疾長安光德坊之官舍。父老云：'是鄱陽公主邑司。昔公主未嫁而卒，故其邑廢。'時有孫思邈處士居之。邈道合古今，學殫數術。高談正一，則古之蒙莊子；深入不二，則今之維摩詰。其推步甲乙，度量乾坤，則洛下閎、安期先生之儔也。"

禪宗五祖高僧弘忍是年卒。

《舊唐書·僧弘忍傳》：弘忍姓周氏，黃梅人。初，弘忍與道信並住東山寺，故謂其法為東山法門。神秀既師事弘忍，弘忍深器異之，謂曰："吾度人多矣，至於懸解圓照，無先汝者。"

弘忍於咸亨五年卒，神秀乃往荊州，居於當陽山。

僧慧能是年南下，住韶州廣果寺。

《舊唐書·僧神秀傳附慧能傳》：初，神秀同學僧慧能者，新州人也。與神秀行業相埒。弘忍卒后，慧能住韶州廣果寺。韶州山中，舊多虎豹，一朝盡去，遠近驚歎，咸歸伏焉。神秀嘗奏則天，請追慧能赴都，慧能固辭。神秀又自作書重邀之，慧能謂使者曰："吾形貌短陋，北土見之，恐不敬吾法。又先師以吾南中有緣，亦不可違也。"竟不度嶺而死。天下乃散傳其道，謂神秀為北宗，慧能為南宗。

唐高宗上元二年，乙亥，公元六七五年。上頭重不能視政，議使天后攝國。天后以太子弘奏事忤旨，由是失愛於后。是年四月己亥，太子薨於合璧宮，時人以為天后鴆之也。遂以雍王賢為太子。葉法善是年六十歲，仍為內道場景龍觀道士，或遊江湖，或居廟堂，然朝覲無虧缺。王勃是年二十八歲。在虢州參軍任上。犯罪系獄當誅，以雍王賢立為皇太子，大赦出之，免死除名。勃出獄后往交趾省父，渡海溺水亡。

《資治通鑒》卷202：三月丁巳，天后祀先蠶於邙山之陽，百官及朝集使皆陪位。上苦風眩甚，議使天后攝知國政。**【81】**天后多引文學之士著作郎元萬頃、左

【81】《舊唐書·高宗本紀》：時帝風疹不能聽朝，政事皆決於天后。自誅上官儀后，上每視朝，天后垂簾於御座后，政事大小皆預聞之，內外稱為"二聖"。帝欲下詔令天后攝國政，中書侍郎郝處俊諫止之。

史劉祎之等，使之撰《列女傳》《臣軌》《百僚新戒》《樂書》，幾千余卷。朝廷奏議及百司表疏，時密令參決，以分宰相之權，時人謂之北門學士。

太子弘仁孝謙謹，上甚愛之；禮接士大夫，中外屬心。天后方逞其志，太子奏請，數近旨，由是失愛於天后。義陽、宣城二公主，蕭淑妃之女也，坐母得罪，幽於掖庭，年逾三十不嫁。太子見之驚惻，遽奏請出降，上許之。天后怒，即日以公主配當上翊衛權毅、王遂古。己亥，太子薨於合璧宮，時人以為天后鴆之也。六月戊寅，立雍王賢為皇太子。

葉法善是年六十歲，仍為內道場道士，或遊江湖，或居廟堂，然朝覲無虧缺。

考如前述。

王勃是年二十八歲，在虢州參軍任上。先是，勃恃才傲物，為同僚所嫉。官奴曹達犯罪，勃匿之，懼事發而殺之。事覺當誅，六月以雍王賢立為皇太子，大赦出之，免死除名。父福畤時為雍州司功參軍，坐勃故已左遷交趾令。勃出獄后往交趾省父，渡海溺水亡。

《舊唐書·王勃傳》：勃恃才傲物，為同僚所嫉。有官奴曹達犯罪，勃匿之，又懼事泄，乃殺達以塞口。事發，當誅，會赦除名。時勃父福畤為雍州司戶參軍，坐勃左遷交趾令。上元二年，勃往交趾省父，道出江中，為《采蓮賦》以見意，其辭甚美。渡南海，墮水而卒，時年二十八。

《新唐書·王勃傳》：勃既廢，客劍南。嘗登葛憒山曠望，慨然思諸葛亮之功，賦詩見情。聞虢州多藥草，求補參軍。倚才陵藉，為僚吏共嫉。官奴曹達抵罪，匿勃所，懼事泄，輒殺之。事覺當誅，會赦除名。父福畤，繇雍州司功參軍坐勃故左遷交趾令。勃往省，渡海溺水，痟而卒，年二十九。

唐高宗儀鳳元年，丙子，公元六七六年。徙封冀王輪為相王。天后諷上封中嶽，詔令冬有事於嵩山，又以吐蕃犯境，詔罷封。大理丞狄仁傑以直諫擢為侍御使。葉法善是年六十一歲，仍為內道場景龍觀道士，或遊江湖，或居廟堂，然朝覲無虧缺。

《資治通鑒》卷202：春正月壬戌，徙冀王輪為相王。九月壬申，大理奏左威衛大將軍權善才、右監門中郎將範懷義誤斫昭陵柏，罪當除名；上特命殺之。大理丞太原狄仁傑奏："二人罪不當死。"上曰："善才等斫陵柏，我不殺則為不孝。"仁傑固執不已，上作色令出，仁傑曰："犯顏直諫，自古以為難。臣以為

遇桀紂則難，遇堯舜則易。今法不至死而陛下特殺之，是法不信於人也，人何所措其手足！且張釋之有言：'設有盜長陵一抔土，陛下何以處之？'今以一株柏殺二將軍，后代謂陛下為何如矣？臣不敢奉詔者，恐陷陛下於不道，且羞見釋之於地下故也。"上怒稍解，二人除名，流嶺南。后數日，擢仁傑為侍御史。

葉法善是年六十一歲，仍為內道場景龍觀道士，或遊江湖，或居廟堂，然朝觀無虧缺。

考如前述。

初唐文壇四傑之楊炯是時當在校書郎任上。

《舊唐書·楊炯傳》：楊炯，華陰人。炯幼聰敏博學，善屬文。神童舉，拜校書郎，為崇文館學士。儀鳳中，太常博士蘇知幾上表，以公卿已下冕服，請別立節文。敕下有司詳議，炯獻議。

《新唐書·楊炯傳》：炯，華陰人。舉神童，授校書郎。永隆二年，皇太子已釋奠，表豪俊充崇文館學士，中書侍郎薛元超薦炯及鄭祖玄、鄧玄挺、崔融等，詔可。遷詹事司直。俄坐從父弟神讓與徐敬業亂，出為梓州司法參軍。遷盈川令，張說以箴贈行，戒其苛。至官，果以嚴酷稱，吏稍忤意，搒殺之，不為人所多。卒官下，中宗時贈著作郎。

唐高宗儀鳳二年，丁丑，公元六七七年。正月京師地震。徙封周王顯為英王，改名哲。詔三品以上在京文武官員每年各舉文武才能堪任將牧者一人。葉法善是年六十二歲，仍為內道場景龍觀道士，或遊江湖，或居廟堂，然朝觀無虧缺。

《舊唐書·高宗本紀》：春正月乙亥，上躬籍田於東郊。庚辰，京師地震。夏四月，以河南、河北旱，遣使賑給。八月，徙封周王顯為英王，改名哲[82]。十二月乙卯，敕關內、河東諸州召募勇敢，以討吐蕃。詔京文武職事官三品已上，每年各舉文武才能堪任將帥牧守者一人。

葉法善是年六十二歲，仍為內道場景龍觀道士，或遊江湖，或居廟堂，然朝觀無虧缺。

【82】《新唐書·高宗本紀》與《資治通鑒》均謂徙封事在冬十月。

【考辨】李丹先生之《葉法善生平簡譜》謂是年三月三日葉法善以大洞三景法師身份奉敕於泰山祭嶽，修齋河圖大醮，敕敬造壁畫元始天尊、萬福天尊兩輔，功德既畢，勒石紀年。然考諸《新唐書》《舊唐書》《資治通鑒》《全唐文》《唐大詔令集》等文獻史籍，均無李丹先生是譜中提及的相關詔令記載。不明李丹先生所云何據，所據或爲方志所記亦或乃泰山存世石刻或其出土文物摹本未明。估存其說以備考。

楊炯是年爲當在校書郎任上。太常博士蘇知幾上表，以公卿以下冕服，請別立節文。敕下有司詳議，炯獻議。

《舊唐書·楊炯傳》：楊炯，華陰人。炯幼聰敏博學，善屬文。神童舉，拜校書郎，爲崇文館學士。儀鳳中，太常博士蘇知幾上表，以公卿以下冕服，請別立節文。敕下有司詳議，炯獻議。由是竟寢知幾所請。

唐高宗儀鳳三年，戊寅，公元六七八年。太學生魏元忠上封事言禦吐蕃之策，上善其言，令值中書省。葉法善是年六十三歲，仍爲內道場景龍觀道士，或遊江湖，或居廟堂，然朝覲無虧缺。然葉法善與朝士偃師人明崇儼善符咒幻術爲高宗天后所重，嘗於宮中奉旨與葉法善鬥法，未知其年，因姑係之。

《資治通鑒》卷202：上以吐蕃爲憂，悉召侍臣謀之，或欲和親以息民；或欲嚴設守備，俟公私富實而討之；或欲亟發兵擊之。議竟不決，賜食而遣之。

太學生宋城魏元忠上封事，言禦吐蕃之策，以爲：“理國之要，在文與武。今言文者則以辭華爲首而不及經綸，言武者則以騎射爲先而不知方略，是皆何益於理亂哉！故陸機著《辨亡》之論，無救河橋之敗，養由基射穿七劄，不濟鄢陵之師，此已然之明效也。古語有之：‘人無常俗，政有理亂；兵無強弱，將有巧拙。’故選將當以智略爲本，勇力爲末。今朝廷用人，類取將門子弟及死事之家，彼皆庸人，豈足當閫外之任！李左車、陳湯、呂蒙、孟觀，皆出貧賤而立殊功，未聞其家代爲將也。夫賞罰者，軍國之切務，苟有功不賞，有罪不誅，雖堯、舜不能以致理。議者皆云：‘近日征伐，虛有賞格而無事實。’蓋由小才之吏不知大體，徒惜勳庸，恐虛倉庫。不知士不用命，所損幾何！黔首雖微，不可欺罔。豈得懸不信之令，設虛賞之科，而望其立功乎！自蘇定方征遼東，李勣破平壤，賞絕不行，勳仍淹滯，不聞斬一臺郎，戮一令史，以謝勳人。大非川之敗，薛仁貴、郭待封等不即重誅，向使早誅仁貴等，則自余諸將豈敢失利於后哉！臣恐葉蕃之平，非旦夕可冀也。又，出師之要，全資馬力。臣請開畜馬之禁，使百姓皆得畜馬；若官軍大舉，委州縣長吏以官錢增價市之，則皆為官有。彼胡虜恃馬力以為強，若聽人間市而畜之，乃是損彼之強為中國之利也。"先是禁百姓畜馬，故元忠言之。上善其言，召見，令直中書省，仗內供奉。

葉法善是年六十三歲，仍為內道場景龍觀道士，或遊江湖，或居廟堂，然朝覲無齡缺。葉法善嘗於宮中與天后武則天所重之道士明崇儼鬥法，其年無可考。然明崇儼於次年五月為盜殺，因姑係於是年。

《唐葉真人傳》：當時有供奉明正諫，每使冥官上天曹檢事，須臾之間，來報善惡，未嘗失期。帝令師密切厭之，及問正諫都無所知。數日云："使不來。"上令尊師解之，正諫曰："云被葉尊師遣向天門把捉，不得通上。"又令密鑿地為坎，使樂人入坎鼓樂。謂師曰："地中無故有音聲，請師厭禳。"真人書符四道，釘之於地，音聲便斷。仍使日責地中樂人，何不作樂。報云："見四方有蛇，各如柱大，張口向人欲噬，驚懼，故不敢動，時值旱歉，命真人向河祈雨。"曰："各寶雨衣及徽蓋，相隨人未之信。"禱祈繞畢，雨送霧霜，人馬衣冠盡濕。一日，請帝暫離寢避災，初不信，真人力言之，方移。畢，風雨雷電霹靂，當帝寢處，直下震地，甲帳為之碎，帝驚悸不已。其餘應驗，事多不載。

【考辨】《唐葉真人傳》是文所記葉法善與明正諫鬥法之事或實有之。《資治通鑒》及新舊《唐書》等史傳均有記載。明正諫乃偃師人明崇儼，官至正諫大夫，以擅長符咒幻術為高宗天后所重。然以告太子賢不法不德事為太子所惡，故當時武則天以為明崇儼次年五月被盜殺乃太子所主使。故有其後太子賢被廢殺之慘事【83】。

又，是傳所載葉法善作法祈雨之事，因史傳所載諸州旱災之年份較多，難以確定其在何年，姑錄其文以待明識博學者考係之。

【83】《舊唐書·章懷太子賢傳》：時正議大夫明崇儼以符劾之術為則天所任使，密稱"英王狀類太宗"。又宮人潛議云"賢是后姊韓國夫人所生"，賢亦自疑懼。則天又嘗為賢撰《少陽政範》及《孝子傳》以賜之，仍數作書以責讓賢，賢逾不自安。調露二年，崇儼為盜所殺，則天疑賢所為。俄使人發其陰謀事，詔令中書侍郎薛元超、黃門侍郎裴炎、御史大夫高智周與法官推鞫之，於東宮馬坊搜得皂甲數百領，乃廢賢為庶人，幽於別所。永淳二年，遷於巴州。文明元年，則天臨朝，令左金吾將軍丘神勣往巴州檢校賢宅，以備外虞。神勣遂閉於別室，逼令自殺，年三十二。則天舉哀於顯福門，貶神勣為疊州刺史，追封賢為雍王。神龍初，追贈司徒，仍遣使迎其喪柩，陪葬於乾陵。

唐高宗調露元年，己卯，公元六七九年。明崇儼以符咒幻術為上及天后所重，五月壬午，明崇儼為盜所殺。詔以太子賢監國，以處事明審，時人稱之。十一月甲寅，上臨軒試應嶽牧舉人。葉法善是年六十四歲，仍為內道場景龍觀道士，或遊江湖，或居廟堂，然朝觀無虧缺。盧照鄰作《五悲文》自哀。病既久而不愈，於是年自沉穎水。

《資治通鑒》卷202：春正月己酉，上幸東都。司農卿韋弘機做宿羽、高山、上陽等宮，制度壯麗。上陽宮臨洛水，為長廊亙一裏。宮成，上移御之。侍御史狄仁傑劾奏弘機導上為奢泰，弘機坐免官。左司郎中王本立恃恩用事，朝廷畏之。仁傑奏其奸，請付法回，上特原之，仁傑曰："國家雖乏英才，豈少本立輩！陛下何惜罪人，以虧王法。必欲曲赦本立，請棄臣於無人之境，為忠貞將來之誡！"本立竟得罪，由是朝廷肅然。

偃師人明崇儼，以符咒幻術為上及天后重，官至正諫大夫。五月壬午，崇儼為盜所殺，求賊竟不得。贈崇儼侍中。丙戌，命太子監國。太子處事明審，時人稱之。戊戌做紫桂宮於澠池之西。秋七月己卯朔，詔以今年冬至有事於嵩山。冬十月庚申，詔以突厥背誕，罷封嵩山。

葉法善是年六十四歲，仍為內道場景龍觀道士，或遊江湖，或居廟堂，然朝觀無虧缺。葉法善或奉詔從幸嵩嶽。

《太平廣記·葉法善傳》：乃欲告成中嶽，扈從者多疾，凡噀咒，病皆愈[84]。二京受道籙者，文武中外男女弟子千余人。

《唐葉真人傳》："真人常懷直諫匡保社稷之心。高宗欲登封告成，駕幸中嶽。忽疫疾流行，扈從者多病死。奉勸命令治，真人一誦吮訣，疫癘消珍，垂死者並皆得甦。特旨授殿中監。真人復辭不受。

【考辨】次年二月高宗武后幸中嶽，欲告成。葉法善當於是年即廣召徒眾以從之。以救治扈從疾功欲授殿中監，法善辭不受。其事或在是冬或來春封禪嵩嶽之際。因姑係之。然所謂"凡噀咒，病皆愈"之說難以令人置信。或葉法善以符水令患者飲之，於符水之中暗置療病之藥亦未可知。《黃帝內經·移精變氣論》曰："余聞古之治病，惟其移精變氣，可祝由而已。今世治病，毒藥治其內，針

【84】《舊唐書·高宗本紀》："（永淳元年）四月甲子朔，日有蝕之。丙寅，幸東都。皇太子京師留守，命劉仁軌、裴炎、薛元超等輔之。上以穀貴，減扈從兵，士庶從者多殍踣於路。"葉法善施法術救治士庶於道當在是次駕幸東都而非前年之封禪嵩嶽途中。

石治其外，或愈或不愈，何也？"岐伯對曰："往時人居禽獸之間，動作以避寒，陰居以避暑，內無眷顧之累，外無伸官之形，此恬淡之世，邪不能深入也。故毒藥不能治其內，針石不能治其外，故可移精祝由而已。當今之世不然，憂患緣其內，苦形傷其外，又失四時之從，逆寒暑之宜，賊風數至，虛邪朝夕，內至五藏骨髓，外傷空竅肌膚；所以小病必甚，大病必死，故祝由不能已也。"此間既云人之生病，單憑祝由已不可為治，所以"小病必甚，大病必死"。而此間謂葉法善以符咒之術為從遊眾人療疾且不藥而愈，實在可疑。

盧照鄰是年作《五悲文》自哀。病既久而不愈，或於是年前后自沉潁水。
《舊唐書·盧照鄰傳》：（照鄰）因染風疾去官，處太白山中，以服餌為事。后疾轉篤，徙居陽翟之具茨山，著《釋疾文》《五悲》等誦。頗有騷人之風，甚為文士所重。照鄰既沉痼攣廢，不堪其苦，嘗與親屬執別，遂自投潁水而死，時年四十【85】。文集二十卷。

《新唐書·盧照鄰傳》：調新都尉，病去官，居太白山，得方士玄明膏餌之，會父喪，號嘔，丹輒出，由是疾益甚。客東龍門山，布衣藜羹，裴瑾之、韋方質、範履冰等時時供衣藥。疾甚，足攣，一手又廢，乃去具茨山下，買園數十畝，疏潁水周舍，復豫為墓，偃臥其中。照鄰自以當高宗時尚吏，己獨儒；武后尚法，己獨黃老；后封嵩山，屢聘賢士，己已廢。著《五悲文》以自明。病既久，與親屬訣，自沉潁水。

【考辨】詔封中嶽嵩山事至是年已議之多年，每以邊境不寧或宇內災變詔停。而每次詔備，應有求賢之令下。高宗武后嘗於是年十一月甲寅殿試諸京官所舉哲賢之事，而幸嵩嶽次年成行，故盧照鄰受此刺激，作《五悲文》而自哀之。其自沉之事或在此后不久。因姑係之。

唐高宗永隆元年，庚辰，公元六八零年。霍王元軌率文武百僚，請出一月俸料助軍，以討突厥。二月戊午車駕幸嵩嶽。太子賢好聲色，與戶奴趙道生等狎昵，因故得罪，天后令鞫之，得太子謀反證據，幽於別所。從坐甚眾，黨與皆被誅。以英王哲為太子。葉法善是年六十五歲，仍為內道場景龍觀道士，或遊江湖，或居廟堂，然朝觀無虧缺。葉法善是年春二月嘗從封嵩嶽。是年文成公主薨於吐蕃。

【85】盧照鄰是生卒年，是處雖明載，然學者多不之信，或照鄰所著而推之，然其說既多，亦非可信，故不載。此處乃依舊說，不為之辯。

《資治通鑒》卷202：春二月癸丑，上幸汝州之溫湯；戊午，幸嵩山處士三原田遊岩所居；己未，幸道士宗城潘師正所居，上及天后、太子皆拜之。

太子賢聞宮中竊議，以賢為天后姊韓國夫人所生，內自疑懼。明崇儼以厭勝之術為天后所信，嘗密稱"太子不堪承繼，英王貌類太宗"。又言"相王相最貴"。天后嘗命北門學士撰《少陽正範》及《孝子傳》以賜太子，又數作書誚讓之，太子愈不自安。

及崇儼死，賊不得，天后疑太子所為。太子頗好聲色，與戶奴趙道生等狎昵，多賜之金帛。司議郎韋承慶上書諫，不聽。天后使人告其事。詔薛元超、裴炎與御史大夫高智周等雜鞫之，於東宮馬坊搜得皁甲數百領，以為反具；道生又款稱太子使道生殺崇儼。上素愛太子，遲回欲宥之，天后曰："為人子懷逆謀，天地所不容；大義滅親，何可赦也！"甲子，廢太子賢為庶人，遣右監門中郎將令狐智通等送賢詣京師，幽於別所，黨羽皆伏誅，乃焚其甲於天津橋南以示士民。八月乙丑，立左衛大將軍、雍州牧英王哲為皇太子，改元，赦天下。冬十月丙午，文成公主薨於吐蕃。

葉法善是年六十五歲，仍為內道場景龍觀道士，或遊江湖，或居廟堂，然朝觀無虧缺。葉法善是年春二月當從封嵩嶽。

考如前述。

道士潘師正是年九十七歲。高宗天后攜太子賢有事嵩嶽，特涖臨潘師正精舍以致敬意。

《舊唐書·潘師正傳》：師正以永淳元年卒，時年九十八。高宗及天后追思不已，贈太中大夫，賜諡曰體玄先生。

隱士田遊岩於嵩嶽拜天子，詔左右扶止之。授崇文館學士，進授朝散大夫，拜太子洗馬。后以交接裴炎，特放歸山。

《舊唐書·田遊岩傳》：田遊岩，京兆三原人也。初，補太學生，后罷歸，遊於太白山。每遇林泉會意，輒留連不能去。其母及妻子並有方外之志，與遊岩同遊山水二十余年。后入箕山，就許由廟東築室而居，自稱"許由東鄰"。調露中，高宗幸嵩山，遣中書侍郎薛元超就問其母。遊岩山衣田冠出拜，帝令左右扶止之。謂曰："先生養道山中，比得佳否？"遊岩曰："臣泉石膏肓，煙霞痼疾，既逢聖代，幸得逍遙。"帝曰："朕今得卿，何異漢獲四皓乎？"薛元超曰："漢高祖欲廢嫡立庶，黃、綺方來，豈如陛下崇重隱淪，親問岩穴！"帝甚

歡，因將遊巖就行宮，並家口給傳乘赴都，授崇文館學士，令與太子少傅劉仁軌談論。帝后將營奉天宮於嵩山，遊巖舊宅，先居宮側。特令不毀，仍親書題額懸其門，曰"隱士田遊巖宅"。文明中，進授朝散大夫，拜太子洗馬，垂拱初，坐與裴炎交結，特放還山。

唐高宗開耀元年，辛巳，公元六八一年。太平公主是年秋七月適薛紹。隱士田遊巖徵為太子洗馬，在東宮無所規益。右衛副率蔣儼以書責之，竟無以為答。十一月癸卯，徙故太子賢於巴州。葉法善是年六十六歲，仍為內道場景龍觀道士，或遊江湖，或居廟堂，然朝覲無虧缺。

《資治通鑒》卷202：春正月庚辰，以初立太子，敕宴百官及命婦於宣政殿，引九部伎及散樂自宣政門入。初，太原王妃之薨也，天后請以太平公主為女官以追福。及吐蕃求和親，請尚太平公主，上乃為之立太平觀，以公主為觀主以拒之。至是，始選光祿卿汾陰薛曜之子紹尚焉。紹母，太宗女城陽公主也。

上徵田遊巖為太子洗馬，在東宮無所規益。右衛副率蔣儼以書責之曰："足下負巢、由之俊節，傲唐、虞之聖主，聲出區宇，名流海內。主上屈萬乘之重，申三顧之榮，遇子以商山之客，待子以不臣之禮，將以輔導儲貳，漸染芝蘭耳。皇太子春秋鼎盛，聖道未周，僕以不才，猶參庭靜，足下受調護之寄，是可言之秋，唯唯而無一談，悠悠以卒年歲。向使不餐周粟，僕何敢言！祿及親矣，以何酬塞？想為不達，謹書起子。"遊巖竟不能答。十一月癸卯，徙故太子賢於巴州。

葉法善是年六十六歲，仍為內道場景龍觀道士，或遊江湖，或居廟堂，然朝覲無虧缺。

考如前述。

駱賓王是年當在長安主簿任上。坐贓，左遷臨海丞。

《舊唐書·駱賓王傳》：駱賓王，婺州義烏人。少善屬文，尤妙於五言詩，嘗作《帝京篇》，當時以為絕唱。然落魄無行，好與博徒遊。高宗末，為長安主簿。坐贓，左遷臨海丞，怏怏失志，棄官而去。

楊炯是年二月初為崇文館學士。^{【86】}

《新唐書·楊炯傳》：炯，華陰人。舉神童，授校書郎。永隆二年，皇太子已釋奠，表豪俊充崇文館學士，中書侍郎薛元超薦炯及鄭祖玄、鄧玄挺、崔融等，詔可。

唐高宗永淳元年，壬午，公元六八二年。立皇孫重照為皇太孫。葉法善是年六十七歲，仍為內道場景龍觀道士，或遊江湖，或居廟堂，然朝覲無虧缺。孫思邈卒。

《資治通鑑》卷203：春二月，作萬泉宮於藍田。戊午，立皇孫重照為皇太孫。上欲令開府置僚屬，問吏部郎中王方慶，對曰："晉及齊皆嘗立太孫，其太子官屬即為太孫官屬，未聞太子在東宮而更立太孫者也。"上曰："自我作古，可乎？"對曰："三王不相襲禮，何為不可！"乃奏置師傅等官。既而上疑其非法，竟不補授。

上以關中饑饉，米斗三百，將幸東都；丙寅，發京師，留太子監國，使劉仁軌、裴炎、薛元超輔之。時出幸倉猝，扈從之士有餓死於中道者。上慮道路多草竊，使監察御史魏元忠檢校車駕前后。元忠受詔，即閱視赤縣獄，得盜一人，神采語言異於眾，命釋桎梏，襲冠帶，乘驛以從，與之共食宿，托以詰盜，其人笑許諾。比及東都，士馬萬數，不亡一錢。五月丙午，東都霖雨。乙卯，洛水溢，溺民居千余家。關中先水后旱蝗，繼以疾疫，米斗四百，兩京間死者相枕於路，人相食。^{【87】}

上既封泰山，欲遍封五嶽，秋七月，作奉天宮於嵩山南。監察御史裏行李善感諫曰："陛下封泰山，告太平，致群瑞，與三皇、五帝比隆矣。數年已來，菽粟不稔，餓殍相望，四夷交侵，兵車歲駕；陛下宜恭默思道以禳災譴，乃更廣營宮室，勞役不休，天下莫不失望。臣忝備國家耳目，竊以此為憂！"上雖不納，亦優容之。自褚遂良、韓瑗之死，中外以言為諱，無敢逆意直諫，幾二十年；及善感始諫，天下皆喜，謂之"鳳鳴朝陽"。

上遣宦者緣江徙異竹，欲植苑中。宦者科舟載竹，所在縱暴；過荊州，荊州長史蘇良嗣囚之，上疏切諫，以為："致遠方異物，煩擾道路，恐非聖人愛人之

---

^{【86】}本傳既云永隆二年，是年秋八月乙丑方詔改元開耀，而皇太子釋奠事亦在是年二月。故係之。

^{【87】}《舊唐書·高宗本紀》：自（五月）丙午連日澍雨，洛水溢，壞天津及中橋、立德、弘教、景行諸坊，溺居民千余家。六月，關中初雨，麥苗澇損，后旱，京兆、岐、隴螽蝗食苗並盡，加以民多疫癘，死者枕藉於路，詔所在官司埋瘞。京師人相食，寇盜縱橫。是秋，山東大水，民饑。冬十月甲子，京師地震。

意。又，小人竊弄威福，虧損皇明。"上謂天后曰："吾約束不嚴，果為良嗣所怪。"手詔慰諭良嗣，令棄竹江中。

太子留守京師，頗事遊畋，薛元超上疏規諫；上聞之，遣使者慰勞元超，仍召赴東都。

葉法善是年六十七歲。仍為內道場景龍觀道士，或遊江湖，或居廟堂，然朝觀無虧缺。

考如前述。

孫思邈是年卒。

《舊唐書·孫思邈傳》：永淳元年卒。遺令薄葬，不藏冥器，祭祀無牲牢。經月餘，顏貌不改，舉屍就木，猶若空衣，時人異之。自注《老子》《莊子》，撰《千金方》三十卷，行於代。又撰《福祿論》三卷，《攝生真錄》及《枕中素書》《會三教論》各一卷。

裴行儉是年六十四歲，夏四月辛未[88]復為金牙道大總管以伐突厥，未行，薨。

《新唐書·裴行儉傳》：永淳元年，十姓突厥車薄叛，復為金牙道大總管，未行卒，年六十四，贈幽州都督，諡曰獻。詔皇太子遣官護視家事，子孫能自立乃停。

《資治通鑒》卷203：行儉有知人之鑒，初為吏部侍郎，前進士王勔、鹹陽尉樂城蘇味道皆未知名。行儉一見，謂之曰："二君后當相次常銓衡，僕有弱息，願以為托。"是時勔弟勃與華陰楊炯、範陽盧照鄰、義烏駱賓王皆以文章有盛名，司列少常伯李敬玄尤重之，以為必顯達。行儉曰："士之致遠者，當先器識而后才藝。勃等雖有文華，而浮躁淺露，豈享爵祿之器邪！楊子稍沈靜，應至令長；余得令終幸矣。"既而勃渡海墮水，炯終於盈川令，照鄰惡疾不愈，赴水死，賓王反誅，勔、味道皆典選，如行儉言。

唐高宗弘道元年，癸未，公元六八三年。十二月丁巳，上崩於貞觀殿，時年五十六。遺詔太子樞前即位。軍國大事有不決者，兼取天后進止。甲子，中宗即位，尊天后為皇太后，政事鹹取決於天后。葉法善是年六十八

【88】《新唐書·高宗本紀》：永淳元年四月辛未，裴行儉為金牙道行軍大總管，率三總管兵以伐突厥。

歲，仍為內道場景龍觀道士，或遊江湖，或居廟堂，然朝覲無虧缺。葉法
善是年奉旨封南嶽，辟地四十裏充宮觀長生之地。

《舊唐書·高宗本紀》：上疾甚，宰臣已下並不得謁見。十二月己酉，詔改
永淳二年為弘道元年。將宣赦書，上欲親御則天門樓，氣逆不能上馬，遂召百
姓於殿前宣之。禮畢，上問侍臣曰："民庶喜否？"曰："百姓蒙赦，無不感
悅。"上曰："蒼生雖喜，我命危篤。天地神祇若延吾一兩月之命，得還長安，
死亦無恨。"是夕，帝崩於真觀殿，時年五十六。宣遺詔：七日而殯，皇太子即
位於樞前。園陵制度，務從節儉。軍國大事有不決者，取天后處分。

葉法善是年六十八歲，仍為內道場景龍觀道士，或遊江湖，或居廟堂，
然朝覲無虧缺。葉法善是年奉旨封南嶽，辟地四十裏充宮觀長生之地。【89】

《舊唐書·高宗本紀》："二年春正月甲午朔，幸奉天宮，遣使祭嵩嶽、少
室、箕山、具茨等山，西王母、啟母、巢父、許由等祠。……時天后自封岱之
後，勸上封中嶽。每下詔草儀注，即歲饑、邊事警急而止。至是復行封中嶽禮，
上疾而止。"詔令使祭諸名山，然是處獨不云遣使祭南嶽。又，《道藏》第六冊
862頁載葉法善奉旨祭祀南嶽等名山。

【考辨】麗水學院李丹先生《葉法善生平簡譜》云：葉法善是年奉旨封南嶽
衡山，其云"辟方四十裏，充宮觀長生之地，禁樵采，斷畋獵，罷獻"。李氏所
云葉法善其年奉旨封南嶽衡山之事確有之，惜其所引文字不明出處。

唐中宗嗣聖/睿宗文明/光宅元年，甲申，公元六八四年。二月戊午，太后
令廢中宗為廬陵王。己未，立豫王旦為皇帝，使居別殿，不預政事。遣使
之巴州逼庶人賢自殺。遷廬陵王至房州，尋又遷於均州故濮王宅。李敬
業、魏思溫、唐之奇、駱賓王等以奉故太子賢為號反於揚州，以匡復廬陵
王為辭。葉法善是年六十九歲，仍為內道場景龍觀道士，或於是年始多遊
江湖。駱賓王是年以謀反被殺。

《資治通鑒》卷203：春正月甲申朔，改元嗣聖，赦天下。中宗欲以韋玄貞為
侍中，又欲授乳母之子五品官；裴炎固爭，中宗怒曰："我以天下與韋玄貞，何
不可！而惜侍中邪！"炎懼，白太后，密謀廢立。二月戊午，宣太后令，廢中宗
為廬陵王，扶下殿。中宗曰："我何罪？"太后曰："汝欲以天下與韋玄貞，何
得無罪！"乃幽於別所。己未，立雍州牧豫王旦為皇帝。政事決於太后，居睿宗
於別殿，不得有所預。壬子，赦天下，改元文明。辛酉，太后命左金吾將軍丘神

勖詣巴州，檢校故太子賢宅，以備外虞，其實諷使殺之。甲子，太后御武成殿，皇帝率王公以下上尊號。丁卯，太后臨軒。丘神勣至巴州，幽故太子賢於別室，逼令自殺。太后乃歸罪於神勣，戊戌，舉哀於顯福門，貶神勣為疊州刺史。己亥，追封賢為雍王。神勣尋復入為左金吾將軍。癸酉，遷廬陵王於房州；丁丑，又遷於均州故濮王宅。

九月甲寅，赦天下，改元。旗幟皆從金色。八品以下，舊服青者更服碧。改東都為神都，宮名太初。時諸武用事，唐宗室人人自危，眾心憤惋。會眉州刺史英公李敬業及弟盩厔令敬猷、給事中唐之奇、長安主簿駱賓王、詹事司直杜求仁皆坐事，敬業貶柳州司馬，敬猷免官，之奇貶括蒼令，賓王貶臨海丞，求仁貶黟令。求仁，正倫之侄也。盩厔尉魏思溫嘗為御史，復被黜。皆會於揚州，各自以失職怨望，乃謀作亂，以匡復廬陵王為辭。

魏思溫為之謀主。居數日，敬業乘傳而至，矯稱揚州司馬來之官，云：「奉密旨，以高州酋長馮子猷謀反，發兵討之。」於是開府庫，令士曹參軍李宗臣就錢坊，驅囚徒、工匠數百，授以甲。遂起一州之兵，復稱嗣聖元年。敬業自稱匡復府上將，領揚州大都督。以之奇、求仁為左、右長史，思溫為軍師，賓王為記室，旬日間得勝兵十余萬。移檄州縣，略曰：「偽臨朝武氏者，人非溫順，地實寒微。昔充太宗下陳，曾以更衣入侍，洎乎晚節，穢亂春宮。密隱先帝之私，陰圖后庭之嬖，踐元后於翬翟，陷吾君於聚麀。」又曰：「殺姊屠兄，弒君鴆母，人神之所同嫉，天地之所不容。」又曰：「包藏禍心，竊窺神器。君之愛子，幽之於別宮；賊之宗盟，委之以重任。」又曰：「一抔之土未乾，六尺之孤安在！」又曰：「試觀今日之域中，竟是誰家之天下！」太后見檄，問曰：「誰所為？」或對曰：「駱賓王。」太后曰：「宰相之過也。人有如此才，而使之流落不偶乎！」

十一月乙丑，敬業兵至海陵界，阻風，其將王那相斬敬業、敬猷及駱賓王首來降。【90】余黨唐之奇、魏思溫皆捕得，傳首神都，揚、潤、楚三州平。

【90】《新唐書·高宗則天順聖皇后武氏傳》：於是柳州司馬李敬業、括蒼令唐之奇、臨海丞駱賓王疾太后脅逐天子，不勝憤，乃募兵殺揚州大都督府長史陳敬之，據州欲迎廬陵王，眾至十萬。楚州司馬李崇福連和。盱眙人劉行舉嬰城不肯從，敬業攻之，不克。太后拜行舉遊擊將軍，擢其弟行實楚州刺史。敬業南度江取潤州，殺刺史李思文，曲阿令尹元貞拒戰死。太后詔左玉鈐衛大將軍李孝逸為揚州道行軍大總管，率兵三十萬討之，戰於高郵，前鋒左豹韜果毅成三朗為唐之奇所殺。又以左鷹揚衛大將軍黑齒常之為江南道行軍大總管。敬業興三月敗，傳首東都，三州平。

葉法善是年六十九歲，仍為內道場景龍觀道士，或於是年始多遊江湖。

《唐葉真人傳》：真人嘗至清溪，屬炎暑，與道士遊於溪渚。真人忽沈水中，七日不返，同遊道士驚懼，謂已葬蛟龍之腹。歸告其家，及徒眾道俗，盡皆傍溪覓之。七日后，忽見從舊遊處出。曰："汝等必懼耶，我暫共河伯遊蓬萊，值數仙人宴會，留頃刻間。"慮子憂之，故亟來，果然也。遂入天臺尋司馬練師，訪不死之福庭。去桐梧，入靈墟，謂司馬練師曰："蔭落落之長松，藉萋萋之纖草，今日是也。"又登華頂望海云："蓬萊去此不遠，與子當復應歸彼。"即司馬練師負琴，真人撫劍。而過石橋，臨青黤萬仞，蹈危履險，撫壁立之翠屏，又何懼焉。歲辛丑【91】，則天皇后征真人投龍采藥，祈禱名山大川。

《太平廣記·葉法善傳》：久之，辭歸松陽，經過之地，救人無數。蜀川張尉之妻，死而復生，復為夫婦。師識之曰："屍媚之疾也，不速除之，張死矣。"師投符而化為黑氣焉。相國姚崇已終之女，鐘念彌深，投符起之。錢塘江有巨蜃，時為人害，淪溺舟楫，行旅苦之。投符江中，使神人斬之。除害殄凶，玄功遐被，各具本傳。於四海六合，名山洞天，鹹所周歷。

【考辨】上述二傳所記葉法善之行蹤事跡雖不紀年，然其后玄宗朝是求舍宅為宮觀，亦可表明葉法善當有較長時間居於括州之松陽老家或在金華、天臺以及川蜀等處遊歷。其時武后秉持朝政，寵浮屠薛懷義【92】，懷義恃寵，見道士則極意毆之，仍髡其髮而去。故此時可能葉法善在京時間不會很多。其傳既云武則天辛丑歲征葉法善祈禱名山大川，當以葉法善其時已不在京城，又以其術高年尊而又嘗遍遊之故也。

駱賓王是年初在長安主簿任上，數上書言事得罪，坐贓出為臨海丞，怏怏不得志，棄官而去。李敬業起兵揚州，署駱賓王為記室。駱作《代徐敬業討武氏檄》，是年冬十一月以謀反被殺。

《新唐書·駱賓王傳》：武后時，數上疏言事。下除臨海丞，怏怏不得志，棄官去。徐敬業亂，署賓王為府屬，為敬業傳檄天下，斥武后罪。后讀，但嘻

【91】此辛丑歲系武則天大足元年，即公元701年。

【92】《新唐書·高宗則天順聖皇后武氏傳》：詔毀乾元殿為明堂，以浮屠薛懷義為使督作。懷義，鄠人，本馮氏，名小寶，偉岸淫毒，佯狂洛陽市，千金公主婢之。主上言："小寶可入侍。"后召與私，悅之。欲掩跡，得通籍出入，使祝髮為浮屠，拜白馬寺主。詔與太平公主婿薛紹通昭穆，紹父事之。給廄馬，中官為騶侍，雖承嗣、三思皆尊事惟謹。

笑，至"一抔之土未乾，六尺之孤安在"，艴然曰："誰為之？"或以賓王對，后曰："宰相安得失此人！"敬業敗，賓王亡命，不知所之。中宗昌，詔求其文，得數百篇。

唐則天皇后垂拱元年，乙酉，公元六八五年。 制內外九品以上及百姓，鹹令自舉。陳子昂上疏言任人、禍福之事。又內寵僧人馮小寶，更姓名為薛懷義，又令與太平公主駙馬薛氏合譜以為貴族。薛懷義恃寵驕奢，凌辱朝士、欺凌百姓，而武后每回護之。葉法善是年七十歲，仍為內道場景龍觀道士，或於是年始多遊江湖。

《資治通鑒》卷203：二月癸未，制："朝堂所置登聞鼓及肺石，不須防守，有撾鼓立石者，令御史受狀以聞。"三月辛未，頒《垂拱格》。

麟臺正字射洪陳子昂上疏，以為："朝廷遣使巡察四方，不可任非其人，及刺史、縣令，不可不擇。比年百姓疲於軍旅，不可不安。"其略曰："夫使不擇人，則黜陟不明，刑罰不中，朋黨者進，貞直者退；徒使百姓修飾道路，送往迎來，無所益也。諺曰：'欲知其人，觀其所使。'不可不慎也。"又曰："宰相，陛下之腹心；刺史、縣令，陛下之手足；未有無腹心手足而能獨理者也。"又曰："天下有危機，禍福因之而生，機靜則有福，機動則有祝，百姓是也。百姓安則樂其生，不安則輕其死，輕其死則無所不至，祅逆乘釁，天下亂矣！"又曰："隋煬帝不知天下有危機，而信貪佞之臣，冀收夷狄之利，卒以滅亡，其為殷鑒，豈不大哉！"

太后修故白馬寺，以僧懷義為寺主。懷義本姓馮，名小寶，賣藥洛陽市，因千金公主以進，得幸於太后[93]；太后欲令出入禁中，乃度為僧，名懷義。又以其家寒微，令與駙馬都尉薛紹合族，命紹以季父事之。出入乘御馬，宦者十余人侍從，士民遇之者皆奔避，有近之者，輒撾其首流血，委之而去，任其生死。見道士則極意毆之，仍髡其髮而去。朝貴皆匍匐禮謁，武承嗣、武三思皆執僮僕之禮以事之，為之執轡，懷義視之若無人。多聚無賴少年，度為僧，縱橫犯法，人莫敢言。右臺御史馮思勗屢以法繩之，懷義遇思勗於途，令從者毆之，幾死。

葉法善是年七十歲，仍為內道場景龍觀道士，或於是年始多遊江湖。

考如前述。

【93】據《新唐書·諸帝公主傳》，高祖十九女，其第十八女為安定公主，始封千金。下嫁溫挺。挺死，又嫁鄭敬玄。此處如是指千金公主，於高宗、武后則為姑母。即令為高祖末年諸內寵所育，其年齡亦當與武后相近。

楊炯坐從父弟神讓預徐敬業亂，出為梓州司法參軍。

《新唐書·楊炯傳》：遷詹事司直。俄坐從父弟神讓與徐敬業亂，出為梓州司法參軍。

《舊唐書·楊炯傳》：則天初，坐從祖弟神讓犯逆，左轉梓州司法參軍。

唐則天太后垂拱二年，丙戌，公元六八六年。太后自徐敬業反，疑天下人多圖己，又欲久專國事，且又內行不正，知宗室大臣怨望，欲大誅殺以威之，乃大開告密之門。陳子昂疏諫，不聽。狄仁傑以官聲徵為冬官尚書。葉法善是年七十一歲，仍為內道場景龍觀道士。武后晚年既佞佛，內寵僧懷義等，法善其時當以遊歷名山大川、授徒傳道為務。

《資治通鑒》卷203：春正月，太后下詔復政於皇帝。睿宗知太后非誠心，奉表固讓；太后復臨朝稱制。辛酉，赦天下。

太后自徐敬業之反，疑天下人多圖己，又自以久專國事，且內行不正，知宗室大臣怨望，心不服，欲大誅殺以威之。乃盛開告密之門，有告密者，臣下不得問，皆給驛馬，供五品食，使詣行在。雖農夫樵人，皆得召見，廩於客館，所言或稱旨，則不次除官，無實者不問。於是四方告密者蜂起，人皆重足屏息。

麟臺正字陳子昂上疏，以為：「執事者疾徐敬業首亂唱禍，將息奸源，究其黨羽，遂使陛下大開詔獄，重設嚴刑，有跡涉嫌疑，辭相逮引，莫不窮捕考按。至有奸人熒惑，乘險相誣，糾告疑似，冀圖爵賞，恐非伐罪吊人之意也。臣竊觀當今天下，百姓思安久矣，故揚州構逆，殆有五旬，而海內晏然，纖塵不動，陛下不務玄默以救疲人，而反任威刑以失其望，臣愚暗昧，竊有大惑。伏見諸方告密，囚累百千輩，乃其究竟，百無一實。陛下仁恕，又屈法容之，遂使奸惡之黨快意相仇，睚眥之嫌即稱有密，一人被訟，百人滿獄，使者推捕，冠蓋如市。或謂陛下愛一人而害百人，天下喁喁，莫知寧所。臣聞隋之末代，天下猶平，楊玄感作亂，不逾月而敗。天下之弊，未至土崩，蒸人之心，猶望樂業。煬帝不悟，遂使兵部尚書樊子蓋專行屠戮，大窮黨羽，海內豪士，無不雁狹；遂至殺人如麻，流血成澤，天下靡然，始思為亂，於是雄傑並起而隋族亡矣。夫大獄一起，不能無濫，冤人籲嗟，感傷和氣，群生癘疫，水旱隨之。人既失業，則禍亂之心怵然而生矣。古者明王重慎刑法，蓋懼此也。昔漢武帝時巫蠱獄起，使太子奔走，兵交宮闕，無辜被害者以千萬數，宗廟幾覆，賴武帝得壺關三老書，廓然感悟，夷江充三族，餘獄不論，天下以安爾。古人云：『前事之不忘，后事之師。』伏願陛下念之！」太后不聽。

蘇良嗣遇僧懷義於朝堂，懷義偃蹇不為禮；良嗣大怒，命左右捽曳，批其頰數十。懷義訴於太后，太后曰："阿師當於北門出入，南牙宰相所往來，勿犯也。"

狄仁傑為寧州刺史。右臺監察御史晉陵郭翰巡察隴右，所至多所按劾，入寧州境，耆老歌刺史德美者盈路；翰薦之於朝，征為冬官侍郎【94】。

葉法善是年七十一歲，仍為內道場景龍觀道士。武后晚年既佞佛，內寵僧懷義等，法善其時當以遊歷名山大川、授徒傳道為務。

【考辨】開元二十七年葉法善弟子丁政觀謝賜真人碑銘狀云："劫內肅明觀道士尹惜，宣劫內出御文，賜臣師主。臣跪奉天章，仰瞻宸翰。以惶以喜，載慶載悲。臣忝與門人，不勝感愧之至，謹錄陳謝以聞，謹狀。開元二十七年四月二十三日，弟子景龍觀道士丁政觀等進。"又，賀知章《玄虛志序》載玄宗令度葉法善弟子為東京聖真觀道士，與中使護喪，歸葬於宣陽觀之側。事雖難考，但葉法善弟子眾多卻屢見籍載。既然武后攝政，內寵僧人薛懷義，而僧懷義則見道士便毆之，剃髮使成和尚模樣，故其時葉法善雖不懼，但以其智識，必當遠遊江湖以避之。

唐則天太后垂拱三年，丁亥，公元六八七年。丞相蘇良嗣以毆太后面首故，奉旨留守西京。是歲天下大饑，以山東、關內尤甚。葉法善是年七十二歲，仍為內道場景龍觀道士。武后晚年既佞佛，內寵僧懷義等，法善其時當以遊歷名山大川、授徒傳道為務。

《資治通鑑》卷204：夏四月，命蘇良嗣留守西京。時尚方監裴匪躬檢校京苑，將鬻苑中蔬果以收其利。良嗣曰："昔公儀休相魯，猶能拔葵、去織婦，未聞萬乘之主鬻蔬果也。"乃止。

是歲，天下大饑，山東、關內尤甚。

葉法善是年七十二歲，仍為內道場景龍觀道士。武后晚年既佞佛，內寵僧懷義等，法善其時當以遊歷名山大川、授徒傳道為務。

考如前述。

【94】唐制：春官、夏官、秋官、冬官、中官正，各一人，正五品上；副正各一人，正六品上。掌司四時，各司其方之變異。又，諸部侍郎品級略有差異，除吏部侍郎為正四品上外，其余諸部侍郎多為正四品下。狄仁傑先為寧州刺史，而唐制中州、下州刺史均為正四品下，故狄仁傑並非得到升遷，屬於平級調職，所不同的是，狄仁傑從此成了一名京官。

唐則天太后垂拱四年，戊子，公元六八八年。是歲，太后圖為帝，乃計殺諸宗室。武后使內寵僧薛懷義督修明堂，成，高二百九十四尺，方三百尺，凡三層。武承嗣又使鑿石為文以獻，曰出洛水，武后大喜。葉法善是年七十三歲，仍為內道場景龍觀道士。武后晚年既佞佛，內寵僧懷義等，法善其時當以遊歷名山大川、授徒傳道為務。

《資治通鑑》卷204：太宗、高宗之世，屢欲立明堂，諸儒議其制度，不決而止。及太后稱制，獨與北門學士議其制，不問諸儒。諸儒以為明堂當在國陽丙巳之地，三裏之外，七裏之內。太后以為去宮太遠。二月庚午，毀乾元殿，於其地作明堂，以僧懷義為之使，凡役數萬人。

河南道巡撫大使、冬官侍郎狄仁傑以吳、楚多淫祠，奏焚其一千七百余所，獨留夏禹、吳太伯、季劄、伍員四祠。以文昌左丞狄仁傑為豫州刺史。時治越王貞黨羽，當坐者六七百家，籍沒者五千口，司刑趣使行刑。仁傑密奏：「彼皆註誤，臣欲顯奏，似為逆人申理；知而不言，恐乖陛下仁恤之旨。」太后特原之，皆流豐州。道過寧州，寧州父老迎勞之曰：「我狄使君活汝邪？」相攜哭於德政碑下，設齋三日而后行。

十二月辛亥，明堂成，高二百九十四尺，方三百尺。凡三層：下層法四時，各隨方色；中層法十二辰，上為圓蓋，九龍捧之；上層法二十四氣，亦為圓蓋，上施鐵鳳，高一丈，飾以黃金。中有巨木十圍，上下通貫，栭櫨橕藉以為本。下施鐵渠，為辟雍之象。號曰萬象神宮。

葉法善是年七十三歲，仍為內道場景龍觀道士。武后晚年既佞佛，內寵僧懷義等，法善其時當以遊歷名山大川、授徒傳道為務。

考如前述。

唐則天太后永昌元年，己丑，公元六八九年。太后問陳子昂為政之要，陳子昂疏諫：宜緩刑崇德，息兵革，省賦役，撫慰宗室，各使自安。然是年誅殺甚多，宗室誅殺殆盡。葉法善是年七十四歲，仍為內道場景龍觀道士。武后晚年既佞佛，內寵僧懷義等，法善其時當以遊歷名山大川、授徒傳道為務。

《資治通鑑》卷204：三月壬申，太后問正字陳子昂當今為政之要。子昂退，上疏，以為：「宜緩刑崇德，息兵革，省賦役，撫慰宗室，各使自安。」辭婉意切，其論甚美，幾三千言。

右衛胄曹參軍陳子昂上疏，以為："周頌成、康，漢稱文、景，皆以能措刑故也。今陛下之政，雖盡善矣，然太平之朝，上下樂化，不宜有亂臣賊子，日犯天誅。比者大獄增多，逆徒滋廣，愚臣頑昧，初謂皆實，乃去月十五日，陛下特察系囚李珍等無罪，百僚慶悅，皆賀聖明，臣乃知亦有無罪之人掛於疏綱者。陛下務在寬典，獄官務在急刑，以傷陛下之仁，以誣太平之政，臣竊恨之。又，九月二十一日敕免楚金等死，初有風雨，變為景云。臣聞陰慘者刑也，陽舒者德也；聖人法天，天亦助聖。天意如此，陛下豈可不承順之哉！今又陰雨，臣恐過在獄官。凡系獄之囚，多在極法，道路之議，或是或非，陛下何不悉召見之，自詰其罪。罪有實者顯示明刑，濫者嚴懲獄吏，使天下鹹服，人知政刑，豈非至德克明哉！"

葉法善是年七十四歲，仍為內道場景龍觀道士。武后晚年既佞佛，內寵僧懷義等，法善其時當以遊歷名山大川、授徒傳道為務。

考如前述。

張說是年二十五歲，在太子校書郎任上。

《舊唐書·張說傳》：張說，字道濟，其先範陽人，代居河東，近又徙家河南之洛陽。弱冠應詔舉，對策乙第，授太子校書，累轉右補闕，預修《三教珠英》。……十八年，遇疾，玄宗每日令中使問疾，並手寫藥方賜之。十二月薨，時年六十四。

《新唐書·張說傳》：張說，字道濟，其先自範陽徙河南，更為洛陽人。永昌中，武后策賢良方正，詔吏部尚書李景諶糊名較覆，說所對第一，后署乙等，授太子校書郎，遷左補闕。

【考辨】張說卒於開元十八年十二月，逆推故知是年二十五歲。

楊炯是年遷盈川令。

《新唐書·楊炯傳》：遷盈川令，張說以箴贈行，戒其苛。至官，果以嚴酷稱，吏稍忤意，捶殺之，不為人所多。

【考辨】唐制，六品以下官吏任期以四年為滿秩。楊炯則天初坐從父弟神讓預徐敬業亂，出為梓州司法參軍。至今已達四年，故此至是當有升遷。又，張說本傳云"永昌中，武后策賢良方正，詔吏部尚書李景諶糊名較覆，說所對第一，后署乙等，授太子校書郎"。則張說若以太子校書郎以箴贈行，則楊炯左遷盈川令必在是年。

周神聖皇帝天授元年，庚寅，公元六九零年。改曆，行周曆，以冬十一月
為正月，十二月為臘月，舊正月為一月。神皇武則天自以曌為名，改詔書
為制書。二月辛酉，太后策貢士於洛城殿。貢士殿試自此始。九月九日壬
午，革唐命，改國號為周，改元天授。加尊號曰神聖皇帝，降皇帝為皇
嗣。葉法善是年七十五歲，仍為內道場景龍觀道士。武后晚年既侫佛，內
寵僧懷義等，法善其時當以遊歷名山大川、授徒傳道為務。太平公主夫婿
以謀反系獄。

　　《資治通鑒》卷204：永昌元年十一月庚辰朔，太后享萬象神宮，赦天下。始
用周正，改永昌元年十一月為載初元年正月，以十二月為臘月，夏正月為一月。

　　二月辛酉，太后策貢士於洛城殿。貢士殿試自此始。時法劾深嚴，而司刑丞
榮陽李日知尚平恕。

　　九月丙子，侍御史汲人傅遊藝帥關中百姓九百余人詣闕上表，請改國號曰
周，賜皇帝姓武氏，太后不許；擢遊藝為給事中。於是百官及帝室宗戚、遠近百
姓、四夷酋長、沙門、道士合六萬余人，俱上表如遊藝所請，皇帝亦上表自請賜
姓武氏。

　　葉法善是年七十五歲，仍為內道場景龍觀道士。武后晚年既侫佛，內
寵僧懷義等，法善其時當以遊歷名山大川、授徒傳道為務。

　　考如前述。

周神聖皇帝天授二年，辛卯，公元六九一年。納武氏神主於太廟。制以釋
教開革命之階，升於道教之上。洛陽人王慶之請立武承嗣為皇太子，岑長
倩以皇嗣在東宮，不宜有此議，太后猶豫之，而終不之易。葉法善是年
七十六歲，仍為內道場景龍觀道士。武后晚年既侫佛，內寵僧懷義等，葉
法善其時當以遊歷名山大川、授徒傳道為務。

　　《資治通鑒》卷204：正月癸酉朔，太后始受尊號於萬象神宮，旗幟尚赤。

　　春一月，地官尚書武思文及朝集使二千八百人表請封中嶽。夏四月癸卯，制
以釋教開革命之階，升於道教之上。九月癸巳，以左羽林衛大將軍建昌王武攸寧
為納言，洛州司馬狄仁傑為地官侍郎，與冬官侍郎裴行本並同平章事。太后謂仁
傑曰："卿在汝南，甚有善政，卿欲知譖卿者名乎！"仁傑謝曰："陛下以臣為
過，臣請改之；知臣無過，臣之幸也，不願知譖者名。"太后深歎美之。

洛陽人王慶之等數百人上表，請立武承嗣為皇太子。岑長倩以皇嗣在東宮，不宜有此議，奏請切責上書者，告示令散。

王慶之見太后，太后曰：「皇嗣我子，奈何廢之？」對曰：「'神不歆非類，民不祀非族。'今誰有天下，而以李氏為嗣乎！」太后諭遣之。慶之伏地，以死泣請，不去。太后乃以印紙遺之曰：「欲見我，以此示門者。」自是慶之屢求見，太后頗怒之，命鳳閣侍郎李昭德賜慶之杖。昭德引出光政門外，以示朝士曰：「此賊欲廢我皇嗣，立武承嗣！」命撲之，耳目皆血出，然后杖殺之，其黨乃散。

昭德因言於太后曰：「天皇，陛下之夫；皇嗣，陛下之子。陛下身有天下，當傳之子孫為萬代業，豈得以姪為嗣乎！自古未聞姪為天子而為姑立廟者也！且陛下受天皇顧托，若以天下與承嗣，則天皇不血食矣。」太后亦以為然。

葉法善是年七十六歲，仍為內道場景龍觀道士。武后晚年既佞佛，內寵僧懷義等，法善其時當以遊歷名山大川、授徒傳道為務。

考如前述。

周神聖皇帝長壽元年[95]，壬辰，公元六九二年。狄仁傑等朝官被誣反，因繫獄，仁傑假意承反，暗傳書於其子，使達則天太后。葉法善是年七十七歲，仍為內道場景龍觀道士。武后晚年既佞佛，內寵僧懷義等，法善其時當以遊歷名山大川、授徒傳道為務。楊炯是年仍在盈川令任上。秋七月望日，炯獻《盂蘭盆賦》，詞甚雅麗。

《資治通鑑》卷205：左臺中丞來俊臣羅告同平章事任知古、狄仁傑、裴行本，司農卿裴宣禮，前文昌左丞盧獻，御史中丞魏元忠，潞州刺史李嗣真謀反。先是，來俊臣奏請降敕，一問即承反者得減死。及知古等下獄，俊臣以此誘之，仁傑對曰：「大周革命，萬物惟新，唐室舊臣，甘從誅戮。反是實！」俊臣乃少寬之。

六月辛亥，萬年主簿徐堅上疏，以為：「書有五聽之道，令著三覆之奏。竊見比有敕推按反者，令使者得實，即行斬決。人命至重，死不再生，萬一懷枉，吞聲赤族，豈不痛哉！此不足肅奸逆而明典刑，適所以長威福而生疑懼。臣望絕此處分，依法覆奏。又，法官之任，宜加簡擇，有用法寬平，為百姓所稱者，願親而任之；有處事深酷，不允人望者，願疏而退之。」

【95】《舊唐書·則天皇后本紀》：三年夏四月，大赦天下，改元為如意，禁斷天下屠殺。秋九月，大赦天下，改元為長壽。

夏官侍郎李昭德密言於太后曰："魏王承嗣權太重。"太后曰："吾侄也，故委以腹心。"昭德曰："侄之於姑，其親何如子之於父？子猶有篡弑其父者，況侄乎！今承嗣既陛下之侄，為親王，又為宰相，權侔人主，臣恐陛下不得久安天位也！"太后矍然曰："朕未之思。"

太后自垂拱以來，任用酷吏，先誅唐宗室貴戚數百人，次及大臣數百家，其刺史、郎將以下，不可勝數。每除一官，戶婢竊相謂曰："鬼樸又來矣。"不旬月，輒遭掩捕、族誅。

太后春秋雖高，善自塗澤，雖左右不覺其衰。丙戌，敕以齒落更生，九月庚子，禦則天門，赦天下，改元。更以九月為社。

葉法善是年七十七歲，仍為內道場景龍觀道士。武后晚年既佞佛，內寵僧懷義等，法善其時當以遊歷名山大川、授徒傳道為務。

考如前述。

楊炯是年仍在盈川令任上，七月十五日，宮中出盂蘭盆，分送佛寺，太后御洛南門，與百僚觀之。炯獻《盂蘭盆賦》，詞甚雅麗。未幾，卒官。

《舊唐書·楊炯傳》：秩滿，選授盈川令。如意元年七月望日，宮中出盂蘭盆，分送佛寺，則天御洛南門，與百僚觀之。炯獻《盂蘭盆賦》，詞甚雅麗。炯至官，為政殘酷，人吏動不如意，輒捽殺之。又所居府舍，多進士亭臺，皆書榜額，為之美名，大為遠近所笑。無何卒官。中宗即位，以舊僚追贈著作郎。文集三十卷。

炯與王勃、盧照鄰、駱賓王以文詞齊名，海內稱為王楊盧駱，亦號為"四傑"。炯聞之，謂人曰："吾愧在盧前，恥居王後。"當時議者，亦以為然。

其後崔融、李嶠、張說俱重四傑之文。崔融曰："王勃文章宏逸，有絕塵之跡，固非常流所及。炯與照鄰可以企之，盈川之言信矣！"說曰："楊盈川文思如懸河注水，酌之不竭，既優於盧，亦不減王。'恥居王後'，信然；'愧在盧前'，謙也。"

周神聖皇帝長壽二年，癸巳，公元六九三年。罷舉人習《老子》，更習太后所造《臣軌》。加尊號曰金輪聖神皇帝。以佞佛故，又做金輪等七寶，每朝會，陳之殿庭。葉法善是年七十八歲，仍為內道場景龍觀道士。武后晚年既佞佛，內寵僧懷義等，法善其時當以遊歷名山大川、授徒傳道為務。

《資治通鑒》卷205：春一月庚子，以夏官侍郎婁師德同平章事。師德寬厚清慎，犯而不校。其弟除代州刺史，將行，師德謂曰：「吾備位宰相，汝復為州牧，榮寵過盛，人所疾也，將何以自免？」弟長跪曰：「自今雖有人唾某面，某拭之而已，庶不為兄憂。」師德愀然曰：「此所以為吾憂也！人唾汝面，怒汝也；汝拭之，乃逆其意，所以重其怒。夫唾，不拭自乾，當笑而受之。」

甲寅，前尚方監裴匪躬、內常侍范雲仙坐私謁皇嗣，腰斬於市。自是公卿以下皆不得見。又有告皇嗣潛有異謀者，太后命來俊臣鞫其左右，左右不勝楚毒，皆欲自誣。

罷舉人習《老子》，更習太后所造《臣軌》。

秋九月，魏王承嗣等五千人表請加尊號曰金輪聖神皇帝。乙未，太后御衛象神宮，受尊號，赦天下。做金輪等七寶，每朝會，陳之殿庭。

葉法善是年七十八歲，仍為內道場景龍觀道士。武后晚年既侫佛，內寵僧懷義等，法善其時當以遊歷名山大川、授徒傳道為務。

考如前述。

周神聖皇帝延載元年，甲午，公元六九四年。七月，征嵩山妖人韋什方為正諫大夫、同平章事，八月以其不如所誇能預知而遣返之。武三思帥四夷酋長請鑄銅鐵為天樞，立於端門之外，銘紀功德，黜唐頌周。葉法善是年七十九歲，仍為內道場景龍觀道士。武后晚年既侫佛，內寵僧懷義等，法善其時當以遊歷名山大川、授徒傳道為務。

《資治通鑒》卷205：二月庚午，以僧懷義為代北道行軍大總管，以討默啜。五月，魏王承嗣等二萬六千余人上尊號曰越古金輪聖神皇帝。甲午，御則天門樓受尊號，赦天下，改元。

有老尼居神都麟趾寺，與嵩山人韋什方等以妖妄惑眾。尼自號淨光如來，云能知未然；什方自云吳赤烏元年生。又有老胡亦自言五百歲，云見薛師已二百年矣，容貌愈少。太后甚信重之，賜什方姓武氏。秋七月癸未，以什方為正諫大夫、同平章事，制云：「邁軒代之廣成，逾漢朝之河上。」八月，什方乞還山，制罷遣之。

武三思帥四夷酋長請鑄銅鐵為天樞，立於端門之外，銘紀功德，黜唐頌周；以姚璹為督作使。諸胡聚錢百萬億，買銅鐵不能足，賦民間農器以足之。

秋九月，太后出梨花一枝以示宰相，宰相皆以為瑞。杜景儉獨曰："今草木黃落，而此更發榮，陰陽不時，咎在臣等。"因拜謝。太后曰："卿真宰相也！"

葉法善是年七十九歲，仍為內道場景龍觀道士。武后晚年既侫佛，內寵僧懷義等，法善其時當以遊歷名山大川、授徒傳道為務。

考如前述。

周神聖皇帝天冊萬歲元年，乙未，公元六九五年。僧薛懷義縱火燒明堂，上不問，令懷義重修之。懷義既不息入宮，多居白馬寺，上復寵御醫沈，懷義由是怨望。葉法善是年八十歲，仍為內道場景龍觀道士。武后晚年既侫佛，內寵僧懷義等，葉法善其時當以遊歷名山大川、授徒傳道為務。

《資治通鑒》卷205：正月辛巳朔，太后加號慈氏越古金輪聖神皇帝，赦天下，改元證聖。

懷義用財如糞土，太后一聽之，無所問。每作無遮會，用錢萬緡；士女云集，又散錢十車，使之爭拾，相蹈踐有死者。所在公私田宅，多為僧有。懷義頗厭入宮，多居白馬寺，所度力士為僧者滿千人。

先是，河內老尼晝食一麻一米，夜則烹宰宴樂，畜弟子百余人，淫穢靡所不為。武什方自言能合長年藥，太后遣乘驛於嶺南采藥。及明堂火，尼入唁太后，太后怒叱之，曰："汝常言能前知，何以不言明堂火？"因斥還河內，弟子及老胡等皆逃散。又有發其奸者，太后乃復召尼還麟趾寺，弟子畢集，敕給使掩捕，盡獲之，皆沒為官婢。什方還，至偃師，聞事露，自絞死。

懷義益驕恣，太后惡之。既焚明堂，心不自安，言多不順；太后密選宮人有力者百余人以防之。二月壬子，執之於瑤光殿前樹下，使建昌王武攸寧師壯士毆殺之，送屍白馬寺，焚之以造塔。

葉法善是年八十歲，仍為內道場景龍觀道士。武后晚年既侫佛，內寵僧懷義等，法善其時當以遊歷名山大川、授徒傳道為務。

考如前述。

周神聖皇帝萬歲通天元年，丙申，公元六九六年。臘月封中嶽嵩山，改元萬歲登封。安平王武攸緒棄官求隱嵩山之陽，許之。契丹犯境，使武攸宜討契丹。攸宜高置幕府，表子昂參謀。葉法善是年八十一歲，仍為內道場景龍觀道士。武后晚年既佞佛，內寵僧懷義等，葉法善其時當以遊歷名山大川、授徒傳道為務。

《資治通鑑》卷205：臘月甲戌，太后發神都；甲申，封神嶽；赦天下，改元萬歲登封，天下百姓無出今年租稅；大酺九日。丁亥，禪於少室；己丑，御朝覲壇受賀。

右千牛衛將軍安平王武攸緒，少有志行，恬澹寡欲，扈從封中嶽還，即求棄官，隱於嵩山之陽。太后疑其詐，許之，以觀其所為。攸緒遂優遊岩壑，冬居茅椒，夏居石室，一如山林之士。太后所賜及王公所遺野服器玩，攸緒一皆置之不用，塵埃凝積。買田使奴耕種，與民無異。

右拾遺陳子昂為攸宜府參謀，上疏曰：「恩制免天下罪人及募諸色奴充兵討擊契丹，此乃捷急之計，非天子之兵。且比來刑獄久清，罪人全少，奴多怯弱，不慣征行，縱其募集，未足可用。況當今天下忠臣勇士，萬分未用其一，契丹小孽，假命待誅，何勞免罪贖奴，損國大體！臣恐此策不可威示天下。」

葉法善是年八十一歲，仍為內道場景龍觀道士。武后晚年既佞佛，內寵僧懷義等，葉法善其時當以遊歷名山大川、授徒傳道為務。

考如前述。

陳子昂是年三十八歲。會武攸宜討契丹，高置幕府，表子昂參謀。以忤武攸宜，左徙署軍曹。子昂失意，遂登幽州臺，賦《登幽州臺歌》。

《新唐書·陳子昂傳》：陳子昂，字伯玉，梓州射洪人。子昂十八未知書，以富家子，尚氣決，弋博自如。它日入鄉校，感悔，即痛修飭。文明初，舉進士。……會武攸宜討契丹，高置幕府，表子昂參謀。次漁陽，前軍敗，舉軍震恐，攸宜輕易無將略，子昂諫曰：「陛下發天下兵以屬大王，安危成敗在此舉，安可忽哉？今大王法制不立，如小兒戲。願審智愚，量勇怯，度眾寡，以長攻短，此刷恥之道也。夫按軍尚威嚴，擇親信以虞不測。大王提重兵精甲，屯之境上，朱亥竊發之變，良可懼也。王能聽愚計，分麾下萬人為前驅，契丹小丑，指日可擒。」攸宜以其儒者，謝不納。居數日，復進計，攸宜怒，徙署軍曹。

聖曆初，以父老，表解官歸侍，詔以官供養。會父喪，廬塚次，每哀慟，聞者為涕。縣令段簡貪暴，聞其富，欲害子昂，家人納錢二十萬緡，簡薄其賂，捕送獄中。子昂之見捕，自筮，卦成，驚曰："天命不祐，吾殆死乎！"果死獄中，年四十三。

子昂知不合武攸宜意，不復言。乃登幽州臺，賦登幽州臺歌曰："前不見古人，后不見來者。念天地之悠悠，獨愴然而涕下！"

周神聖皇帝神功元年，丁酉，公元六九七年。是年武后年逾七十，誅內寵僧薛懷義后，更選張易之、張昌宗兄弟為內寵。葉法善是年八十二歲，仍為內道場景龍觀道士。武后晚年既佞佛，內寵僧懷義等，葉法善其時當以遊歷名山大川、授徒傳道為務。

《資治通鑒》卷206：尚乘奉御張易之，行成之族孫也，年少，美姿容，善音律。太平公主薦易之弟昌宗入侍禁中，昌宗復薦易之，兄弟皆得幸於太后，常傅朱粉，衣錦繡。昌宗累遷散騎常侍，易之為司衛少卿；拜其母韋氏、臧氏為太夫人，賞賜不可勝紀，仍敕鳳閣侍郎李迥秀為臧氏私夫。迥秀，大亮之族孫也。武承嗣、三思、懿宗、宗楚客、晉卿皆侯易之門庭，爭執鞭轡，謂易之為五郎，昌宗為六郎。

夏四月，鑄九鼎成，徙置通天宮。豫州鼎高丈八尺，受千八百石；余州高丈四尺，受千二百石；各圖山川物產於其上，共用銅五十六萬七百余斤。太后欲以黃金千兩塗之，姚璹曰："九鼎神器，貴於天質自然。且臣觀其五彩煥炳相雜，不待金色以為炫耀。"太后從之。自玄武門曳入，令宰相、諸王率南北牙宿衛兵十余萬人並仗內大牛、白象共曳之。

司僕少卿來俊臣倚勢貪淫，士民妻妾有美者，百方取之；或使人羅告其罪，矯稱敕以取其妻，前后羅織誅人，不可勝計。

閏十月甲寅，以幽州都督狄仁傑為鸞臺侍郎，司刑卿杜景儉為鳳閣侍郎，並同平章事。鳳閣舍人李嶠知天官選事，始置員外官數千人。

葉法善是年八十二歲，仍為內道場景龍觀道士。武后晚年既佞佛，內寵僧懷義等，葉法善其時當以遊歷名山大川、授徒傳道為務。

考如前述。

周神聖皇帝聖曆元年，戊戌，公元六九八年。武承嗣求為太子，不得，意甚怏怏，秋八月病薨。復以盧陵王哲為太子，復名為顯。葉法善是年八十三歲，仍為內道場景龍觀道士。武后晚年既佞佛，內寵僧懷義等，葉法善其時當以遊歷名山大川、授徒傳道為務。陳子昂是年以父疾去官，回

鄉侍奉親老，為縣令段簡所陷，后卒於獄中。

《資治通鑒》卷206：武承嗣、三思營求為太子，數使人說太后曰："自古天子未有以異姓為嗣者。"太后意未決。狄仁傑每從容言於太后曰："文皇帝櫛風沐雨，親冒鋒鏑，以定天下，傳之子孫。太帝以二子托陛下。陛下今乃欲移之他族，無乃非天意乎！且姑侄之與母子孰親？陛下立子，則千秋萬歲后，配食太廟，承繼無窮；立侄，則未聞侄為天子而祔姑於廟者也。"太后曰："此朕家事，卿勿預知。"仁傑曰："王者以四海為家，四海之內，孰非臣妾，何者不為陛下家事！君為元首，臣為股肱，義同一體，況臣備位宰相，豈得不預知乎！"又勸太后召還廬陵王。太后意稍寤。他日，又謂仁傑曰："朕夢大鸚鵡兩翅皆折，何也？"對曰："武者，陛下之姓，兩翼，二子也。陛下起二子，則兩翼振矣。"太后由是無立承嗣、三思之意。

太子太保魏宣王武承嗣，恨不得為太子，意怏怏，八月戊戌，病薨。皇嗣固請遜位於廬陵王，太后許之。壬申，立廬陵王哲為皇太子，復名顯。赦天下。

冬十月癸卯，以狄仁傑為河北道安撫大使。時河北人為突厥所驅逼者，虜退，懼誅，往往亡匿。仁傑於是奉旨撫慰百姓，得突厥所驅掠者，悉遣還本貫。散糧運以賑貧乏，修郵驛以濟旋師。恐諸將及使者妄求供頓，乃自食蔬糲，禁其下無得侵擾百姓，犯者必斬。河北遂安。

葉法善是年八十三歲，仍為內道場景龍觀道士。武后晚年既佞佛，內寵僧懷義等，葉法善其時當以遊歷名山大川、授徒傳道為務。

考如前述。

陳子昂是年以父疾去官，回鄉侍奉親老，為縣令段簡所陷，后卒於獄中。

《新唐書·陳子昂傳》：聖曆初，以父老表解官歸侍，詔以官供養。會父喪，廬塚次，每哀慟，聞者為涕。縣令段簡貪暴，聞其富，欲害子昂，家人納錢二十萬緡，簡薄其賂，捕送獄中。子昂之見捕，自筮卦成驚曰："天命不祐，吾殆死乎！"果死獄中，年四十三。

《舊唐書·陳子昂傳》：子昂父在鄉，為縣令段簡所辱，子昂聞之，遽還鄉裏。簡乃因事收係獄中，憂憤而卒，時年四十余。

周神聖皇帝聖曆二年，己亥，公元六九九年。上為內寵張易之、張昌宗置控鶴府，備員多為輕薄子。然又引天下文學之士入撰李嶠、張說、宋之

問、富嘉謨、徐彥伯等二十有六人譔《三教珠英》以捲穢閡。葉法善是年八十四歲，仍為內道場景龍觀道士。武后晚年既侫佛，內寵僧懷義等，葉法善其時當以遊歷名山大川、授徒傳道為務。

《資治通鑑》卷206：正月壬戌，以皇嗣為相王，領太子右衛率。甲子，置控鶴臨丞，以司衛卿張易之為控鶴監。文昌左丞宗楚客與弟司農卿晉卿，坐臟賄滿萬余緡級第舍過度，楚客貶播州司馬，晉卿流峰州。太平公主觀其第，歎曰："見其居處，吾輩乃虛生耳！"太后春秋高，慮身后太子與諸武不相容。夏四月壬寅，命太子、相王、太平公主與武攸暨等為誓文，告天地於明堂，銘之鐵券，藏於史館。

《新唐書·張易之張昌宗傳》：易之幼以門廕仕，累遷尚乘奉御。既冠，頎晳美姿制，音技多所曉通。武后時，太平公主薦其弟昌宗，得侍。昌宗白進易之材用過臣，善治煉藥石。即召見，悅之。兄弟皆幸，出入禁中，傅朱粉，衣紈錦，盛飾自喜。昌宗興不旬日，貴震天下。諸武兄弟及宗楚客等爭造門，伺望顏色，親執轡棰，號易之為"五郎"，昌宗"六郎"。又加昌宗右散騎常侍。聖曆二年，始置控鶴府，拜易之為監。久之，更號奉宸府，以易之為令。乃引知名士閻朝隱、薛稷、員半千為供奉。

后每燕集，則二張諸武雜侍，摴博爭道為笑樂，或嘲訕公卿，淫蠱顯行，無復羞畏。時無檢輕薄者又詔言昌宗乃王子晉后身，后使被羽裳、吹簫、乘寓鶴，裝回庭中，如仙去狀，詞臣爭為賦詩以媚后。后知丑聲甚，思有以掩覆之，乃詔昌宗即禁中論著，引李嶠、張說、宋之問、富嘉謨、徐彥伯等二十有六人譔《三教珠英》。

葉法善是年八十四歲，仍為內道場景龍觀道士。武后晚年既侫佛，內寵僧懷義等，葉法善其時當以遊歷名山大川、授徒傳道為務。

考如前述。

周神聖皇帝久視元年，庚子，公元七零零年。太后使洪州僧胡超合長生藥，三年而成，所費巨萬。太后服之，疾小瘳。葉法善是年八十五歲，仍為內道場景龍觀道士。武后晚年既侫佛，內寵僧懷義等，葉法善其時當以遊歷名山大川、授徒傳道為務。禪宗六祖僧神秀是年被征詣洛陽。神秀薦其弟子僧普寂，乃度為僧。

《資治通鑑》卷206：太后使洪州僧胡超合長生藥，三年而成，所費巨萬。太后服之，疾小瘳。太后又多選美少年為奉宸內供奉，右補闕朱敬則諫曰："陛下內寵有易之、昌宗，足矣。近聞左監門衛長史侯祥等，明自媒衒，丑慢不恥，求為奉宸內供奉，無禮無儀，溢於朝聽。臣職在諫諍，不敢不奏。"太后勞之曰："非卿直言，朕不知此。"賜彩百段。

太后信重內史梁文惠公狄仁傑，群臣莫及，常謂之國老而不名。太后嘗問仁傑："朕欲得一佳士用之，誰可者？"仁傑曰："未審陛下欲何所用之？"太后曰："欲用為將相。"仁傑對曰："文學縕藉，則蘇味道、李嶠固其選矣。必欲取卓犖奇才，則有荊州長史張柬之，其人雖老，宰相才也。"太后擢柬之為洛州司馬。數日，又問仁傑，對曰："前薦柬之，尚未用也。"太后曰："已遷矣。"對曰："臣所薦者可為宰相，非司馬也。"乃遷秋官侍郎；久之，卒用為相。仁傑又嘗薦夏官侍郎姚元崇、監察御史曲阿桓彥範、太州刺史敬暉等數十人，率為名臣。或謂仁傑曰："天下桃李，悉在公門矣。"仁傑曰："薦賢為國，非為私也。"

甲寅，制復以正月為十一月，一月為正月，赦天下。

葉法善是年八十五歲，仍為內道場景龍觀道士。武后晚年既侫佛，內寵僧懷義等，葉法善其時當以遊歷名山大川、授徒傳道為務。

考如前述。

禪宗六祖僧神秀是年被征詣洛陽。神秀薦其弟子僧普寂，乃度為僧。

《舊唐書·僧神秀傳》：僧神秀，姓李氏，汴州尉氏人。少遍覽經史，隋末出家為僧。后遇蘄州雙峰山東山寺僧弘忍，以坐禪為業，乃歎伏曰："此真吾師也。"便往事弘忍，專以樵汲自役，以求其道。

弘忍姓周氏，黃梅人。初，弘忍與道信並住東山寺，故謂其法為東山法門。神秀既師事弘忍，弘忍深器異之，謂曰："吾度人多矣，至於懸解圓照，無先汝者。"

弘忍以咸亨五年卒，神秀乃往荊州，居於當陽山。則天聞其名，追赴都，肩輿上殿，親加跪禮，敕當陽山置度門寺以旌其德。時王公已下及京都士庶，聞風爭來謁見，望塵拜伏，日以萬數。中宗即位，尤加敬異。

神秀以神龍二年卒，士庶皆來送葬。有詔賜謚曰"大通禪師"。又於相王舊宅置報恩寺，岐王範、張說及征士盧鴻一皆為其碑文。

普寂姓馮氏，蒲州河東人也。年少時遍尋高僧，以學經律。時神秀在荊州玉泉寺，普寂乃往師事，凡六年，神秀奇之，盡以其道授焉。久視中，則天召神秀至東都，神秀因薦普寂，乃度為僧。及神秀卒，天下好釋氏者咸師事之。中宗聞其高年，特下制令普寂代神秀統其法眾。

周神聖皇帝長安元年，辛丑，公元七零一年。以成州言佛跡見，改元大足。葉法善是年八十六歲，仍為內道場景龍觀道士。武后晚年既侫佛，內寵僧懷義等，葉法善其時當以遊歷名山大川、授徒傳道為務。

《資治通鑒》卷207：春正月丁丑，以成州言佛跡見，改元大足。三月大雪，蘇味道以為瑞，帥百官入賀。殿中侍御史王求禮止之曰："三月雪為瑞雪，臘月雷為瑞雷乎？"味道不從。既入，求禮獨不賀，進言曰："今陽和布氣，草木發榮，而寒雪為災，豈得誣以為瑞！賀者皆諂諛之士也。"太后為之罷朝。

葉法善是年八十六歲，仍為內道場景龍觀道士。武后晚年既侫佛，內寵僧懷義等，葉法善其時當以遊歷名山大川、授徒傳道為務。

考如前述。

周神聖皇帝長安二年，壬寅，公元七零二年。初設武舉。葉法善是年八十七歲，仍為內道場景龍觀道士。武后晚年既侫佛，又內寵僧懷義等，葉法善其時當以遊歷名山大川、授徒傳道為務。

《資治通鑒》卷207：春正月乙酉，初設武舉。司僕卿張昌宗兄弟貴盛，勢傾朝野。八月戊午，太子、相王、太平公主上表請封昌宗為王，制不許；壬戌，又請，乃賜爵鄴國公。

葉法善是年八十七歲，仍為內道場景龍觀道士。武后晚年既侫佛，又內寵僧懷義等，葉法善其時當以遊歷名山大川、授徒傳道為務。

考如前述。

周神聖皇帝長安三年，癸卯，公元七零三年。丞相魏元忠每抑張昌宗兄弟在朝為官者，由是諸張深怨之，乃誣其反，太后令與張昌宗廷辯之。昌宗密引鳳閣舍人張說，說許之，略以美官，使證元忠。及召見，張說以昌宗逼其誣證，元忠由此得免死。乃流元忠等。葉法善是年八十八歲，仍為內道場景龍觀道士。武后晚年既侫佛，又內寵僧懷義等，葉法善其時當以遊歷名山大川、授徒傳道為務。

《資治通鑑》卷207：初，左臺大夫、同鳳閣鸞臺三品魏元忠為洛州長史，洛陽令張昌儀恃諸兄之勢，每牙，直上長史聽事；元忠到官，叱下之。張易之奴暴亂都市，元忠杖殺之。及為相，太后召易之弟岐州刺史昌期，欲以為雍州長史，對仗，問宰相曰：「誰堪雍州者？」元忠對曰：「今之朝臣無以易薛季昶。」太后曰：「季昶久任京府，朕欲別除一官；昌期何如？」諸相皆曰：「陛下得人矣。」元忠獨曰：「昌期不堪！」太后問其故，元忠曰：「昌期少年，不閑吏事，向在岐州，戶口逃亡且盡。雍州帝京，事務繁劇，不若季昶強幹習事。」太后默然而止。元忠又嘗面奏：「臣自先帝以來，蒙被恩渥，今承乏宰相，不能盡忠死節，使小人在側，臣之罪也！」太后不悅，由是諸張深怨之。

九月丁酉，貶元忠為高要尉，戩、說皆流嶺表。元忠辭日，言於太后曰：「臣老矣，今向嶺南，十死一生。陛下他日必有思臣之時。」太后問其故，時易之、昌宗皆侍側，元忠指之曰：「此二小兒，終為亂階。」易之等下殿，叩膺自擲稱冤。太后曰：「元忠去矣！」殿中侍御史景城王晙復奏申理元忠，宋璟謂之曰：「魏公幸已得全，今子復冒威怒，得無狼狽乎！」晙曰：「魏公以忠獲罪，晙為義所激，顛沛無恨。」璟歎曰：「璟不能申魏公之枉，深負朝廷矣！」

葉法善是年八十八歲，仍為內道場景龍觀道士。武后晚年既佞佛，又內寵僧懷義等，葉法善其時當以遊歷名山大川、授徒傳道為務。

考如前述。

周神聖皇帝長安四年，甲辰，公元七零四年。太后欲自求多福，乃復稅天下僧尼以做大像於白司馬阪。以秋官侍郎張柬之同平章事，時年且八十矣。葉法善是年八十九歲，仍為內道場景龍觀道士。武后晚年既佞佛，又內寵僧懷義等，葉法善其時當以遊歷名山大川、授徒傳道為務。

《資治通鑑》卷207：春正月丁未，毀三陽宮，以其材做興泰宮於萬安山。二宮皆武三思建議為之，請太后每歲臨幸，功費甚廣，百姓苦之。

九月壬子，以姚元之充靈武道行軍大總管；辛酉，以元之為靈武道安撫大使。元之將行，太后令舉外司堪為宰相者。對曰：「張柬之沉厚有謀，能斷大事，且其人已老。惟陛下急用之。」冬十月甲戌，以秋官侍郎張柬之同平章事，時年且八十矣。

先是李嶠等奏："往屬革命之時，人多逆節，遂致刻薄之吏，恣行酷法。其周興等所劾破家者，並請雪免。"司刑少卿桓彥範又奏陳之，表疏前後十上，太后乃從之。

葉法善是年八十九歲，仍為內道場景龍觀道士。武后晚年既侫佛，又內寵僧懷義等，葉法善其時當以遊歷名山大川、授徒傳道為務。

考如前述。

唐中宗神龍元年，乙巳，公元七〇五年。張柬之首倡帥羽林軍誅張易之兄弟，迎皇太子監國，總司庶政。正月乙巳，則天傳位於皇太子。丙午，即皇帝位於通天宮。二月甲寅，復國號為唐。十二月壬寅，武則天崩。葉法善是年九十歲，仍為內道場景龍觀道士。武后晚年既侫佛，葉法善其時當以遊歷名山大川、授徒傳道為務。

《資治通鑒》卷207：先是，胡僧慧範以妖妄遊權貴之門，與張易之兄弟善，韋后亦重之。及易之誅，復稱慧範預其謀，以功加銀青光祿大夫，賜爵上庸縣公，出入宮掖，上數微行幸其舍。彥範復表言慧範執左道以亂政，請誅之。上皆不聽。

術士鄭普思、尚衣奉御【96】葉靜能皆以妖妄為上所信重，夏四月，墨敕以普思為秘書監，靜能為國子祭酒。桓彥範、崔玄暐固執不可，上曰："已用之，無容遽改。"彥範曰："陛下初即位，下制云：'政令皆依貞觀故事。'貞觀中，魏徵、虞世南、顏師古為秘書監，孔穎達為國子祭酒，豈普思、靜能之比乎！"庚戌，左拾遺李邕上疏，以為："《詩》三百，一言以蔽之，曰'思無邪'。若有神仙能令人不死，則秦始皇、漢武帝得之矣；佛能為人福利，則梁武帝得之矣。堯、舜所以為帝王首者，亦修人事而已。尊寵此屬，何補於國！"

五月，以張柬之等及武攸暨、武三思、鄭普思等十六人皆為立功之人，賜以鐵券，自非反逆，各恕十死。

【96】尚衣奉御為宮廷職官。《新唐書·百官二》："尚衣局：奉御二人，直長四人，掌供冕服、幾案。祭祀，則奉鎮圭於監，而進於天子；大朝會，設案。龍朔二年，改尚衣局曰奉冕局。有書令史三人，書吏四人，主衣十六人，掌固四人。"《舊唐書·職官三》："尚衣局：奉御二人，從五品上。直長四人，正七品下。書令史三人，書吏四人，主衣十六人，掌固四人。奉御掌衣服，詳其制度，辨其名數。直長為之貳。凡天子之服冕十有三；一，大裘冕，二衮冕，一冕，四鷩冕，五毳冕，六玄冕，七通天冠，八武弁，九弁服，十介幘，十一白紗帽，十二平巾幘，十三翼善冠。事具《輿服志》。凡天子之大珪，曰珽，長三尺。鎮珪，長尺有二寸。若有事於郊丘社稷，則出之於內。將享，至於中壝門，則奉鎮珪於監而進之。既事，受而藏之。凡大朝會，則設案，服畢而徹之。"

右衛騎曹參軍西河宋務光上疏，以為："水陰類，臣妾之象，恐后庭有幹外朝之政者，宜杜絕其萌。今霖雨不止，乃閉坊門以禳之，至使裏巷謂坊門為宰相，言朝廷使之燮理陰陽也。又，太子國本，宜早擇賢能而立之。又，外戚太盛，如武三思等，宜解其機要，厚以祿賜。又，鄭普思、葉靜能以小技竊大位，亦朝政之蠹也。"疏奏不省。

葉法善是年九十歲，仍為內道場景龍觀道士。武后晚年既佞佛，葉法善其時當以遊歷名山大川、授徒傳道為務。

考如前述。

唐中宗神龍二年，丙午，公元七零六年。術士秘書監鄭普思聚黨欲為亂，事覺被係，其妻第五氏以鬼道得幸於皇后，上敕瑰勿治。廷議以為普思罪不容赦，中宗不得已流普思於儋州，余黨皆伏誅。葉法善是年九十一歲，仍為內道場景龍觀道士。以不黨於武三思等，葉法善或於是年被流廣州。

《舊唐書·中宗本紀》：二月丙申，僧慧範等九人並加五品階，賜爵郡、縣公；道士史崇恩等三人加五品階，除國子祭酒，同正；葉靜能加金紫光祿大夫。

初，秘書監鄭普思納其女於后宮，監察御史靈昌崔日用劾奏之，上不聽。普思聚黨於雍、岐二州，謀作亂。事覺，西京留守蘇瑰收係，窮治之。普思妻第五氏以鬼道得幸於皇后，上敕瑰勿治。及車駕還西京，瑰廷爭之，上抑瑰而佑普思；侍御史范獻忠進曰："請斬蘇瑰！"上曰："何故？"對曰："瑰為留守大臣，不能先斬普思，然後奏聞，使之熒惑聖聽，其罪大矣。且普思反狀明白，而陛下曲為申理。臣聞王者不死，殆謂是乎！臣願先賜死，不能北面事普思。"魏元忠曰："蘇瑰長者，用刑不枉。普思法當死。"上不得已，戊午，流普思於儋州，余黨皆伏誅。

葉法善是年九十一歲，仍為內道場景龍觀道士，雅不喜浮屠法，常力詆毀之。故以不黨於武三思並著力保護相王父子等，葉法善於是年被武三思之黨流廣州。

《葉法善傳》：中宗復位，武三思尚秉國權。師以頻察祅祥，保護中宗相王及玄宗，為三思所忌，竄於南海。廣州人庶，夙仰其名，北向候之。

《唐葉真人傳》：后中宗皇帝在位，武三思尚秉國權，時多信讒說。真人從容累諫，作旨貶之嶺外。門人憂色。真人曰："否泰有時，隱見正當爾也。"遂遞至南嶽，抵連州，去廣州，尚數百裏陸路不通，要以舟濟。真人欲於廣州采藥，先遣弟子舟行至廣府。義唐觀道士聞真人來，馳報都督胡元禮，即與道士僧尼及府縣官僚，先向江邊迎候。少時，見真人乘白馬從水上來，及到岸相謁，引至龍興觀。自都督別駕長史百姓多受道法。舍施園林田宅者甚多，真人一無所取，並回施常住。

【考辨】武后駕崩后，二張被誅，中宗復位后武三思一度失勢，因私通韋后始得安穩，然三思以太子重俊非韋后所出故多加貶抑，故太子深惡之，於神龍三年秋七月率兵將其誅殺，故其出葉法善等人必在其生前。

唐中宗神龍三年，后改元景龍元年，丁未，公元七零七年。皇后以太子重俊非其所生，惡之；安樂公主與駙馬左衛將軍武崇訓常凌侮太子，或呼為奴。崇訓又教公主言於上，請廢太子，立己為皇太女。秋七月辛丑，太子與左羽林大將軍李多祚等起兵誅武三思等。葉法善是年九十二歲，被流廣州后泛舟北上，止於龍興新觀。

《資治通鑒》卷208：皇后以太子重俊非其所生，惡之；武三思尤忌太子。上官婕妤以三思故，每下制敕，推尊武氏。安樂公主與駙馬左衛將軍武崇訓常凌侮太子，或呼為奴。崇訓又教公主言於上，請廢太子，立己為皇太女。太子積不能平。

秋七月辛丑，太子與左羽林大將軍李多祚，將軍李思沖、李承況、獨孤禕之、沙吒忠義等，矯制發羽林千騎兵三百余人，殺三思、崇訓於其第，並親黨十余人。上據檻俯謂多祚所將千騎曰：「汝輩皆朕宿衛之士，何為從多祚反？苟能斬反者，勿患不富貴。」於是千騎斬多祚、承況、禕之、忠義，余眾皆潰。成王千裏、天水王禧攻右延明門，將殺宗楚客、紀處訥，不克而死。太子以百騎走終南山，至鄠西，能屬者才數人，憩於林下，為左右所殺。上以其首獻太廟及祭三思、崇訓之柩，然后梟之朝堂。更成王千裏姓曰蝮氏，同黨皆伏誅。東宮僚屬無敢近太子屍者，唯永和縣丞寧嘉勖解衣裹太子首號哭，貶興平丞。

太子兵所經諸門守者皆坐流；韋氏之黨奏請悉誅之，上更命法司推斷。大理卿宋城鄭惟忠曰：「大獄始決，人心未安，若復有改推，則反仄者眾矣。」上乃止。

葉法善是年九十二歲。以不黨於武三思並著力保護相王父子等故，於是年被武三思之黨疏黜之南海廣州地界。后葉法善泛舟北上，止於龍興新觀。

《唐葉真人傳》：當后得旨，量移歸至洪州，依宗華觀，將弟子入西山洪崖

先生學道之所，居涉三年，行上清隱法。

【考辨】葉法善經南嶽、連州而至廣州事在上年，然其在興龍新觀樓止時限
難以考定，宋人所作《唐葉真人傳》云有葉真人編年記載其事跡行止，其云得旨
移歸洪州依宗華觀，事在本年或下年亦未可知，然其事當實有之。

**唐中宗景龍二年，戊申，公元七零八年。時帝好文學，宗親貴戚善為文者
多得高官顯爵，儒學漸寢。又帝與諸王公大臣及妃后公主多營佛寺，耗費
巨億，府庫為空。葉法善是年九十三歲。葉法善在廣州流放中，因武三思
等被太子重俊率兵誅殺，故對其的加害稍有松懈。法善或於是年中泛舟北
上，止於龍興新觀。后又入洪州西山，養神修道。**

《資治通鑒》209卷：夏四月癸未，置修文館大學士四員，直學士八員，學士
十二員，選公卿以下善為文者李嶠等為之。每遊幸禁苑，或宗戚宴集，學士無不
畢從，賦詩屬和，使上官昭容第其甲乙，優者賜金帛；同預宴者，惟中書、門下
及長參王公、親貴數人而已，至大宴，方召八座、九列、諸司五品以上預焉。於
是天下靡然，爭以文華相尚，儒學忠謹之士莫得進矣。

上官婕妤及后宮多立外第，出入無節，朝士往往從之遊處，以求進達。安樂
公主尤驕橫，宰相以下多出其門。與長樂公主競起第舍，以侈麗相高，擬於宮
掖，而精巧過之。安樂公主請昆明池，上以百姓蒲魚所資，不許。公主不悅，乃
更奪民田做定昆池，延袤數裏，累石像華山，引水像天津，欲以勝昆明，故名定
昆。安樂有織成裙，直錢一億，花卉鳥獸，皆如粟粒，正視旁視，日中影中，各
為一色。上好擊毬，由是風俗相尚，駙馬武崇訓、楊慎交灑油以築毬場。

**葉法善是年九十三歲。葉法善在廣州流放中，因武三思等被太子重俊
率兵誅殺，故對其的加害稍有松懈。法善或於是年中泛舟北上，先是止於
龍興新觀，以遠近士庶所禮敬之錢物來修繕其宮觀。歲余，入洪州西山，
養神修道。其年三月初六夜，葉法善弟子夢見神人來啟示神示，九日果有
神示來。**

《葉法善傳》：師乘白鹿，自海上而至，止於龍興新觀。遠近禮敬，舍施豐
多，盡修觀宇焉。歲余，入洪州西山，養神修道。

《唐葉真人傳》：景龍四年太歲辛亥（據編年作景云二年辛亥）三月初六
夜，弟子夢一仙人，將一鶴，相隨問云。對曰：“我是時人，不言姓字。”指弟

子曰："君幸得師左宮仙，卿帝其方征，即有信來。"神人所將鶴徘徊四顧，宛轉而舞。睡覺即白之。真人曰："汝當夢耶，此吉征吾已知矣。"九日日中時，有瑞雲天樂，香氣馥鬱，浮空而來，遙至室內，弟子認是夢中所見。神人謂真人曰："相識否乎。"答曰："晨夕思慕真容，有如饑渴。每夜存想寤寐之間，常侍左右，何為不識。"叩頭再拜。神人曰："卿累功欲滿，宜自精勵，道高魔試，當須慎之。太上令我預送變形易骨金精上藥與卿，時運未至，不可即服，密而藏之。"神人曰："卿至八月，即當入京，佐助當今帝王，及開元神武皇帝，傳授道法，兼殄元凶。今天步艱難，龍飛在即，子當輔佐國家，安鎮名山嶽瀆，投龍醮祭，幾在於子，自天佑之。且受世榮祿，至封邑大，內居其位，世亦應之，如影隨形。歲鶉尾，月鶉火，三日日中時，西嶽侍卿，復卿太極紫微左宮仙卿之位。"言畢，真人謝曰："濁質下愚，濫叨真盼，儻逿后期，則蚊力負山，不勝其任，粉骨何謝。"再拜而辭。

【考辨】景龍四年歲非辛亥，故宋人《唐葉真人傳》所注云"據編年作景云二年辛亥"有神示來及葉法善其年八月奉召回京師更為可信。

唐中宗景龍三年，己酉，公元七零九年。上數與近臣學士宴集，令各效伎藝以為樂。葉法善是年九十四歲，在洪州西山，采藥養神，授徒修道。

《資治通鑒》卷209：上數與近臣學士宴集，令各效伎藝以為樂。工部尚書張錫舞《談容娘》，將作大匠宗晉卿舞《渾脫》，左衛將軍張洽舞《黃麞》，左金吾將軍杜元談誦《婆羅門咒》，中書舍人盧藏用效道士上章。國子司業河東郭山惲獨曰："臣無所解，請歌古詩。"上許之。山惲乃歌《鹿鳴》《蟋蟀》。明日，上賜山惲敕，嘉美其意，賜時服一襲。

是歲，關中饑，米鬥百錢。運山東、江、淮穀輸京師，牛死什八九。群臣多請車駕復幸東都，韋后家本杜陵，不樂東遷，乃使巫覡彭君卿等說上云："今歲不利東行。"后復有言者，上怒曰："豈有逐糧天子邪！"乃止。

葉法善是年九十四歲，在洪州西山，采藥養神，授徒修道。
考如前述。

唐中宗景龍四年，唐睿宗玄真大聖大興孝皇帝景云元年，庚戌，公元七一零年。六月壬午，中宗遇毒，駕崩於神龍殿。丁亥，殤帝即位，時年十六。尊皇后為皇太后，立妃陸氏為皇后。庚子，相王子臨淄王隆基起兵

誅韋氏及其黨羽，於是梟馬秦客、楊均、葉靜能等首，屍韋后於市。癸卯，太平公主傳少帝命，請讓位於相王。睿宗即位，御承天門，赦天下。葉法善是年九十五歲，是年三月九日，括蒼三神人又降，傳太上之命："汝宜輔我睿宗及開元聖帝，未可隱跡山巖，以曠委任。"言訖而去。時二帝未立，而廟號年號，皆以先知。其年八月，果有詔征入京。太子李隆基以迫於太平公主故，於八月征葉法善詣京師。

《資治通鑒》卷209：春正月丙寅夜，中宗與韋后微行觀燈於市裏，又縱宮女數千人出遊，多不歸者。初，則天之世，長安城東隅民王純家井溢，浸成大池數十頃，號隆慶池。相王子五王列第於其北，望氣者言："常鬱鬱有帝王氣，比日尤甚。"夏四月乙未，上幸隆慶池，結彩為樓，宴侍臣，泛舟戲象以厭之。定州人郎岌上言："韋后、宗楚客將為逆亂。"韋后白上，杖殺之。

五月丁卯，許州司兵參軍偃師燕欽融復上言："皇后淫亂，干預國政，宗族強盛；安樂公主、武延秀、宗楚客圖危宗社。"上召欽融面詰之。欽融頓首抗言，神色不撓；上默然。宗楚客矯制令飛騎撲殺之，投於殿庭石上，折頸而死，楚客大呼稱快。上雖不窮問，意頗怏怏不悅；由是韋后及其黨始憂懼。己卯，上宴近臣，國子祭酒祝欽明自請作《八風舞》，搖頭轉目，備諸醜態；上笑。欽明素以儒學著名，吏部侍郎盧藏用私謂諸學士曰："祝公《五經》，掃地盡矣！"

散騎常侍馬秦客以醫術，光祿少卿楊均以善烹調，皆出入宮掖，得幸於韋后，恐事泄被誅；安樂公主欲韋后臨朝，自為皇太女；乃相與合謀，於餅餤中進毒。六月壬午，中宗崩於神龍殿。韋后秘不發喪，自總庶政。

太平公主與上官昭容謀草遺制，立溫王重茂為皇太子，皇后知政事，相王旦參謀政事。宗楚客密謂韋溫曰："相王輔政，於理非宜；且於皇后，嫂叔不通問，聽朝之際，何以為禮？"遂率諸宰相表請皇后臨朝，罷相王政事。蘇瓌曰："遺詔豈可改邪！"溫、楚客怒，瓌懼而從之，乃以相王為太子太師。丁亥，殤帝即位，時年十六。尊皇后為皇太后，立妃陸氏為皇后。

相王子臨淄王隆基，先罷潞州別駕，在京師，陰聚才勇之士，謀匡復社稷。兵部侍郎崔日用素附韋、武，與宗楚客善，知楚客謀，恐禍及己，遣寶昌寺僧普潤密詣隆基告之，勸其速發。隆基乃與太平公主及公主子薛崇暕、鐘紹京、王崇曄、劉幽求等謀先事誅之。捕索諸韋在宮中及守諸門，並素為韋后所親信者皆斬之。比曉，內外皆定。辛巳，隆基出見相王，叩頭謝不先啟之罪。相王抱之泣曰：“社稷宗廟不墜於地，汝之力也！”遂迎相王入輔少帝。閉宮門及京城門，分遣萬騎收捕諸韋親黨。相王奉少帝禦安福門，慰諭百姓。秘書監汴王邕娶韋后妹崇國夫人，與御史大夫竇從一各手斬其妻首以獻。於是梟馬秦客、楊均、葉靜能等首，屍韋后於市。

太平公主沈敏多權略，武后以為類己，故於諸子中獨愛幸，頗得預密謀，然尚畏武后之嚴，未敢招權勢；及誅張易之，公主有力焉。中宗之世，韋后、安樂公主皆畏之，又與太子共誅韋氏。既屢立大功，益尊重，上常與之圖議大政，每入奏事，坐語移時；或時不朝謁，則宰相就第咨之。每宰相奏事，上輒問：“嘗與太平議否？”又問：“與三郎議否？”然後可之。三郎，謂太子也。公主所欲，上無不聽，自宰相以下，進退係其一言，其余薦士驟歷清顯者不可勝數，權傾人主，趨附其門者如市。子薛崇行、崇敏、崇簡皆封王，田園遍於近甸，收市營造諸玩，遠至嶺、蜀，輸送者相屬於路，居處奉養，擬於宮掖。

太平公主以太子年少，意頗易之；既而憚其英武，欲更擇暗弱者立之以久其權，數為流言，云“太子非長，不當立”。己亥，制戒諭中外，以息浮議。公主每覘伺太子所為，纖介必聞於上，太子左右，亦往往為公主耳目，太子深不自安。

葉法善是年九十五歲，是年三月九日，括蒼三神人又降，傳太上之命：“汝當輔我睿宗及開元聖帝，未可隱跡山岩，以曠委任。”言訖而去。時二帝未立，而廟號年號，皆以先知。其年八月，果有詔征入京。太子李隆基以迫於太平公主故，於八月征葉法善詣京師。

《葉法善傳》：景龍四年辛亥三月九日，括蒼三神人又降，傳太上之命：“汝當輔我睿宗及開元聖帝，未可隱跡山岩，以曠委任。”言訖而去。時二帝未立，而廟號年號，皆以先知。其年八月，果有詔征入京。迨后平韋后，立相王睿宗，玄宗承祚繼統，師於上京，佐佑聖主。凡吉凶動靜，必予奏聞。

會吐蕃遣使進寶函封，曰：“請陛下自開，無令他人知機密。”朝廷默然，唯法善曰：“此是凶函，請陛下勿開，宜令蕃使自開。”玄宗從之。及令蕃使自開，函中弩發，中番使死，果如法善言。俄授銀青光祿大夫鴻臚卿越國公景龍觀主。

《唐葉真人傳》：至八月【97】，果奉詔曰：道士葉尊師，令入京，若有弟子，亦任隨從。真人既奉詔，乘驛至京。朝見之後，多留內廷。時玄宗在藩邸，與真人同處，因章醮龍見壇前。祈求皆有靈驗，禱雪盈尺，請雨霧霜。嘗在廬山升壇，壇角陸地水湧，其水甘美，仙鶴草舞。在許先生宅醮，二黃龍從井出。真人匡輔玄宗，在滁州明雨，時預知韋氏逆亂，先已聞奏先天之言，一一並實。

《舊唐書·葉法善傳》：睿宗即位，稱法善有冥助之力。先天二年，拜鴻臚卿，封越國公，仍依舊為道士，止於京師之景龍觀，又贈其父為歙州刺史。當時尊寵，莫與為比。

唐睿宗景雲二年，辛亥，公元七一一年。太平公主以太子隆基不附己，與益州長史竇懷貞結為朋黨，欲另立之。葉法善是年九十六歲，即在京師景龍觀為道士。法善密助太子隆基，使其得以早登大寶，終不為太平公主所移易。

《資治通鑑》卷210：春正月己未，以太僕卿郭元振、中書侍郎張說並同平章事。

太平公主聞姚元之、宋璟之謀，大怒，以讓太子。太子懼，奏元之、璟離間姑兄，請從極法。甲申，貶元之為申州刺史，璟為楚州刺史。丙戌，宋王、豳王亦寢刺史之命。上召群臣三品以上，謂曰：“朕素懷澹泊，不以萬乘為貴，曩為皇嗣，又為皇太弟，皆辭不處。今欲傳位太子，何如？”群臣莫對。太子使右庶子李景伯固辭，不許。殿中侍御史和逢堯附太平公主，言於上曰：“陛下春秋未高，方為四海所依仰，豈得遽爾！”上乃止。

四月戊子，制：“凡政事皆取太子處分。其軍旅死刑及五品已上除授，皆先與太子議之，然後以聞。”五月辛酉，更以西城為金仙公主，隆昌為玉真公主，各為之造觀，逼奪民居甚多，用功數百萬。右散騎常侍魏知古、黃門侍郎李乂諫，皆不聽。僧慧範恃太平公主勢，逼奪民產，御史大夫薛謙光與殿中侍御史慕容珣奏彈之。公主訴於上，出謙光為岐州刺史。

九月庚辰，以竇懷貞為侍中。懷貞每退朝，必詣太平公主第。時修金仙、玉真二觀，群臣多諫，懷貞獨勸成之，身自督役。

【97】《太平廣記》所載葉法善為朝廷所徵事在本年，而后出的《唐葉真人傳》云葉法善於景雲二年返京，然又云其時玄宗在藩邸，加以《舊唐書》曰睿宗即位即稱善葉法善，故系葉法善返京師於景雲元年九、十月間。

葉法善是年九十六歲，即在京師景龍觀為道士。法善密助太子隆基，使其得以早登大寶，終不為太平公主所移易。

考見下条。

是年冬，天臺山道士司馬承禎奉詔入宮面聖[98]，當與法善有過往。

《舊唐書·司馬承禎傳》：道士司馬承禎，字子微。河內溫人，周晉州刺史、琅邪公裔玄孫。少好學，薄於為吏，遂為道士。事潘師正，傳其符籙及辟穀導引服餌之術。師正特賞異之，謂曰：“我自陶隱居傳正一之法，至汝四葉矣。”承禎嘗遍遊名山，乃止於天臺山。則天聞其名，召至都，降手敕以讚美之。及將還，敕麟臺監李嶠餞之於洛橋之東。

景雲二年，睿宗令其兄承祎就天臺山追之至京，引入宮中，問以陰陽術數之事。承禎對曰：“道經之旨：‘為道日損，損之又損，以至於無為。’且心目所知見者，每損之尚未能已，豈復攻乎異端，而增其智慮哉！”帝曰：“理身無為，則清高矣！理國無為，如何？”對曰：“國猶身也。《老子》曰：‘遊心於淡，合氣於漠，順物自然而無私焉，而天下理。’《易》曰：‘聖人者，與天地合其德。’是知天不言而信，不為而成。無為之旨，理國之道也。”[99]睿宗歎

【98】是年睿宗皇帝曾手敕三道與司馬承禎，據《全唐文》卷十九《賜天師司馬承禎三敕》，其一曰：皇帝敬問天臺山司馬煉師：惟彼天臺，淩於地軸，與四明而蔽日，均八洞而藏云，珠闕玲瓏，琪樹璀璨，九芝含秀，八桂舒芳，赤城之域斯存，青溪之人攸處。司馬煉師德超河上，道邁浮邱，高遊碧落之庭，獨步青元之境。朕初臨寶位，久藉徽猷。雖堯帝披圖，翹心齧缺，軒轅御歷，締想崆峒，緬維依戀，寧妨此顧。夏景漸熱，妙履清和，思聽真言，用祛蒙蔽。朝欽夕佇，跡滯心飛，欲遣使者專迎，或遇煉師驚懼，故令兄往，願與同來，披敘不遙，先此無恙，故敕。其二曰：煉師道實徵明，德惟虛寂，淩姑射之遐軌，激具茨之絕風。自任煉藥名山，祈真洞壑，攀地肺之紅壁，坐天臺之白云，廣成以來，一人而已。足可發揮仙圖，黼藻元關，海嶽為之增輝，風霞由其動色。弟子緬懷河上，側佇岩幽，鶴馭方來，鳳京爰降。對安期之烏，聞稷邱之琴，順風訪道，諒在茲日。所進明鏡，規制幽奇。隱至道之精，含太易之象，藏諸寶匣，銘佩良深。故敕。其三：先生道風獨峻，真氣孤標。餐霞赤城之表，馭風紫霄之上，遁俗無悶，逢時有待。暫謁蓬萊之府，將還桐柏之岩，鴻寶少留，鳳裝難駐。閑居三月，方味廣成之言；別途萬里，空懷子陵之意。然行藏異跡，聚散恒理，今之別也，亦何恨哉！白云悠悠，杳若天際，去德方遠，有勞鳳心。敬遣代懷，指不多及。故敕。

【99】《資治通鑒》卷210：景雲二年十二月，上召天臺山道士司馬承禎，問以陰陽數術，對曰：“道者，損之又損，以至於無為，安肯勞心以學術數乎！”上曰：“理身無為則高矣，如理國何？”對曰：“國猶身也，順物自然而心無所私，則天下理矣。”上歎曰：“廣成之言，無以過也。”承禎固請還山，上許之。尚書左丞盧藏用指終南山謂承禎曰：“此中大有佳處，何必天臺！”承禎曰：“以愚觀之，此乃仕宦之捷徑耳！”藏用嘗隱終南，則天時征為左拾遺，故承禎言之。

息曰：“廣成之言，即斯是也！”承禎固辭還山，仍賜寶琴一張，及霞紋帔而遣之，朝中詞人贈詩者百余人。

《唐葉真人傳》：遂入天臺尋司馬練師（即司馬承禎），訪不死之福庭。去桐栢，入靈墟，謂司馬練師曰：“蔭落落之長松，藉萋萋之纖草，今日是也。”又登華頂望海云：“蓬萊去此不遠，與子當復應歸彼。”即司馬練師負琴，真人撫劍。而過石橋，臨青谿萬仞，蹈危履險，撫壁立之翠屏，又何懼焉。

唐玄宗至道大聖大明孝皇帝先天元年，壬子，公元七一二年。壬辰，制傳位於太子，八月庚子，玄宗即位，尊睿宗為太上皇。改元。葉法善是年九十七歲，即在京師景龍觀，常隨侍玄宗左右以備顧問。法善多有建議，玄宗擇善易行者行之。葉法善又與玄宗親近大臣如張說、姚元之等過從甚密。

《資治通鑒》卷210：太平公主使術者言於上曰：“昔所以除舊布新，又帝座及心前星皆有變，皇太子當為天子。”上曰：“傳德避災，吾志決矣！”太平公主及其黨皆力諫，以為不可。上曰：“中宗之時，群奸用事，天變屢臻。朕時請中宗擇賢子立之以應災異，中宗不悅，朕憂恐，數日不食。豈可在彼則能勸之，在己則不能邪！”太子聞之，馳入見，自投於地，叩頭請曰：“臣以微功，不次為嗣，懼不克堪，未審陛下遽以大位傳之，何也？”上曰：“社稷所以再安，吾之所以得天下，皆汝力也。今帝座有災，故以授汝，轉禍為福，汝何疑邪！”太子固辭。上曰：“汝為孝子，何必待柩前然後即位邪！”太子流涕而出。

壬辰，制傳位於太子，太子上表固辭。太平公主勸上雖傳位，猶宜自總大政。上乃謂太子曰：“汝以天下事重，欲朕兼理之邪？昔舜禪禹，猶親巡狩。聯雖傳位，豈忘家國？其軍國大事，當兼省之。”八月庚子，玄宗即位，尊睿宗為太上皇。上皇自稱曰朕，命曰誥，五日一受朝於太極殿。皇帝自稱曰予，命曰制、敕，日受朝於武德殿。三品以上除授及大刑政決於上皇，余皆決於皇帝。壬寅，上大聖天后尊號曰聖帝天后。甲辰，赦天下，改元。

葉法善是年九十七歲，即在京師景龍觀，常隨侍玄宗左右以備顧問。法善多有建議，玄宗擇善易行者行之。又，葉法善又與玄宗親近大臣如張說、丞相姚元之等過從甚密。

《葉尊師碑銘》：朕在藩邸，累聞道要，及臨宇縣，虛佇昌言。奸臣寓謀，凶丑僭逆，未嘗不先事啟沃，亟申幽贊，故特加紫綬，以大公侯之封。而確固黃中，不乘軒冕之賞，可謂德博而施，道尊而光者也。

《唐葉真人傳》：真人匡輔玄宗，在滁州明雨，時預知韋氏逆亂，先已聞奏先天之言，一一並實。玄宗嘗問真人機要，乃密云：昔遇神人，嘗說有開元帝號。凡謀逆之黨，並得預知。及帝登九五，改元為開元，號神武皇帝。真人在帝左右，未嘗不獻可替否，密申幽贊。除害珍凶，玄功遐被。

《唐葉真人傳》：相國姚崇有女已死。愛念彌切，投符起之。

《唐葉真人傳》：又，燕國公張說，嘗詣觀謁，師命酒。說曰："既無他客。"師曰："此有曲處士者，久隱山林，性謹而訥，頗耽於酒，鐘石可也。"說請召之，斯須而至。其形不及三尺，而腰帶數圍，使坐於下，拜揖之禮，頗亦魯樸。酒至，杯盂皆盡，而神色不動。燕公將去。師忽奮劍叱曲生曰："曾無高談廣論，唯沉湎於酒，亦何用哉！"因斬之，乃巨榼而已。

唐玄宗開元元年，癸丑，公元七一三年。太平公主以謀逆被誅，公主諸子及黨羽被殺者數十人，餘黨皆被流放。及誅太平公主及其黨羽，玄宗乃以姚崇為相，出張說為相州刺史，劉幽求亦左遷太子少保。葉法善是年九十八歲。八月以功高加授金紫光祿大夫、鴻臚卿越國公。三讓不受，帝不許讓。

《資治通鑑》卷210：春二月庚子夜，開門燃燈，又追作去年大酺，大合伎樂。上皇與上御門樓臨觀，或以夜繼畫，凡月餘。左拾遺華陰嚴挺之上疏諫，以為："酺者因人所利，合釀為歡。今乃損萬人之力，營百戲之資，非所以光聖德美風化也。"乃止。

太平公主依上皇之勢，擅權用事，與上有隙，宰相七人，五出其門。文武之臣，太半附之。秋七月，魏知古告公主欲以是月四日作亂，上乃與岐王範、薛王業、郭元振及龍武將軍王毛仲、殿中少監薑皎、太僕少卿李令問、尚乘奉御王守一、內給事高力士、果毅李守德等定計誅之。

太平公主逃入山寺，三日乃出，賜死於家，公主諸子及黨羽死者數十人。薛崇簡以數諫其母被撻，特免死，賜姓李，官爵如故。籍公主家，財貨山積，珍物侔於御府，廄牧羊馬、田園息錢，收之數年不盡。慧範家產亦數十萬緡。改新興王晉之姓曰厲。

元之吏事明敏，三為宰相，皆兼兵部尚書，緣邊屯戍斥候，士馬儲械，無不默

記。上初即位，勵精為治，每事訪於元之。元之應答如響，同僚皆唯諾而已，故上專委任之。元之請抑權幸，愛爵賞，納諫諍，卻貢獻，不與群臣褻狎；上皆納之。

左拾遺曲江張九齡，以元之有重望，為上所信任，奏記勸其遠諂躁，進純厚，其略曰：「任人當才，為政大體，與之共理，無出此途。而向之用才，非無知人之鑒，其所以失溺，在緣情之舉。」又曰：「自君侯職相國之重，持用人之權，而淺中弱植之徒，已延頸企踵而至，諂親戚以求譽，媚賓客以取容，其間豈不有才，所失在於無恥。」元之嘉納其言。

姚崇即為相，紫微令張說懼，乃潛詣岐王申款。他日，崇對於便殿，行微蹇。上問：「有足疾乎？」對曰：「臣有腹心之疾，非足疾也。」上問其故。對曰：「岐王陛下愛弟，張說為輔臣，而密乘車入王家，恐為所誤，故憂之。」癸丑，說左遷相州刺史。

葉法善是年九十八歲。八月，以功高加授金紫光祿大夫、鴻臚卿【100】，

【100】鴻臚卿為實職，主賓客及凶禮，事務繁雜，部屬眾多。然葉法善此授為虛職，即葉法善開元四年二月《乞歸鄉上表》落款所云「鴻臚寺卿員外置越國公，景龍觀主，臣葉某上表」。唐代官吏的「員外置」在韋后時期可謂瘋狂濫觴之極，以太平公主為首的掌控實權的皇室公卿妃主均公開售賣員外官銜。而唐代的員外置是一種不任實職的虛銜。《新唐書·百官傳三》：鴻臚寺：卿一人，從三品；少卿二人，從四品上；丞二人，從六品上。掌賓客及凶禮之事。領典客、司儀二署。凡四夷君長，以蕃望高下為簿，朝見辨其等位，第三等居武官三品之下，第四等居五品之下，第五等居六品之下，有官者居本班。御史察食料。二王后、夷狄君長襲官賜爵者，辨嫡庶。諸蕃封命，則受冊而往。海外諸蕃朝賀進貢使有下從，留其半於境；繇海路朝者，廣州擇首領一人、左右二人入朝；所獻之物，先上其數於鴻臚。凡客還，鴻臚籍衣齎賜物多少以報主客，給過所。蕃客奏事，具至日月及所奏之宜，別為狀，月一奏，為簿，以副藏鴻臚。獻馬，則殿中、太僕寺涖閱，良者入殿中，駑病入太僕。獻藥者，鴻臚寺驗覆，少府監定價之高下。鷹、鶻、狗、豹無估，則鴻臚定所報輕重。凡獻物，皆客執以見，駝馬則陳於朝堂，不足進者州縣留之。皇帝、皇太子為五服親及大臣發哀臨吊，則卿贊相。大臣一品葬，以卿護；二品，以少卿；三品，以丞。皆司儀示以禮制。主簿一人，從七品上；錄事二人。龍朔二年，改鴻臚寺曰同文寺；武后光宅元年，改曰司賓寺。有府五人，史十人，亭長四人，掌固六人。

典客署：令一人，從七品下；丞三人，從八品下。掌二王后介公、酅公之版籍及四夷歸化在蕃者，朝貢、宴享、送迎皆預焉。酋渠首領朝見者，給稟食；病，則遣醫給湯藥；喪，則給以所須；還蕃賜物，則佐其受領，教拜謝之節。有典客十三人，府四人，史八人，掌固二人。掌客十五人，正九品上。掌送迎蕃客，顓蒞館舍。

司儀署：令一人，正八品下；丞一人，正九品下。掌凶禮喪葬之具。京官職事三品以上、散官二品以上祖父母、父母喪，職事散官五品以上、都督、刺史卒於京師，及五品死王事者，將葬，祭以少牢，率齋郎執俎豆以往。三品以上贈以束帛，黑一、纁二，一品加乘馬；既引，遣使贈於郭門之外，皆有束帛，一品加璧。五品以上葬，給營墓夫。有司儀六人，府二人，史四人，掌設十八人，齋郎三十人，掌固四人，幕士六十人。

越國公兼景龍觀主。三讓不受，帝不許讓。奏請置宣陽觀一所，凡道場供養，珍奇寶物，並是錫賜盡歸山門。

《唐葉真人傳》：會吐蕃遣使，進寶函封，曰："請陛下自開，毋令他人知機密。"朝廷默然。唯真人曰："此是凶物，宜令番使自開。"及令開，函中弩發，中番使而死【101】。帝嗟歎驚悸。故愈加禮敬。先天二年八月，加授金紫光祿大夫、鴻臚卿越國公。三讓不受，帝不許讓。制書略曰："道士葉法善德包貞素，學究玄微。預睹疊萌，函申忠款。宜加寵命，以答懋功。"仍遂乃懷，俾從真服。可授金紫光祿大夫、鴻臚卿越國公，兼景龍觀主。真人辭不獲免，請回贈先君，並舍括蒼山門故居，奏請置宣陽觀一所，凡道場供養，珍奇寶物，並是錫賜盡歸山門。

《葉尊師碑銘》：奸臣寓謀，凶丑借逆，未嘗不先事啟沃，丞申幽贊，故特加紫綬，以大公侯之封。而確固黃中，不乘軒冕之賞，可謂德博而施，道尊而光者也。

《葉法善傳》：開元初，正月望夜，玄宗移仗於上陽宮以觀燈。尚方匠毛順心，結構彩樓三十余間，金翠珠玉，間廁其內。樓高百五十尺，微風所觸，鏘然成韻。以燈為龍、鳳、螭、豹騰躑之狀，似非人力。玄宗見大悅，促召師觀於樓下，人莫知之。師曰："燈影之盛，固無比矣；然西涼府今夕之燈，亦亞於此。"玄宗曰："師頃嘗遊乎？"曰："適自彼來，便蒙急召。"玄宗異其言，曰："今欲一往，得乎？"曰："此易耳。"於是令玄宗閉目，約曰："必不得妄視，若誤有所視，必有非常驚駭。"如其言，閉目距躍，已在霄漢。俄而足已及地。曰："可以觀矣。"既睹影燈，連互數十裏，車馬騈闐，士女紛委。玄宗稱其盛者久之，乃請回。復閉目騰空而上，頃之已在樓下，而歌舞之曲未終。玄宗於涼州，以鏤鐵如意質酒，翌日命中使，托以他事，使於涼州，因求如意以還，驗之非謬。又嘗因八月望夜，師與玄宗遊月宮，聆月中天樂。問其曲名，曰："《紫雲曲》。"玄宗素曉音律，默記其聲，歸傳其音，名之曰《霓裳羽衣》。自月宮還，過潞州城上，俯視城郭悄然，而月光如晝。師因請玄宗以玉笛奏曲。時玉笛在寢殿中，師命人取，頃

【101】此事雖不見於正史記載，然或實有之。吐蕃與唐連年交戰，又自以兵強馬壯，故對唐甚是輕慢。吐蕃兵敗之后，借進獻方物為名行暗殺之事亦未無之。《舊唐書·吐蕃傳》：開元二年秋，吐蕃大將坌達焉、乞力徐等率眾十余萬寇臨洮軍，又進寇蘭、渭等州，掠監牧羊馬而去。楊矩悔懼，飲藥而死。玄宗令攝左羽林將軍薛訥及太僕少卿王晙率兵邀擊之，仍下詔將大舉親征，召募將士，克期進發。俄而晙等與賊相遇於渭源之武階驛，前軍王海賓力戰死之，晙等率兵而進，大破吐蕃之眾，殺數萬人，盡收復所掠羊馬。賊余黨奔北，相枕藉而死，洮水為之不流。上遂罷親征，命紫微舍人倪若水往按軍實，仍吊祭王海賓而還。吐蕃遣其大臣宗俄因子至洮河祭其死亡之士，仍款塞請和，上不許之。自是連年犯邊，郭知運、王君相次為河西節度使以捍之。吐蕃既自恃兵強，每通表疏，求敵國之禮，言詞悖慢，上甚怒之。及封禪禮畢，中書令張說奏言："吐蕃丑逆，誠負萬誅，然又事征討，實為勞弊。且十數年甘、涼、河、鄯征發不息，縱令屢勝，亦不能補。聞其悔過請和，惟陛下遣使。許其稽顙內屬，以息邊境，則蒼生幸甚。"上曰："待吾與王君籌之。"

之而至。奏曲既，投金錢於城中而還。旬日，潞州奏八月望夜，有天樂臨城，兼獲金錢以進。玄宗累與近臣試師道術，不可殫盡，而所驗顯然，皆非幻妄，故特加禮敬。其余追撤神，致風雨，烹龍肉，祛妖偽，靈效之事，具在本傳，此不備錄。

唐玄宗開元二年，甲寅，公元七一四年。朝廷自中宗以來貴戚爭營佛寺，奏度人為僧，兼以偽妄；富戶強丁多削髮以避徭役，所在充滿。秋七月戊申，禁百官家毋得與僧、尼、道士往還。葉法善是年九十九歲。既為金紫光祿大夫、元外置鴻臚卿、越國公、景龍觀觀主，奏請於括蒼故居為道觀，且將封誥回贈父祖，當有遣使赴松陽存問父老鄉覩之舉。

《資治通鑒》卷211：中宗以來，貴戚爭營佛寺，奏度人為僧，兼以偽妄；富戶強丁多削髮以避徭役，所在充滿。姚崇上言：“佛圖澄不能存趙，鳩摩羅什不能存秦，齊襄梁武未免禍殃。但使蒼生安樂，即是佛身；何用妄度奸人，使壞正法！”上從之。丙寅，命有司沙汰天下僧尼，以偽妄還俗者萬二千余人。二月丁未，敕：“自今所在毋得創建佛寺；舊寺頹壞應葺者，詣有司陳牒檢視，然后聽之。”秋七月戊申，禁百官家毋得與僧尼道士往還。壬子，禁人間鑄佛、寫經。

薛王業之舅王仙童，侵暴百姓，御史彈奏；業為之請，敕紫微、黃門覆按。姚崇、盧懷慎等奏：“仙童罪狀明白，御史所言無所枉，不可縱舍。”上從之。由是貴戚束手。

葉法善是年九十九歲，既為金紫光祿大夫、元外置鴻臚卿、越國公、景龍觀觀主，奏請於括蒼故居為道觀，且將封誥回贈父祖，當有攜弟子赴松陽存問父老鄉覩、修繕營造之舉。

葉法善開元四年二月《乞歸鄉上表》云：前歲天恩賜歸鄉裏。殘魂假息，獲拜先塋，聚族聯黨，不勝悲慶。屬親柿莫年，百余三歲，見臣還丘塋，載喜載悲，纔逾一旬，奄忽先逝。雖死生有命，理則固然，而骨肉有情，豈無哀痛。積年之疹。一朝遂發。形容枯劣，殆不能勝往者。虔奉綸言，俾投龍璧。奉使之后，禮應復命，心馳魏闕，意欲駿奔，病在江鄉，力難勝致。自前年之冬末，驟辭南土。去歲之夏首，纔達東京。

《葉法善傳》：俄授銀青[102]光祿大夫、鴻臚卿、越國公、景龍觀主。祖重，

---

[102]《舊唐書》本傳云葉法善被授金紫光祿大夫、鴻臚卿員外置、景龍觀主。此云銀青光祿大夫乃開元四年春二月請將封誥轉贈其父后，玄宗另與其父的一種哀榮封賜。

精於術數，明於考召，有功於江湖間，謚有道先生，自有傳。父慧明，贈歙州刺史。師請以松陽宅為觀，賜號淳和，御制碑書額，以榮鄉裏。

唐玄宗開元三年，乙卯，公元七一五年。山東大蝗，丞相姚崇使令吏民捕而瘞之。葉法善是年虛歲一百歲，仍在鴻臚卿、景龍觀主任上。自以年邁，故思歸鄉終老。

《資治通鑒》卷211：春正月癸卯，以盧懷慎檢校吏部尚書兼黃門監。懷慎清謹儉素，不營資產，雖貴為卿相，所得俸賜，隨散親舊。妻子不免饑寒，所居不蔽風雨。

山東大蝗，民或於田旁焚香膜拜設祭而不敢殺，姚崇奏遣御史督州縣捕而瘞之。議者以為蝗眾多，除不可盡；上亦疑之。崇曰："今蝗滿山東，河南、北之人，流亡殆盡，豈可坐視食苗，曾不救乎！借使除之不盡，猶勝養以成災。"以乃從之。盧懷慎以為殺蝗太多，恐傷和氣。崇曰："昔楚莊吞蛭而愈疾，孫叔殺蛇而致福，奈何不忍於蝗，而忍人之饑死乎？若使殺蝗有禍，崇請當之！"

葉法善是年虛歲一百歲，仍在鴻臚卿、景龍觀主任上。自以年邁，故思歸鄉終老。

參見葉法善開元四年二月二十一日《乞歸鄉上表》。

唐玄宗開元四年，丙辰，公元七一六年。葉法善是年一百零一歲，自以年邁，故於二月二十一日上表乞歸鄉終老，玄宗以正擬隨師三清妙道為由，不許。然葉法善表三上，詔允回鄉修繕父祖墳塋。

《資治通鑒》卷211：皇后妹夫尚衣奉御長孫昕以細故與御史大夫李傑不協。春正月，昕與其妹夫楊仙玉於裏巷伺傑而毆之。傑上表自訴曰："發膚見毀，雖則肓心，冠冕被陵，誠為辱國。"上大怒，命於朝堂杖殺，以謝百僚，仍以敕書慰傑曰："昕等朕之密戚，不能訓導，使陵犯衣冠，雖置以極刑，未足謝罪。卿宜以剛腸疾惡，勿以凶人介意。"

葉法善是年一百零一歲，自以年邁，故於二月二十一日上表乞歸鄉終老，玄宗以正擬隨師三清妙道為由，不許。然葉法善表三上，詔允回鄉修繕父祖墳塋。又請以朝廷封誥回贈乃父，詔不許，另贈誥其父。贈其父銀

青光祿大夫，使持節歙州刺史。又請卯山西南祖宅為觀，許之。賜額曰：淳和。葉法善於是年中啟程回括州松陽故居，並有遣人將其預訂的父祖墳塋所需碑石走水路運抵松陽。乃請當時文章書法大家、《昭明文選注》作者、李善之子、時任括州刺史的李邕為其父祖作神道碑銘並書。

葉法善開元四年二月二十一日《乞歸鄉上表》云：

道士臣某言：臣江海野人，素無道業。澗飲木食，枯槁自居。屬聖朝宗道之門，大興玄範。臣得沐皇化，服事五朝，竭忠盡誠，披肝瀝膽。一有所補，萬死無恨。侃屬聖朝，重張寰縣，再安品物。凡在含識，鹹用昭蘇。陛下不棄芻蕘，復收簪履。臣愚陋過蒙恩渥，假具列棘之司，加以茅直之封。褒榮圻被，澤漏泉肩。然臣胡顏堪此大造，灰身列首，不能上答。前歲天恩賜歸鄉裏。殘魂假息，獲拜先塋，聚族聯黨，不勝悲慶。屬親柿莫年，百余三歲，見臣還丘壑，載喜載悲，才逾一旬，奄忽先逝。雖死生有命，理則固然，而骨肉有情，豈無哀痛。積年之疹。一朝遂發。形容枯劣，殆不能勝往者。虔奉綸言，俾投龍璧。奉使之后，禮應復命，心馳魏闕，意欲駿奔，病在江鄉，力難勝致。自前年之冬末，驟辭南土。去歲之夏首，纔達東京。死魂余步，抑難訓說。寧有形枯心疾。叨廁莫宜。紫綬金章，人臣極貴。自非功高，帶礪不可，錫其光寵。況道本希夷，無觀視聽。謬膺匪服，實玷國獻。伏願陛下特賜余魂，得歸丘墓。則物善遂性，天覆無涯。方違闕廷，不勝攀戀。無任懇禱之至，謹詣朝堂，上表以聞。臣誠惶誠恐，死罪死罪。謹言。開元四年二月二十一日，鴻臚寺卿員外置越國公，景龍觀主，臣葉某上表。

玄宗批答：省表具之。師羽儀碧落，梁棟玄門。邇雖系於人間，神自超於物累。方欲受三清之要，宣六氣之和，資於朕躬，助以為政。且光慶之義，眾妙所存。江海之心，此期難允。即宜斷表，深體朕懷。

葉法善開元四年二月二十三日《乞歸鄉修祖塋表》云：

道士臣某言：二月二十日，扶病陳誠，特乞余魂歸修塋墓。而高天未聽，蹄地無所。因此舊氣發動，殘生如線。未辭聖代，奄成異物。幸賴天覆含育，未即泉壤。貸及余命，得遂微心。臣前奉絲綸，賜歸桑梓。既寶龍璧，備歷山川。夙夜周章，恭承國命。比及鄉裏，時迫嚴寒。屬數年失稔，百姓逃散，親族餒饉，未辯情禮，欲樹碑碣，私願莫從。而碑石猶在蘇州，未能得達鄉裏。臣焦心泣血，以日為歲。若此心不遂，死不瞑目。伏惟陛下覆燾亭育，昆蟲遂性，孝理之教，被及含生。臣皮骨空存，命均風燭。乞余喘未絕。所願獲申。

一聞聖恩，九泉無恨。方當解違宸極。異疾江湖。伏枕疏襟，不勝悲戀。謹詣朝堂，上表以聞。臣誠惶誠恐，死罪死罪。謹言。開元四年二月二十三日，具位臣某上表。

玄宗批答：省表具知，師體含眾妙，道冠草仙。希微所以，得真清靜。由其助化。然因心之懇，扶病思歸。表疏累聞，詞情轉至。今依所請，有軫於懷。

葉法善開元四年二月二十三日《乞回授先父表》云：

臣聞，孝道之大，人行所先。故洪覆無言，神女有卷綃之應。厚載至廣，江鱗表充膳之征。斯實感於神祇，通於天地者矣。伏惟皇帝陛下，孝道叶天地，聖備符神祇。齊郡擢靈芝，陵寢降甘露。此陛下孝感之應，故當錫類及物。而臣幸生孝理之代，目視靈應之符。身無橫草之功，虛受茅直之錫。九卿之任，下譬江海。五等之爵，上應星緯。臣嵜磁日迫，泉壤無幾。生我父母，竟未答於劬勞。覆我聖恩，實有重於山嶽。臣誠則微物，豈能無心。自忝辱朝列，日夜惶懼。生無益於聖代，死實負於康時。而犬馬私情，切有所願。乞以陛下，所授爵位，回贈先父。臣上不違陛下孝道之風，下得展臣罔極之念。一遂哀疲，萬死為幸，且臣雞皮鶴髮，形骸若是。殘魂假氣，奄忽無時。去冬辭違闕廷，輿疾道路。由蒙陛下覆養之德，復喜生全，令得重謁紫宸，趨蹕丹地。及茲余喘，披瀝微誠。陛下所假臣厚祿敗錢，乞納天庫，官名封號，以被泉門。則聚族摩軀，合宗臚膽。存亡幸甚，所不敢言。伏願天慈，沛然聽許。再生非重，百身靡贖。不腔哀苦，悲懇之至。謹詣闕，上表以聞。臣誠惶誠恐，死罪死罪。謹言。開元四年二月二十三日，具位臣某上表。

玄宗批答：省表具知。師名登仙境，才軼道樞，保護朕躬。朕不忘德朝之爵秩，事時至公，鑒所陳析，情探大孝。朕敦風屬俗，益所嘉稱。師崇讓鳴謙，固難依允。所請贈者，別有處分。

《唐葉真人傳》：宣陽觀屬麗水縣宣慈鄉，今改為沖真觀。贈真人父銀青光祿大夫，使持節歙州刺史。又請卯山西南祖宅為觀，賜額曰：淳和。在松陽縣日市，今改為永寧觀。真人於是請還山，拜掃致敬，於麗水松陽二處墓門，封樹碑表。命李邕作墓志。韓擇木書以光奄寶。其墓在沖真之側。真人祖國重，葬於松陽之酉山，山有石雞能鳴，遂於其處置道院，今日天真院。立碑於下。時請李邕為碑記，並求其書，而邕不允，是夜追其魂書之，續以碑刻示邕。邕笑曰："初以為夢，今果然矣。"真人始得碑石於海嶠，遣神人運歸，水神不知，誤裂其石，即投符治之，水神哀告，得免。以膠綴石斷處，今其碑斷痕在焉。真人封樹碑拜祭，泉石生輝，鄉閭圻慶。

唐玄宗開元五年，丁巳，公元七一七年。春正月癸卯，太廟壞四室，宋
璟、蘇頲以為皇帝不宜東幸洛陽，玄宗問姚崇，姚崇勸行。葉法善是年
一百零二歲。是年清明期間，在括州地方官府襄助下為其父祖修繕墳塋並
立碑。之后啟程回京師。

《資治通鑒》卷211：春正月癸卯，太廟四室壞，上素服避正殿。時上將幸東
都，以問宋璟、蘇頲，對曰："陛下三年之制未終，遽爾行幸，恐未契天心，災
異為戒；願且停車駕。"又問姚崇，對曰："太廟屋材，皆苻堅時物，歲久朽腐
而壞，適與行期相會，何足異也！且王者以四海為家，陛下以關中不稔幸東都，
百司供擬已備，不可失信；但應遷神主於太極殿，更修太廟，如期自行耳。"上
大喜，從之。

秘書監馬懷素奏："省中書散亂訛缺，請選學術之士二十人整經校補。"從
之。於是搜訪逸書，選吏繕寫，命國子博士尹知章、桑泉尉韋述等二十人同刊
正，以左散騎常侍褚無量為之使，於乾元殿前編校群書。

葉法善是年一百零二歲。是年清明期間，在括州地方官府襄助下為其
父祖修繕墳塋並立碑。之后啟程回京師。

《唐葉真人傳》：開元五年，歲在丁巳，春三月因別鄉人，曰："別易會
難，此去恐不相見。"左右歡歡。道俗潸然。車騎駢闐，士女絡繹。送之登途，
莫不哀慟。又曰："吾來年即遣信還，可於此候之，信到吾非久矣。"明年正月
二十七日，忽見玄鶴數百，列北而來，翔集漚溪，徘徊三日。瑞云五色，一時上
覆。三日之后，不知所在。鄉人怪其言靈異，莫測所由。

僧一行為玄宗強征來京師。

《舊唐書·僧一行傳》：僧一行，姓張氏，先名遂，魏州昌樂人，襄州都
督、郯國公公謹之孫也。父擅，武功令。

一行少聰敏，博覽經史，尤精曆象、陰陽、五行之學。時道士尹崇博學先
達，素多墳籍。一行詣崇，借揚雄《太玄經》，將歸讀之。數日，復詣崇，還其
書。崇曰："此書意指稍深，吾尋之積年，尚不能曉，吾子試更研求，何遽見還
也？"一行曰："究其義矣。"因出所撰《大衍玄圖》及《義決》一卷以示崇。
崇大驚，因與一行談其奧賾，甚嗟伏之。謂人曰："此后生顏子也。"一行由是
大知名。武三思慕其學行，就請與結交，一行逃匿以避之。尋出家為僧，隱於嵩

山，師事沙門普寂。睿宗即位，敕東都留守韋安石以禮征。一行固辭以疾，不應命。后步往荊州當陽山，依沙門悟真以習梵律。

開元五年，玄宗令其族叔禮部郎中洽齋敕書就荊州強起之。一行至京，置於光太殿，數就之，訪以安國撫人之道，言皆切直，無有所隱。開元十年，永穆公主出降，敕有司優厚發遣，依太平公主故事。一行以為高宗末年，唯有一女，所以特加其禮。又太平驕僭，竟以得罪，不應引以為例。上納其言，遽追敕不行，但依常禮。其諫靜皆此類也。

一行尤明著述，撰《大衍論》三卷，《攝調伏藏》十卷，《天一太一經》及《太一局遁甲經》《釋氏系錄》各一卷。時《麟德曆經》推步漸疏，敕一行考前代諸家曆法，改撰新曆，又令率府長史梁令瓚等與工人創造黃道遊儀，以考七曜行度，互相證明。於是一行推《周易》大衍之數，立衍以應之，改撰《開元大衍曆經》。至十五年卒，年四十五，賜諡曰"大慧禪師"。

初，一行從祖東臺舍人太素，撰《后魏書》一百卷，其《天文志》未成，一行續而成之。上為一行制碑文，親書於石，出內庫錢五十萬，為起塔於銅人之原。明年，幸溫湯，過其塔前，又駐騎徘徊，令品官就塔以告其出豫之意；更賜絹五十匹，以蒔塔前松柏焉。

初，一行求訪師資，以窮大衍，至天臺山國清寺，見一院，古松十數，門有流水。一行立於門屏間，聞院僧於庭布算聲，而謂其徒曰："今日當有弟子自遠求吾算法，已合到門，豈無人導達也？"即除一算。又謂曰："門前水當卻西流，弟子亦至。"一行承其言而趨入，稽首請法，盡受其術焉，而門前水果卻西流。道士邢和璞嘗謂尹愔曰："一行其聖人乎？漢之洛下閎造曆，云：'后八百歲當差一日，必有聖人正之。'今年期畢矣，而一行造《大衍》正其差謬，則洛下閎之言，信矣！非聖人而何？"

唐玄宗開元六年，戊午，公元七一八年。正月辛酉，敕禁惡錢，行開元通寶。丞相宋璟奏請徙括州司馬李邕、儀州司馬鄭勉為渝、峽二州刺史。詔從之。葉法善是年一百零三歲。既在期頤之年，法善當不復行走江湖，在京師景龍觀為觀主，潛心修道授徒並備顧問。

《資治通鑒》卷212：春正月辛丑，突厥毗伽可汗來請和；許之。廣州吏民為宋璟立遺愛碑。璟上言："臣在州無它異跡，今以臣光寵，成彼謅諛；欲革此風，望自臣始，請敕下禁止。"上從之。於是它州皆不敢立。

宋璟奏："括州員外司馬李邕、儀州司馬鄭勉，並有才略文詞，但性多異端，好是非改變；若全引進，則咎悔必至，若長棄捐，則才用可惜，請除渝硤二州刺史。"從之。

葉法善是年一百零三歲。既在期頤之年，法善當不復行走江湖，在京師景龍觀為觀主，潛心修道授徒並備顧問。

考如前述。

唐玄宗開元七年，己未，公元七一九年。以太府粟易民間惡錢，送少府銷毀或復鑄之。葉法善是年一百零四歲。既在期頤之年，當不復行走江湖，在京師景龍觀為觀主，潛心修道授徒並備顧問。

《資治通鑒》卷212：二月，敕太府及府縣出粟十萬石糶之，以斂人間惡錢，送少府銷毀。上嘗從復道中見衛士食畢，棄餘食於竇中，怒，欲杖殺之；左右莫敢言。憲從容諫曰："陛下從復道中窺人過失而殺之，臣恐人人不自安。且陛下惡棄食於地者，為食可以養人也；今以餘食殺人，無乃失其本乎！"上大悟，蹴然起曰："微兄，幾至濫刑。"遽釋衛士。是日，上宴飲極歡，自解紅玉帶，並所乘馬以賜憲。

葉法善是年一百零四歲。既在期頤之年，當不復行走江湖，在京師景龍觀為觀主，潛心修道授徒並備顧問。

考如前述。

唐玄宗開元八年，庚申，公元七二零年。葉法善是年一百零五歲。

《資治通鑒》卷212：上禁約諸王，不使與群臣交結。光祿少卿駙馬都尉裴虛己與岐王範遊宴，仍私挾讖緯；戊子，流虛己於新州，離其公主。萬年尉劉庭琦、太祝張諤數與範飲酒賦詩，貶庭琦雅州司戶，諤山茌丞。然待範如故，謂左右曰："吾兄弟自無間，但趨競之徒強相托附耳。吾終不以此責兄弟也。"上嘗不豫，薛王業妃弟內直郎韋賓與殿中監皇甫恂私議休咎；事覺，賓杖死，恂貶錦州刺史。業與妃惶懼待罪，上降階執業手曰："吾若有心猜兄弟者，天地實殛之。"即與之宴飲，仍慰諭妃，令復位。

　　葉法善是年虛歲一百零五歲。六月初三卒於京師景龍觀。遺命歸葬松陽故郡。詔贈越州都督，使中使及括州地方官府助葬。詔度法善弟子司馬仲容為道士。

　　《葉尊師碑》：至隋大業，歲在丙子，法師是生，凡六百四十二甲子。洎我開元，歲在庚申，形解升云，則春秋百有七矣。其生也，年長而色若孺子；其化也，委蛻而神則默仙。嘗從朕遊，仰之彌高，鑽之彌堅，藏察無象，鉤致之測。若言匡國輔主，鼓舞發揮焉，朕可推而尊之，不可得而臣也。其始終出處之跡，可得而言者。

　　《舊唐書·葉法善傳》：法善生於隋大業之丙子，死於開元之庚子，凡一百七歲。八年卒。詔曰：

　　故道士鴻臚卿員外置、越國公葉法善，天真精密，妙理玄暢，包括秘要，發揮靈符，固以冥默難源，希夷罕測。而情棲蓬閬，跡混朝伍，保黃冠而不杖，加紫綬而非榮，卓爾孤秀，冷然獨往。勝氣絕俗，貞風無塵，金骨外聳，珠光內應。斯乃體應中仙，名升上德。朕當聽政之暇，屢詢至道；公以理國之法，數奏昌言。謀參隱諷，事宣弘益。歎徽音之未泯，悲形解之俄留，曾莫愁遺，殲良奄及。永惟平昔，感愴於懷，宜申禮命，式旌泉壤。可贈越州都督。

　　《新唐書·葉法善傳》：高宗時，又有葉法善者，括州括蒼人。世為道士，傳陰陽、占繇、符架之術，能厭劾怪鬼。帝聞之，召詣京師，欲寵以官，不拜。留內齋場，禮賜殊縟。時帝悉召方士，化黃金治丹，法善上言："丹不可遽就，徒費財與日，請核真偽。"帝許之，凡百余人皆罷。嘗在東都凌空祠為壇以祭，都人悉往觀，有數十人自奔火中，眾大驚，救而免。法善笑曰："此為魅所馮，吾以法攝之耳。"問而信，病亦皆已。其譎幻類若此。

　　歷高、中二宗朝五十年，往來山中，時時召入禁內。雅不喜浮屠法，常力詆毀，議者淺其好習，然發衛高，卒叵之測。睿宗立，或言陰有助力。先天中，拜鴻臚卿，員外置，封越國公，舍景龍觀，追贈其父歙州刺史，寵映當世。開元八年卒。或言生隋大業丙子，死庚子，蓋百七歲云。玄宗下詔褒悼，贈越州都督。

　　《太平廣記·葉法善傳》：明年正月二十七日，忽有云鶴數百，行列北來，翔集故山，徘徊三日，瑞云五色，覆其所居。是歲庚申六月三日甲申，告化於上都景龍觀。弟子既齊物、尹愔，睹真仙下降之事，秘而不言。二十一日。詔贈金紫光祿大夫越州都督。春秋百有七歲。所居院異香芬鬱，仙樂繽

紛，有青煙直上燭天，竟日方滅。師請歸葬故鄉。敕度其姪泗州司馬仲容為道士，與中使監護，葬於松陽。詔衢、婺、括三州助葬。供給所須。發引日，敕官縞衣祖送於國門之外。……嘗謂門人曰："百六十年后，當有術過我者，來居卯酉山矣。

《唐葉真人傳》：開元八年庚申歲五月，真人已年一百七歲，於西京景龍觀托疾，潛服神丹。天真來往；千乘萬騎，日夜不絕。門人弟子，親王公主，中使朝士，已下來去莫覺。唯弟子尹愔、既齊物等見，密而不言。至六月三日，甲申日中時分，真人化劍為屍，云輿造門。天鈞擁戶，彩雲繚繞，香氣繽紛，迎侍而去。京城之人鹹見院中有青煙直上，與天相接，終日不滅。真人於座側留三詩云：

昔在禹余天，還依太上家。忝以掌仙錄，去來乘煙霞。暫下宛利城，渺然思金華。自此非久住，云上登香車。

適向人间世，時复濟蒼生。度人初行滿，輔國亦功成。但念清微樂，誰圻下界榮。門人好住此，倏然云上征。

退仙時此地，去俗久為榮。今日登云天，歸真遊上清。泥丸空示世，騰舉不為名。為報學仙者，知余朝玉京。

並有遺書報弟子仲容，云："汝將吾詩及書進上，不得求官，當奉詔監喪，歸葬括蒼。吾去后百六十年外，卯山當出一人，更過於吾。若有人於吾舊居修行，即其人也。"

真人昔藏劍丹在卯山巨石下，后有豐去奢修行於此，得之，遂仙而去。今山產仙茄，及無名異，丹寵下土化成耳。真人升云之后，弟子於舊坐處，收得詩及書進上，帝感泣，親幸喪所，輟朝三日。王公以下，百官朝士，無不感慟。翌日，進贈越州都督。至十六日，奉劫內圖寫真人貌像，御制贊曰：詞江瀉液，義苑含芬。別有真氣，青溪出云。卓爾無對，超然不掌。幽人蔿子，道士封君。

【考辨】諸記載均曰葉法善生隋大業丙子，卒唐開元八年庚申，年一百七歲。然諸傳出自道士之手，即便是唐玄宗御撰《葉尊師碑銘》，史載亦是由朝臣代筆。古時道家之流素以甲子計歲，以六十日為一甲子，法善享壽642甲子，計38500日左右，計年為105年有餘，法善卒於開元八年六月甲申（六月初三）日中時分，以此逆推，法善母劉氏夢流星入口、吞之乃孕之時當在大業十二年中，以甲子計歲即360日為一歲，葉法善壽考方為107歲。

唐玄宗開元九年，辛酉，公元七二一年。葉法善死后一年。宇文融上疏請核戶口，從之。僧一行奉旨造開元曆。

《資治通鑑》卷212：春正月，監察御史宇文融上言："天下戶口逃移，巧偽甚眾，請加檢括。"融，弼之玄孫也，源乾曜素愛其才，贊成之。二月乙酉，敕有司議招集流移、按詰巧偽之法以聞。丁亥，制："州縣逃亡戶口聽百日自首，或於所在附籍，或牒歸故鄉，各從所欲。過期不首，即加檢括，謫徙邊州；公私敢容庇者抵罪。"以宇文融充使，括逃移戶口及籍外田，所獲巧偽甚眾。遷兵部員外郎兼侍御史。融奏置勸農判官十人，並攝御史，分行天下。其新附客戶，免六年賦調。使者競為刻急，州縣承風勞擾，百姓苦之。陽翟尉皇甫憬上疏言其狀；上方任融，貶憬盈川尉。州縣希旨，務於獲多，虛張其數，或以實戶為客，凡得戶八十余萬，田亦稱是。

九月丁未，梁文獻公姚崇薨，遺令："佛以清淨慈悲為本，而愚者寫經造像，冀以求福。昔周、齊分據天下，周則毀經像而修甲兵，齊則崇塔廟而馳刑政，一朝合戰，齊滅周興。近者諸武、諸韋，造寺度人，不可勝紀，無救族誅。汝曹勿效兒女子終身不寤，追薦冥福。道士見僧獲利，效其所為，尤不可延之於家。當永為后法！"癸亥，以張說為兵部尚書、同中書門下三品。

十一月丙辰，國子祭酒元行沖上《群書四錄》，凡書四萬八千一百六十九卷。

太史上言，《麟德曆》浸疏，日食屢不效。上命僧一行更造新曆，率府兵曹梁令瓚造黃道遊儀以測候七政。

唐玄宗開元十年，壬戌，公元七二二年。葉法善死后二年。

《資治通鑑》卷212：秋八月癸卯，武強令裴景仙，坐贓五千匹，事覺亡命。上怒，命集眾斬之。大理卿李朝隱奏景仙贓皆乞取，罪不至死。又，其曾祖寂有建義大功，載初中以非罪破家，惟景仙獨存，今為承嫡，宜宥其死，投之荒遠。其辭略曰："十代宥賢，功實宜錄；一門絕祀，情或可哀。"制令杖殺。朝隱又奏曰："生殺之柄，人主得專；輕重有條，臣下當守。今若乞取得罪，便處斬刑；后有枉法當科，欲加何辟？所以為國惜法，期守律文；非敢以法隨人，曲矜仙命。"又曰："若寂勳都棄，仙罪特加，則叔向之賢，何足稱者；若教之鬼，不其餒而！"上乃許之。杖景仙一百，流嶺南惡處。

上女永穆公主將下嫁，敕資送如太平公主故事。僧一行諫曰："武后惟太平一女，故資送特厚，卒以驕敗，奈何為法！"上遽止之。

唐玄宗開元十一年，癸亥，公元七二三年。葉法善死后三年。

《資治通鑒》卷212：春正月癸亥，以張說兼中書令。上置麗正書院，聚文學之士。秘書監徐堅、太常博士賀知章、監察御史趙冬曦等，或修書，或侍講，以張說為修書使以總之，有司供給優厚。中書舍人洛陽陸堅以為此屬無益於國，徒為糜費，欲悉奏罷之。張說曰："自古帝王於國家無事之時，莫不崇宮室，廣聲色。今天子獨延禮文儒，發揮典籍，所益者大，所損者微。陸子之言，何不達也！"上聞之，重說而薄堅。

唐玄宗開元十二年，甲子，公元七二四年。葉法善死后四年。張說首建封禪泰山事。詔來年十一月有事泰山。

《資治通鑒》卷212：春三月壬子，命太史監南宮說等於河南、北平地測日晷及極星，夏至日中立八尺之表，同時候之。

群臣屢上表請封禪，閏月丁卯，制以明年十一月十日有事於泰山。時張說首建封禪之議，而源乾曜不欲為之，由是與說不平。

唐玄宗開元十三年，乙丑，公元七二五年。葉法善死后五年。是年冬十一月，朝廷有事於泰山，百官、貴戚、四夷酋長從行。水運渾天儀成。

《資治通鑒》卷212：張說草封禪儀獻之。夏四月丙辰，上與中書門下及禮官、學士宴於集仙殿。上曰："仙者憑虛之論，朕所不取。賢者濟理之具，朕今與卿曹合宴，宜更名曰集賢殿。"其書院官五品以上為學士，六品以下為直學士；以張說知院事，右散騎常侍徐堅副之。上欲以說為大學士，說固辭而止。

說以大駕東巡，恐突厥乘間入寇，議加兵守邊，召兵部郎中裴光庭謀之。光庭曰："封禪者，告成功也。今將升中於天，而戎狄是懼，非所以昭盛德也。"說曰："然則若之何？"光庭曰："四夷之中，突厥為大，比屢求和親，而朝遷羈縻，未決許也。今遣一使，征其大臣從封泰山，彼必欣然承命；突厥來，則戎狄君長無不皆來。可以偃旗臥鼓，高枕有餘矣。"說曰"善！說所不及。"即奏行之。

冬十月癸丑，做水運渾天儀成，上具列宿，注水激輪，令其自轉，晝夜一周。別置二輪，絡在天外，綴以日月，逆天而行，淹速合度。置木匱為地平，令儀半在地下，又立二木人，每刻擊鼓，每辰擊鐘，機械皆藏匱中。

唐玄宗開元十四年，丙寅，公元七二六年。葉法善死后六年。張說因故罷相，下獄。

《資治通鑒》卷213：上召河南尹崔隱甫，欲用之，中書令張說薄其無文，奏擬金吾大將軍；前殿中監崔日知素與說善，說薦為御史大夫；上不從。丙辰，以日知為左羽林大將軍，丁巳，以隱甫為御史大夫。隱甫由是與說有隙。

說有才智而好賄，百官百事有不合者，好面折之，至於叱罵。惡御史中丞宇文融之為人，且患其權重，融所建白，多抑之。中書舍人張九齡言於說曰："宇文融承恩用事，辯給多權數，不可不備。"說曰："鼠輩何能為！"夏四月壬子，隱甫、融及御史中丞李林甫共奏彈說"引術士占星，徇私僭侈，受納賄賂"。敕源乾曜及刑部尚書韋抗、大理少卿明珪與隱甫等同於御史臺鞫之。

五月癸卯，戶部奏今歲戶七百六萬九千五百六十五，口四千一百四十一萬九千七百一十二。

唐玄宗開元十五年，丁卯，公元七二七年。葉法善死后七年。丞相張說以賄令致仕。

《資治通鑒》卷213：御史大夫崔隱甫、中丞宇文融，恐右丞相張說復用，數奏毀之，各為朋黨。上惡之，二月乙巳，制說致仕，隱甫免官侍母，融出為魏州刺史。

唐玄宗開元十六年，戊辰，公元七二八年。葉法善死后八年。僧一行修《開元曆》成，致仕特進張說表上之，詔頒行之。

《資治通鑒》卷213：二月壬申，以尚書右丞相致仕張說兼集賢院學士。說雖罷政事，專文史之任，朝廷每有大事，上常遣中使訪之。八月乙巳，特進張說上僧一行所造《開元大衍曆》，詔頒行之。

唐玄宗開元十七年，己巳，公元七二九年。葉法善死后九年。國子祭酒楊瑒建言增加進士授官名額。然初唐盛唐之際，朝廷雖重文士，然官吏多以門第與軍功進身，張說、張九齡等寒門之士能以文學榮身者可謂鳳毛麟角，使李白、杜甫這類天才文士亦終生鬱鬱不得志。這一情況直到中唐元、白時期才有所改觀。

《資治通鑒》卷213：三月丙辰，國子祭酒楊瑒言，以為："省司奏限天下明

經、進士及第，每年不過百人。竊見流外出身，每歲二千余人，而明經、進士不能居其什一，則是服勤道業之士不如胥吏之得仕也。臣恐儒風浸墜，廉恥日衰。若以出身人太多，則應諸色裁損，不應獨抑明經、進士也。"又奏"主司貼試明經，不務求述作本指，專取難知，問以孤經絕句或年月日；請自今並貼平文"。上甚然之。

唐玄宗開元十八年，庚午，公元七三零年。葉法善死后十年。

《資治通鑒》卷213：春正月辛卯，以裴光庭為侍中。夏四月乙丑，以裴光庭兼吏部尚書。先是，選司注官，惟視其人之能否，或不次超遷，或老於下位，有出身二十余年不得祿者；又，州縣亦無等級，或自大入小，或初近后遠，皆無定制。光庭始奏用循資格，各以罷官若干選而集，官高者選少，卑者選多，無問能否，選滿即注，限年躡級，毋得逾越，非負譴者，皆有升無降；其庸愚沉滯者皆喜，謂之"聖書"，而才俊之士無不怨歎。宋璟爭之不能得。光庭又令流外行署亦過門下省審。

唐玄宗開元十九年，辛末，公元七三一年。葉法善死后十一年。

《資治通鑒》卷213：春正月壬戌下制，但述毛仲不忠怨望，貶瀼州別駕，福順、地文、守德、景耀、廣濟皆貶遠州別駕，毛仲四子皆貶遠州參軍，連坐者數十人。毛仲行至永州，追賜死。

自是宦官勢益盛。高力士尤為上所寵信，嘗曰："力士上直，吾寢則安。"故力士多留禁中，稀至外第。四方表奏，皆先呈力士，然后奏御；事小者力士即決之，勢傾內外。金吾大將軍程伯獻、少府監馮紹正與力士約為兄弟；力士母麥氏卒，伯獻等被發受吊，擗踴哭泣，過於己親。力士娶瀛州呂玄晤女為妻，擢玄晤為少卿，子弟皆王傳。呂氏卒，朝野爭致祭，自第至墓，車馬不絕。然力士小心恭恪，故上終親任之。

辛未，遣鴻臚卿崔琳使於吐蕃。吐蕃使者稱公主求《毛詩》《春秋》《禮記》。正字於休烈上疏，以為："東平王漢之懿親，求《史記》《諸子》，漢猶不與。況吐蕃，國之寇仇，今資之以書，使知用兵權略，愈生變詐，非中國之利也。"事下中書門下議之。裴光庭等奏："吐蕃聾昧頑囂，久叛新服，因其有請，賜以《詩》《書》，庶使之漸陶聲教，化流無外。休烈徒知書有權略變詐之語，不知忠信禮義，皆從書出也。"上曰："善！"遂與之。

唐玄宗開元二十年，壬申，公元七三二年。葉法善死后十二年。此時戶口較初唐時期已為倍增，物產豐盛，國家富強。可謂當時世界之最。

《資治通鑒》卷213：天下戶七百八十六萬一千二百三十六，口四千五百四十三萬一千二百六十五。

唐玄宗開元二十一年，癸酉，公元七三三年。葉法善死后十三年。

《資治通鑒》卷213：三月，乙巳，侍中裴光庭薨。甲寅，以韓休為黃門侍郎、同平章事。

休為人峭直，不干榮利；及為相，甚允時望。始，嵩以休恬和，謂其易制，故引之。及與共事，休守正不阿，嵩漸惡之。宋璟歎曰：“不意韓休乃能如是！”上或宮中宴樂及后苑遊獵，小有過差，輒謂左右曰：“韓休知否？”言終，諫疏已至。上嘗臨鏡默然不樂，左右曰：“韓休為相，陛下殊瘦於舊，何不逐之！”上歎曰：“吾貌雖瘦，天下必肥。蕭嵩奏事常順指，既退，吾寢不安。韓休常力爭，既退，吾寢乃安。吾用韓休，為社稷耳，非為身也。”

韓休數與蕭嵩爭論於上前，面折嵩短，上頗不悅。嵩因乞骸骨，上曰：“朕未厭卿，卿何為遽去！”對曰：“臣蒙厚恩，待罪宰相，富貴已極，及陛下未厭臣，故臣得從容引去；君已厭臣，臣首領且不保，安能自送！”因泣下。上為之動容，曰：“卿且歸，朕徐思之。”丁巳，嵩罷為左丞相，休罷為工部尚書。以京兆尹裴耀卿為黃門侍郎，前中書侍郎張九齡時居母喪，起復中書侍郎，並同平章事。

唐玄宗開元二十二年，甲戌，公元七三四年。葉法善死后十四年。

《資治通鑒》卷214：方士張果自言有神仙術，誑人云堯時為侍中，於今數千歲；多往來恒山中，則天以來，屢征不至。恒州刺史韋濟薦之，上遣中書舍人徐嶠齎璽書迎之。庚寅，至東都，肩輿入宮，恩禮甚厚。張果固請歸恒山，制以為銀青光祿大夫，號通玄先生，厚賜而遣之。后卒，好異者奏以為屍解；上由是頗信神仙。

《舊唐書·張果傳》：張果者，不知何許人也。則天時，隱於中條山，往來汾、晉間，時人傳其有長年秘術，自云年數百歲矣。嘗著《陰符經玄解》，盡其玄理。則天遣使召之，果佯死不赴。后人復見之，往來恒州山中。開元二十一年，恒州刺史韋濟以狀奏聞。玄宗令通事舍人裴晤往迎之。果對使絕氣如死，良

久漸蘇。晊不敢逼，馳還奏狀。又遣中書舍人徐嶠齎璽書以邀迎之。果乃隨嶠至東都，肩輿入東宮中。

玄宗初即位，親訪理道及神仙方藥之事，及聞變化不測而疑之。有邢和璞者，善算人而知天壽善惡。玄宗令算果，則懵然莫知其甲子。又有師夜光者，善視鬼。玄宗召果與之密坐，令夜光視之。夜光進曰：“果今安在？”夜光對面終莫能見。玄宗謂力士曰：“吾聞飲堇汁無苦者，真奇士也。”會天寒，使以堇汁飲果。果乃引飲三卮，醺然如醉所作，顧曰：“非佳酒也。”乃寢。頃之，取鏡視齒，則盡燋且黧。命左右取鐵如意擊齒墜，藏於帶。乃懷中出神仙藥，微紅，傅墜齒之齗。复寐良久，齒皆出矣，粲然潔白，玄宗方信之。

玄宗好神仙，而欲果尚公主。果固未知之，謂秘書少監王迥質、太常少卿蕭華曰：“諺云娶婦得公主，真可畏也。”迥質與華相顧，未曉其言。即有中使至，宣曰：“玉真公主早歲好道，欲降先生。”果大笑，竟不奉詔。迥質等方悟向來之言。

后懇辭歸山，因下制曰：“恆州張果先生，遊方外者也。跡先高尚，深入窈冥。是渾光塵，應召城闕。莫詳甲子之數，且謂羲皇上人。問以道樞，盡會宗極。今特行朝禮，爰昇寵命。可銀青光祿大夫，號曰通玄先生。”其年請入恆山，錫以衣服及雜彩等，便放歸山。乃入恆山，不知所之。玄宗為造棲霞觀於隱所，在蒲吾縣，后改為平山縣。

唐玄宗開元二十三年，乙亥，公元七三五年。葉法善死后十五年。

《資治通鑒》卷214：上美張守珪之功，欲以為相，張九齡諫曰：“宰相者，代天理物，非賞功之官也。”上曰：“假以其名而不使任其職，可乎？”對曰：“不可。惟名與器不可以假人，君之所司也。且守珪才破契丹，陛下即以為宰相；若盡滅奚、厥，將以何官賞之？”上乃止。二月，守珪詣東都獻捷，拜右羽林大將軍，兼御史大夫，賜二子官，賞賚甚厚。

唐玄宗開元二十四年，丙子，公元七三六年。葉法善死后十六年。雜胡種安祿山犯法當誅，丞相張九齡固爭以明正典刑，然玄宗竟赦免之。祿山后果亂唐。

《資治通鑒》卷214：張守珪使平盧討擊使、左驍衛將軍安祿山討奚、契丹叛者，祿山恃勇輕進，為虜所敗。夏，四月，辛亥，守珪奏請斬之。祿山臨刑呼曰：“大夫不欲滅奚、契丹邪！奈何殺祿山！”守珪亦惜其驍勇，欲活之，乃更執送京師。張九齡批曰：“昔穰苴誅莊賈，孫武斬宮嬪。守珪軍令若行，祿山不宜免死。”上惜其才，敕令免官，以白衣將領。九齡固爭曰：“祿山失律喪師，於法不可不誅。且臣觀其貌有反相，不殺必為后患。”上曰：“卿勿以王夷甫識石勒，枉害忠良。”竟赦之。

安祿山者，本營州雜胡，初名阿犖山。其母，巫也；父死，母攜之再適突厥安延偃。會其部落破散，與延偃兄子思順俱逃來，故冒姓安氏，名祿山。又有史窣幹者，與祿山同裏閈，先后一日生。及長，相親愛，皆為互市牙郎，以驍勇聞。張守珪以祿山為捉生將，祿山每與數騎出，輒擒契丹數十人而返。狡黠，善揣人情，守珪愛之，養以為子。

秋八月壬子，千秋節，群臣皆獻寶鏡。張九齡以為以鏡自照見形容，以人自照見吉凶，乃述前世興廢之源，為書五卷，謂之《千秋金鏡錄》，上之；上賜書褒美。

初，上欲以李林甫為相，問於中書令張九齡，九齡對曰：“宰相系國安危，陛下相林甫，臣恐異日為廟社之憂。”上不從。時九齡方以文學為上所重，林甫雖恨，猶曲意事之。侍中裴耀卿與九齡善，林甫並疾之。是時，上在位歲久，漸肆奢欲，怠於政事。而九齡遇事無細大皆力爭；林甫巧伺上意，日思所以中傷之。

上即位以來，所用之相，姚崇尚通，宋璟尚法，張嘉貞尚吏，張說尚文，李元紘、杜暹尚儉，韓休、張九齡尚直，各其所長也。九齡既得罪，自是朝廷之士，皆容身保位，無復直言。

李林甫欲蔽塞人主視聽，自專大權，明召諸諫官謂曰：“今明主在上，群臣將順之不暇，烏用多言！諸君不見立仗馬乎？食三品料，一鳴輒斥去，悔之何及！”

唐玄宗開元二十五年，丁丑，公元七三七年。葉法善死后十七年。

《資治通鑒》卷214：春正月，初置玄學博士，每歲依明經舉。二月，敕曰：“進士以聲韻為學，多昧古今；明經以貼誦為功，罕窮旨趣。自今明經問大義十條，對時務策三首；進士試大經十貼。”

夏四月辛酉，監察御史周子諒彈牛仙客非才，引讖書為證。上怒，命左右暴於殿庭，絕而復蘇；仍杖之朝堂，流瀼州，至藍田而死。李林甫言：“子諒，張九齡所薦也。”甲子，貶九齡荊州長史。

唐玄宗開元二十六年，戊寅，公元七三八年。葉法善死后十八年。

《資治通鑒》卷214：太子瑛既死，李林甫數勸上立壽王瑁。上以忠王璵年長，且仁孝恭謹，又好學，意欲立之，猶豫歲余不決。自念春秋浸高，三子同日誅死，繼嗣未定，常忽忽不樂，寢膳為之減。高力士乘間請其故，上曰：“汝，我家老奴，豈不能揣我意！”力士曰：“得非以郎君未定邪？”上曰：“然。”對曰：“大家何必如此虛勞聖心，但推長而立，誰敢復爭！”上曰：“汝言是也！汝言是也！”由是遂定。六月庚子，立璵為太子。

唐玄宗開元二十七年，己卯，公元七三九年。葉法善死后十九年。是年御撰《葉尊師碑》，使太子書之。然考諸史載，其文當出自陳希烈手筆。

《資治通鑒》卷214：群臣請加尊號曰聖文；二月己巳，許之，因赦天下，免百姓今年田租。夏四月癸酉，敕：“諸陰陽術數，自非婚喪葬擇，皆禁之。”

八月甲申，追諡孔子為文宣王。先是，祀先聖先師，周公南向，孔子東向坐。制：“自今孔子南向坐，被王者之服，釋奠用宮懸。”追贈弟子皆為公侯伯。

葉法善死后十九年。皇帝御撰《葉尊師碑銘》，使太子書之。其文云：

朕聞軒轅三皇之盛者尊廣成，唐堯五帝之盛者師尹壽。夫以聖人之道，教聖人之才，守之七日，又守之九日，朝徹而后能見。獨是道也，入水不濡，蹈火不熱，嘯叱風雨，鞭笞魔魅，無方而后能進；獨是神也，神則惟變，道亦旁通，苟得其人，抑所謂神道設教者也。

師諱法善，字道元。自諸梁食采，是謂葉公，邑亦如之，因而命氏，則昔為南陽人也。曾祖道興，祖國重，父慧明，贈歙州刺史。

貫邱園者，一貫吾道；食舊德者，百代可知。故名溢宇宙之中，身在江海之上，則今為古括人也。至隋大業，歲在丙子，法師是生，凡六百四十二甲子。洎我開元，歲在庚申，形解升云，則春秋百有七矣。其生也，年長而色若孺子；其化也，委蛻而神則默仙。曾從朕遊，仰之彌高，鑽之彌堅，藏察無象，鉤致之測。若言匡國輔主，鼓舞發揮焉，朕可推而尊之，不可得而臣也。其始終出處之跡，可得而言者。

初，師甫七歲，涉江而遊。迨及三年，人以為溺。及還，問其故。則曰：“三青童子引之，憩於華堂峻宇，咽靈藥，吸云漿，太上鎮之，是以留也。”十五中毒死，又見昔青童曰：“天臺茅君飛印印其腹，始殊悶絕，良久豁如。”

師以靈應感通，殊尤若此。遂乃杖策遊諸名山，遠訪茅君而遇。嶽骨上起，目瞳正方，冰雪綽約，嫣焉微笑，曰：「爾來乎！爾名已登仙格，身逢魔試，故此相救，宜勉之！」當以輔人弼教為意，無汲汲於去來也。由是便於青城趙元陽受遁甲步元之術，於嵩高韋善俊傳八史云蹻之道。宴息於括蒼羅浮，往還於蓬萊方丈。靈圖秘訣，仙符真度，寶錄生券，冥感空傳。臨目而萬八千神，咽胎而千二百息。或潛泳水府；或飛步火房；或剖腹滌腸，勿藥自復；或刳腸割膜，投符有加；或聚合毒味，服之自若；或征召鬼物，使之立至；呵叱群鬼，奔走眾神，若陪隸也。故海內稱焉，千轉萬變；先朝寵焉，一晝三接。

　　朕在藩邸，累聞道要，及臨宇縣，盧佇昌言。奸臣寓謀，凶丑僭逆，未嘗不先事啟沃，亟申幽贊，故特加紫綬，以大公侯之封。而確固黃中，不乘軒冕之賞，可謂德博而施，道尊而光者也。適來無跡，為夫子之時；遄去無懟，為夫子之順。歲在鶉尾，月鶉火是也。返真懸解，朔日追贈越州都督，逾月歸藏於括蒼之山。免朝章，從凤志也。先生幼有奇質，長標特操，神照體外，骨秀形表。故萬先生目之曰：「子書成仙格，方自仙宮，吾將及樂為同僚也。」信哉！《易》曰：「君子或出或處。」出者無山林之逸，處者無軒冕之貴，雖道同則應，而跡異難兼。先生養神太和，觀妙元牝，君子或處之盛也；金印襲貴紫綬方來，君子或出之盛也。非夫道臻博大，德合神明，其孰能與於此也？故於王室則承恩者五代，當朕時則傳道者數人，皆曰宗師，無間然矣。夫為文者紀其實，稱德者尚其訓。先生知余，余寧不述。訓寓言而無愧，可披文而相質。銘曰：

　　忽然勃然，莫不出焉。油然瀏然，莫不入焉。百昌之源，萬化之泉。於此觀妙，實云列仙。列仙伊何，銷化卻老。觀妙伊何，豈假至道。旁通幽贊，神變靈造。淫詞屬階，無隱不討。討逆輔順，功就佐時。藏往察微，業與神期。章綬加等，方來不欺。視緣若遺，恍然我思。大有元吉，黃中通理。默仙委蛻，玄達無已。葉縣鳧飛，遼城鶴止。元風盛烈，鬱乎千祀。開元二十七年歲在己卯十二月己未朔二十六日，乘化而往，彼則悠哉。不忘舊情，紀諸事跡。仙山海畔，碑石依然。

　　【考辨】自古帝王日理萬機，無暇著述。有唐之際，御制均由文學之士代筆。以玄宗一朝，先後有蘇珽、張說、褚無量、張九齡等大手筆。至開元二十七年，蘇珽、張說、褚無量均已過世，張九齡已黜為荊州長史，故史載云「玄宗凡有撰述，必經希烈之手」。故知是碑銘文筆出自當時丞相陳希烈之手筆。

　　《舊唐書·陳希烈傳》：陳希烈者，宋州人也。精玄學，書無不覽。開元中，玄宗留意經義，自褚無量、元行沖卒後，得希烈與鳳翔人馮朝隱，常於禁中講《老》《易》。累遷至秘書少監，代張九齡專判集賢院事。玄宗凡有撰述，必

經希烈之手。李林甫知上睠待深異，又以和裕易制，乃引為宰相，同知政事，相行甚歡。而林甫居位日久，雖陰謀奸畫足以自固，亦希烈佐佑唱和之力也。累遷兼兵部尚書、左相，封潁川郡開國公，寵遇侔於林甫。及林甫死，楊國忠用事，素忌嫉之。乃引韋見素同列，罷希烈知政事，守太子太師。希烈失恩，心頗怏怏。祿山之亂，與張均、達奚珣同掌賊之機衡。六等定罪，希烈當斬，肅宗以上皇素遇，賜死於家。

唐玄宗開元二十八年，庚寅，公元七四零年。葉法善死后二十年。是歲，天下戶縣千五百七十三，戶八百四十余萬，口四千八百余萬。米斛直錢不滿二百，絹四亦如之。海內富安，行者雖萬裏不持寸兵。然玄宗在位日久，良政漸寖，及李林甫為相，中官用事，又取子婦楊氏為妃，使安祿山、史思明等竊據朝廷要職，后之安史之亂已萌矣。

《資治通鑒》卷214：春正月癸巳，上幸驪山溫泉；庚子，還宮。二月，荊州長史張九齡卒。上雖以九齡忤旨逐之，然終愛重其人，每宰相薦士，輒問曰："風度得如九齡不？"

是歲天下縣千五百七十三，戶八百四十一萬二千八百七十一，口四千八百一十四萬三千六百九。西京、東都米斛直錢不滿二百，絹四亦如之。海內富安，行者雖萬裏不持寸兵。

唐玄宗開元二十九年，辛巳，公元七四一年。葉法善死后二十一年。開元盛世終結。次年更元天寶。

《資治通鑒》卷214：春正月庚子，上夢玄元皇帝告云："吾有像在京城西南百余裏，汝遣人求之，吾當與汝於興慶宮相見。"上遣使求得之於盩厔樓觀山間。夏閏四月，迎置興慶宮。五月，命畫玄元真容，分置諸州開元觀。

平盧兵馬使安祿山，傾巧，善事人，人多譽之。上左右至平盧者，祿山皆厚賂之，由是上益以為賢。御史中丞張利貞為河北采訪使，至平盧。祿山曲事利貞，乃至左右皆有賂。利貞入奏，盛稱祿山之美。八月乙未，以祿山為營州都督，充平盧軍使，兩蕃、勃海、黑水四府經略使。

唐玄宗天寶十四年，乙未，公元七五五年。葉法善死后三十五年。安祿山起兵反唐。唐玄宗倉惶離京幸蜀。於途中士兵嘩變，請誅楊國忠與寵妃楊玉環。大唐帝國至是盛極而衰。

附錄一：有關葉法善事跡中頗涉虛誕或無從考系者

（一）《太平廣記·葉法善傳》

初，師居四明之下在天臺之東數年。忽於五月一日，有老叟詣門，號泣求救。門人謂其有疾也。師引而問之，曰："某東海龍也。天帝所敕，主八海之寶，一千年一更其任，無過者超證仙品。某已九百七十年矣，微績垂成，有婆羅門逞其幻法，住於海峰，晝夜禁咒，積三十年矣。其法將成，海水如云，卷在天半，五月五日，海將竭矣。統天鎮海之寶，上帝制靈之物，必為幻僧所取。五日午時，乞賜丹符垂救。至期，師敕丹符，飛往救之，海水復舊。其僧愧恨，赴海而死。明日，龍輦寶貨珍奇以來報。師拒曰："林野之中，棲神之所，不以珠璣寶貨為用。"一無所受，因謂龍曰："此崖石之上，去水且遠，但致一清泉，即為惠也。"是夕，聞風雨之聲，及明，繞山麓四面，成一道石渠，泉水流注，經冬不竭。至今謂之天師渠。

（二）《太平廣記·葉法善傳》

又一說云，顯慶中，法善奉命修黃籙齋於天臺山，道由廣陵，明晨將濟瓜州。是日，江幹渡人，艤舟而候，時方春暮，浦漵晴暖，忽有黃白二叟相謂曰："乘間可以圍棋為適乎。"即向空召冥兒。俄有卯童擘波而出，衣無沾濕。一叟曰："挈棋局與席偕來。"須臾，卯童如命，設席沙上。對坐約曰："賭勝者食明日北來道士。"因大笑而下子。良久，白衣叟曰："卿北矣！幸無以味美見侵也？"曠望逡巡，徐步凌波，遠遠而沒。舟人知其將害法善也，惶惑不寧。及旦，則有內官馳馬前至，督各舟楫。舟人則以昨日之所見具列焉。內官驚駭不悅。法善尋續而來，內官復以舟人之辭以啟法善。法善微哂曰："有是乎？幸無掛意。"時法善符術神驗，賢愚共知，然內官洎舟人從行之輩，憂軫靡遑。法善知之而促解纜，發岸咫尺，而暴風狂浪，天日昏晦。舟中之人，相顧失色。法善徐謂侍者曰："取我黑符，投之鵾首。"既投而波流靜謐，有頃既濟。法善顧舟人曰："爾可廣召宗侶，沿流十裏間，或蘆洲荻渚，有巨鱗在焉，爾可取之，當大獲其資矣。"舟人承教，不數裏，果有白魚長百尺許，周三十余圍，僵暴沙上。就而視，腦有穴嵌然流膏。舟人因釁割載歸，左近村閭，食魚累月。

（一）開元二十七年二月唐玄宗御撰

葉尊師碑

朕聞軒轅三皇之盛者尊廣成，唐堯五帝之盛者師尹壽。夫以聖人之道，教聖人之才，守之七日，又守之九日，朝徹而后能見。獨是道也，入水不濡，蹈火不熱，嘯吒風雨，鞭笞魔魅，無方而后能進；獨是神也，神則惟變，道亦旁通，苟得其人，抑所謂神道設教者也。

師諱法善，字道元。自諸梁食采，是謂葉公，邑亦如之，因而命氏，則昔為南陽人也。曾祖道興，祖國重，父慧明，贈歙州刺史。

賁邱園者，一貫吾道，食舊德者，百代可知。故名溢宇宙之中，身在江海之上，則今為古括人也。至隋大業，歲在丙子，法師是生，凡六百四十二甲子。洎我開元，歲在庚申，形解升云，則春秋百有七矣。其生也，年長而色若孺子；其化也，委蛻而神則默仙。嘗從朕遊，仰之彌高，鑽之彌堅，藏察無象，鉤致之測。若言匡國輔主，鼓舞發揮焉，朕可推而尊之，不可得而臣也。其始終出處之跡，可得而言者。

初，師甫七歲，涉江而遊。迨及三年，人以為溺。及還，問其故。則曰："三青童子引之，憩於華堂峻宇，咽靈藥，吸云漿，太上鎮之，是以留也。"十五中毒死，又見昔青童曰："天臺茅君飛印印其腹，始殊閟絕，良久豁如。"師以靈應感通，殊尤若此。遂乃杖策遊諸名山，遠訪茅君而遇。嶽骨上起，目瞳正方，冰雪綽約，嫣焉微笑，曰："爾來乎！爾名已登仙格，身逢魔試，故此相救，宜勉之！"當以輔人弼教為意，無汲汲於去來也。由是便於青城趙元陽受遁甲步元之術，於嵩高韋善俊傳八史云蹻之道。宴息於括蒼羅浮，往還於蓬萊方丈。靈圖秘訣，仙符真度，寶錄生券，冥感空傳。臨目而萬八千神，咽胎而千二百息。或潛泳水府；或飛步火房；或剖腹滌腸，勿藥自復；或刳腸割膜，投符有加；或聚合毒味，服之自若；或征召鬼物，使之立至；呵叱群鬼，奔走眾神，若陪隸也。故海內稱焉，千轉萬變；先朝寵焉，一晝三接。

朕在藩邸，累聞道要，及臨宇縣，虚佇昌言。奸臣寓謀，凶丑僭逆，未嘗不先事啟沃，亞申幽贊，故特加紫綬，以大公侯之封。而確固黃中，不乘軒冕之賞，可謂德博而施，道尊而光者也。適來無跡，為夫子之時；遞去無怮，為夫子之順。歲在鶉尾，月鶉火是也。返真懸解，翊日追贈越州都督，逾月歸藏於括蒼之山。免朝章，從夙志也。先生幼有奇質，長標特操，神照體外，骨秀形表。故萬先生目之曰：「子書成仙格，方自仙宮，吾將及樂為同僚也。」信哉！《易》曰：「君子或出或處。」出者無山林之逸，處者無軒冕之貴，雖道同則應，而跡異難兼。先生養神太和，觀妙元牝，君子或處之盛也；金印襲貴紫綬方來，君子或出之盛也。非夫道臻博大，德合神明，其孰能與於此也？故於王室則承恩者五代，當朕時則傳道者數人，皆曰宗師，無間然矣。夫為文者紀其實，稱德者尚其訓。先生知余，余寧不述。訓寓言而無愧，可披文而相質。銘曰：

忽然勃然，莫不出焉。油然瀏然，莫不入焉。百昌之源，萬化之泉。於此觀妙，實云列仙。列仙伊何，銷化卻老。觀妙伊何，豈假至道。旁通幽贊，神變靈造。淫詞屬階，無隱不討。討逆輔順，功就佐時。藏往察微，業與神期。章綬加等，方來不欺。視緣若遺，恍然我思。大有元吉，黃中通理。默仙委蛻，玄達無已。葉縣鳧飛，遼城鶴止。元風盛烈，鬱乎千祀。歲在己卯，乘化而往，彼則悠哉。不忘舊情，紀諸事跡。仙山海畔，碑石依然。

（二）真人祖碑

大唐故有道先生葉公碑並序
江夏李邕撰並書

昔者誕發老君，道純天地，生德夫子，身負日月。且時宰不宗，主人勿用玫蚓字，蓋碑字多近古，偏旁不同，各音於下。乎埋照浚谷，潛盤磐窮山，幽姿蛻於塵容，素尚胤於仙類。豈辟命行矣，爵服摯之而已哉。公諱國重，字雅鎮，南陽葉縣人也。自少昊錫羨，高辛辛纂緒。陶唐重熙，后稷邁種。文王之胤，乃食於沈。尹戌之子，載封於葉。受氏享國，大哉邈乎。逮祖幹昱，克壯其猷，永孚於德。瑾戶習隱，塞兌億神。碩膚長材，通理博藝。雖安車累至，而堅外固辭。故慶祚克開，眉壽維永矣。厥考道興，性守宮庭，道數邦國。居鬼從地，率神從

165

天。受籙以恒之，飛符以北之。扼魍魎之邪。劉臺臺之崇，有足奇也。至於揮紮落井，引弓貫草革。特起五部，廣雅大余，俟誰嗣哉。先生靈承道宗，異聞訓誘。弱喪文貌，乃尚真篤。仙骨有象，童心不萌。專精五龍，徧遊草嶽。聰以知遠，明以察微。達死生之占，體物氣之變。嘗以靜精動耗，息影歸止。云外紫壑，林巢仙居。人絕不鄰，道阻且右。獨往幽勝，永歌隱淪。放閑保和，習盧致靜。裙五石之髓，擷三芝之英。時哉不留，歲律其逝。緇鬢純漆，韶顏渥丹。事適玄同，神與道媾。惟寂惟寞，不飲不食者數十載。於茲乃聲聞帝廷。駿發皇眷，降尊加禮。將之以文馬，速之以暢轂。先生佇盼長指撝，揮手高謝。曰：自昔帝舜登庸，德輝允爍。光武繼統。吏道孔嘉。且薛方逢萌，備外臣之禮。虞仲夷逸終處子之業。豈垢俗、疵物、偏貢，介性、將探道慕類，坐致奇齡使者。蓄無言之疑，申遂行之旨。乃周覽廬室，省躬倉膚。考疇人之壇欹，訊家童之作業。皆儉以遵約，安能維始。味不甘白，色不養目。信以為著誠去偽，敢守難奪。順風可即，強起曷至焉。遂虛觀復命，慚欲欺聞。列朝廷，企其高，渴其道，聆嘉聲。而屬想者，豈勝言哉。有司以天元書缺，星度官弛。亡五德之轉，繆四時之分。菊鬼越祥，不知所呎。子亥母癸，烏識其原，皆乘遽遠尋，請益傳傳授。可謂繩誠列而曲直征，衡誠懸而輕重立。粵惟博物君子，豈伊小說鰥生乎。嗚呼，天不持久，人將復歸。頹年迫於期頤，遠志屈於摧落。葛兆幽谷，托墳清林。逸人不追，國士靡憲。泉石沮色，鄉縣失聲。豈無他人，惟子之故。胤子慧明，贈銀青光祿大夫、歙州刺史。公罔替厥縣，代增其業。啟祕錄之高妙，揚玄津之洪波。道微若聲，心么若氣。吹律暖轂，運曆知天。屢下辟書，終不應命。孫子景龍觀道士，鴻臚卿越國公法善，幼得父書，早傳成法。寅念有訓，邁邁自身。讀天下之書，備方外之衛。火潃淫杷，劍誅掌妖。恩開五君，名動四國。其入也，排金環鎖，謁紫庭，為帝傲吏；其出也，法玉京，坐玄寺，作人宗師。故能大匠道門。家卿朝右，禮食軒座，寓直禁廬矣。常以理氣自強，登老益壯。雖莫景急節，而純孝孔哀。是獻封章，願拜墳墓。有翰帝念，再形王言。神劀以飛，傳傳瑞乃發。掌么公帳餞，列藩郊迎。朝章有暉，鄉人皆慶。枉以末技，揚於孝心。惟先志以追遠。立豐碑而紀德。夫何問然，其詞曰：宗文素履，家代隱仙。道一相孚，薪火交傳。黃公銜在，赤水珠聯。道開幽鍵，性與真荃。一門累祖，四至百年。抗跡巖谷，消聲天地。卓爾遐舉，藹然高致。麝以臭焚，

珠以明璺。人則有心，征亦不至。保身匪偷，全樸為利。孝孫增業，明辟順風。志嘗無忝，事或不同。征賢朝滿，舉逸山空。曷由高枕，克謝代工。測微達變，盡規納忠。皇眷雖渥，孝思亦深。章服集集，傳業騷騷。載違廷闕，是展墳林。紀石追遠，昭銘率心。孝忠事立，榮叚寵今。邈超古始，永憲江南。開元五年歲丁巳三月七日，侍者清溪觀主，詹玄一，丁小。真人有政觀碑，末所書如此，蓋李公既為撰碑而難於書，真人追其魂而書之，世號追魂碑。其間用字多差誤，是時夜艾鐘鳴，李公書未畢而覺，碑因在而不易云。

（三）真人父碑

大唐贈歙州刺史葉公神道碑並序
江夏李邕撰
國子監太學生韓擇木書並題

公諱慧明，字德昭，南陽人也。其先係自軒后，彌於周文。聰季食沈，子高封葉，因為氏矣。逮問政偶孔，好龍得真，代有聞也。昔者惟帝興運，乃聖炳靈。風云相從，葡夢通感。問氣駿發，良弼大來。有開必先，憑物為象。固自然矣，則我使君。降仙府，乘道流。追蹤隱淪，籥契幽叟。結廬澗址，考槃巖谷。同人利貞，遁代勿用。雅好酒德，尤邃老經。話言解頤精，義絕傾倒。誘進不倦，虛納盡歡。好事集門，長者闥裏。每至升月帷戶，和風林薄。植杖嘯谷，席皮琴山。泰然樂生，澹乎.忘老。方且維性，壽邁神仙。徇赤松之遊，縱黃老之術。外身先物，歸根致柔。緣以大均，持以大定。色理不蕩，寵辱不驚。繩繩焉，熙熙焉。孔德之容，罔可測已。故師長旌禮，邦族與化。智者謂智，仁者謂仁。雖禍塞桑樞，紛衣章帶。必避塗加敬，懷風惕息焉。

用克聞於家大育厥胤。則我越公襲上德延慶靈，生而知之，學而習之。有專門之資，得丕承之業。纏觓租道，既冠同玄。訊遠嶽之福庭，觀幽尋之方士。陳叱雷駭，吐刀電光。沈海莫濡，蹈冷匪熱。呵萬鬼，攝百神。啟陰官之符，變冥司之錄。追究往事，坐知來茲。膏盲無所逃其形，霧露不能滋其疾。奇跡多緒，嘉聲日聞。是以大君孔休，辟命薦至。入自臥內，問以咎征。造膝必成，偶事皆

中。時更四紀，代且五朝。順風以請天師，歙祉以近皇極。緇素莫能出右，公卿是惟盧左。國家有事天地，將旅海嶽。公嘗致禮加璧，能事潔羞。傳駟載途，郡邑迎謁者，歲四三焉。自頃賊臣齒禍，小人吹蠱。敢為戎首，興此屬階。天步未亨，人事將始。公乃極陳幽贊，大啟聖猷。枚蔔撰辰，並走掌望。作為邦翰，先后主憂。珍勱元凶，彌扶皇統。是嘉厥異，式揚爾忠。爵賞茂於身，寵贈光於考。匪此父也，曷訓其子。匪此子也，曷揚其親。松楸已行，碑板未立。求念終古，追存孝思。驟請闕延，第如江介。遠訪才子，枉逮鄙夫。趙括論兵，多關舊學。班固述史，實賴家書。顧惟成章，伏愧貞石。其詞曰：真隱夷愧，默仙解形。悼哉獨立，企古遐征。殆庶玄德，升睹丹經。服鄉不涅，光和無營。築蔔岑渚，左藥傳琴。徐嘯風穀，緩步月林。白雲怡意，清泉洗心。曷勝不往。曷奇不臨。邇因神遠，情隨地深。舉代方籍，皇家未軾。肇有懿子，載揚令德。左慈致物，越人辯色。司察鬼謀，役任神力。寵被五君，聲聞八極。日嘗薄蝕，國有多難。凶逆扇揚，忠烈憤惋，亦既先覺，克圖幽贊。皇哉神武，赫然天斷。薄然即戎，於以戡亂。帝念疇庸，與開列土。豈曜厥身，實贈於父。朱藩乃錫，紫綬是與。存致歿榮，忠伸孝舉。列列松梧，緒風興悲。表墓有闕，紀德無詞。哀哀嚴塵，奕奕孝思。執傳終古，是建豐碑。贈慧明銀青光祿大夫，歙州刺史子道士法善授鴻臚卿越國公。開元五年七日太歲丁巳鶉尾，七甲辰建。

附錄三：史傳

（一）《舊唐書》列傳第一百四十一《方伎》

葉法善傳

道士葉法善，括州括蒼縣人。自曾祖三代為道士，皆有攝養占蠱之術。法善少傳符籙，尤能厭劾鬼神。顯慶中，高宗聞其名，征詣京師，將加爵位，固辭不受。求為道士，因留在內道場，供待甚厚。時高宗令廣征諸方道術之士，合煉黃白。法善上言："金丹難就，徒費財物，有虧政理，請核其真偽。"帝然其言，因令法善試之，由是乃出九十余人，因一切罷之。法善又嘗於東都凌空觀設壇醮祭，城中士女競往觀之。俄頃數十人自投火中，觀者大驚，救之而免。法善曰："此皆魅病，為吾法所攝耳。"問之果然。法善悉為禁劾，其病乃愈。

法善自高宗、則天、中宗歷五十年，常往來名山，數召入禁中，盡禮問道。然排擠佛法，議者或譏其向背。以其術高，終莫之測。

睿宗即位，稱法善有冥助之力。先天二年，拜鴻臚卿，封越國公，仍依舊為道士，止於京師之景龍觀，又贈其父為歙州刺史。當時尊寵，莫與為比。

法善生於隋大業之丙子，死於開元之庚子，凡一百七歲。八年卒。詔曰：

故道士鴻臚卿、員外置、越國公葉法善，天真精密，妙理玄暢，包括秘要，發揮靈符，固以冥默難源，希夷罕測。而情棲蓬閬，跡混朝伍，保黃冠而不杖，加紫綬而非榮，卓爾孤秀，冷然獨往。勝氣絕俗，貞風無塵，金骨外聳，珠光內應。斯乃體應中仙，名升上德。朕當聽政之暇，屢詢至道；公以理國之法，數奏昌言。謀參隱諷，事宣弘益。欸徽音之未泯，悲形解之俄留，曾莫慭遺，殲良奄及。永惟平昔，感愴於懷，宜申禮命，式荏泉壤。可贈越州都督。

（二）《新唐書》列傳第一百二十九《方技》

葉法善傳

高宗時，又有葉法善者，括州括蒼人。世為道士，傳陰陽、占繇、符架之術，能厭劾怪鬼。帝聞之，召詣京師，欲寵以官，不拜。留內齋場，禮賜殊縟。時帝悉召方士，化黃金治丹，法善上言："丹不可遽就，徒費財與日，請核真

偽。"帝許之，凡百餘人皆罷。嘗在東都凌空祠為壇以祭，都人悉往觀，有數十人自奔火中，眾大驚，救而免。法善笑曰："此為魅所憑，吾以法攝之耳。"問而信，病亦皆已。其譎幻類若此。

歷高、中二宗朝五十年，往來山中，時時召入禁內。雅不喜浮屠法，常力詆毀，議者淺其好習，然發衛高，卒巨之測。睿宗立，或言陰有助力。無天中，拜鴻臚卿、員外置，封越國公，舍景龍觀，追贈其父歙州刺史，寵映當世。開元八年卒。或言生隋大業丙子，死庚子，蓋百七歲云。玄宗下詔褒悼，贈越州都督。

(三)《太平廣記》卷二十六《神仙》

葉法善傳

葉法善字道元，本出南陽葉邑，今居處州松陽縣。四代修道，皆以陰功密行及劾召之術救物濟人。母劉，因晝寢，夢流星入口，吞之乃孕，十五月而生。年七歲，溺於江中，三年不還。父母問其故，曰："青童引我，飲以雲漿，故少留耳。"亦言青童引朝太上，太上領而留之。弱冠身長九尺，額有二午。性淳和潔白，不茹葷辛。常獨處幽室，或遊林澤，或訪雲泉。自仙府歸還，已有役使之術矣，遂入居卯酉山。其門近山，巨石當路，每環回為徑以避之。師投符起石，須臾飛去，路乃平坦。眾共驚異。常遊括蒼白馬山，石室內遇三神人，皆錦衣寶冠，謂師曰："我奉太上命，以密旨告子。子本太極紫微左仙卿，以校錄不勤，謫於人世，速宜立功濟人，佐國功滿，當復舊任。以正一三五之法，令授於子。又勤行助化。宜勉之焉。"言訖而去。自是誅蕩精怪，掃馘凶妖，所在經行，以救人為志。叔祖靖能，頗有神術，高宗時，入直翰林，為國子祭酒。武后監國，南遷而終。初，高宗征師至京，拜上卿，不就，請度為道士，出入禁門。乃欲告成中嶽，扈從者多疾，凡噀咒，病皆愈。二京受道錄者，文武中外男女弟子千餘人。所得金帛，並修宮觀，恤孤貧，無愛惜。久之，辭歸松陽，經過之地，救人無數。蜀川張尉之妻，死而復生，復為夫婦。師識之曰："屍媚之疾也，不速除之，張死矣。"師投符而化為黑氣焉。相國姚崇已終之女，鐘念彌深，投符起之。錢塘江有巨蜃，時為人害，淪溺舟楫，行旅苦之。投符江中，使神人斬之。除害殄凶，玄功迺被，各具本傳。於四海六合，名山洞天，鹹所周曆。師年十五，中毒殂死，見青童曰："天臺茆君，飛印相救。"於是獲蘇。

又師青城山趙元陽，受遁甲。與嵩陽韋善俊傳八史，東入蒙山，神人授書。詣嵩山，神仙授劍。常行涉大水，忽沉波中，謂已溺死，七日復出，衣履不濡，云："暫與河伯遊蓬萊。"則天征至神都，請於諸名嶽投奠龍璧。中宗復位，武三思尚秉國權。師以頻察禳祥，保護中宗相王及玄宗，為三思所忌，竄於南海。廣州人庶，凤仰其名，北向候之。師乘白鹿，自海上而至，止於龍興新觀。遠近禮敬，舍施豐多，盡修觀宇焉。歲餘，入洪州西山，養神修道。景龍四年辛亥三月九日，括蒼三神人又降，傳太上之命："汝當輔我睿宗及開元聖帝，未可隱跡山岩，以曠委任。"言訖而去。時二帝未立，而廟號年號，皆以先知。其年八月，果有詔征入京。迨后平章后，立相王睿宗，玄宗承祚繼統，師於上京，佐佑聖主。凡吉凶動靜，必予奏聞。會吐蕃道使進寶函封，曰："請陛下自開，無令他人知機密。"朝廷默然，唯法善曰："此是凶函，請陛下勿開，宜令蕃使自開。"玄宗從之。及令蕃使自開，函中弩發，中番使死，果如法善言。俄授銀青光祿大夫、鴻臚卿越國公、景龍觀主。祖重，精於術數，明於考召，有功於江湖間，諡有道先生，自有傳。父慧明，贈歙州刺史。師請以松陽宅為觀，賜號淳和，御制碑書額，以榮鄉裏。明年正月二十七日，忽友云鶴數百，行列北來，翔集故山，徘徊三日，瑞云五色，覆其所居。是歲庚申六月三日甲申，告化於上都景龍觀。弟子既齊物、尹愔，睹真仙下降之事，秘而不言。二十一日，詔贈金紫光祿大夫越州都督。春秋百有七歲。所居院異香芬鬱，仙樂繽紛，有青煙直上燭天，竟日方滅。師請歸葬故鄉。敕度其侄潤州司馬仲容為道士，與中使監護，葬於松陽。詔衢、婺、括三州助葬。供給（給原作終，據明抄本改）所須。發引日，敕官縞衣祖送於國門之外。開元初，正月望夜，玄宗移仗於上陽宮以觀燈。尚方匠毛順心，結構彩樓三十余間，金翠珠玉，間廁其內。樓高百五十尺，微風所觸，鏘然成韻。以燈為龍、鳳、螭、豹騰躍之狀，似非人力。玄宗見大悅，促召師觀於樓下，人莫知之。師曰："燈影之盛，固無比矣；然西涼府今夕之燈，亦亞於此。"玄宗曰："師頃嘗遊乎？"曰："適自彼來，便蒙急召。"玄宗異其言，曰："今欲一往，得乎？"曰："此易耳。"於是令玄宗閉目，約曰："必不得妄視，若誤有所視，必有非常驚駭。"如其言，閉目距躍，已在霄漢。俄而足已及地。曰："可以觀矣。"既睹影燈，連亙數十裏，車馬駢闐，士女紛委。玄宗稱其盛者久之，乃請回。復閉目騰空而上，頃之已在樓下，而歌舞之曲未終。玄宗於涼州，以鏤鐵如意質酒，翌日命中使，托以他事，使於涼州，因求如意以還，驗之非謬。又嘗因八月望夜，師與玄宗遊月宮，聆月中天樂。問其曲

名，曰："《紫云曲》。"玄宗素曉音律，默記其聲，歸傳其音，名之曰《霓裳羽衣》。自月宮還，過潞州城上，俯視城郭悄然，而月光如晝。師因請玄宗以玉笛奏曲。時玉笛在寢殿中，師命人取，頃之而至。奏曲既，投金錢於城中而還。旬日，潞州奏八月望夜，有天樂臨城，兼獲金錢以進。玄宗累與近臣試師道術，不可殫盡，而所驗顯然，皆非幻妄，故特加禮敬。其余追攝神，致風雨，烹龍肉，祛妖偽，靈效之事，具在本傳，此不備錄。又燕國公張說，嘗詣觀謁，師命酒。說曰："既無他客。"師曰："此有曲處士者，久隱山林，性謹而訥，頗耽於酒，鐘石可也。"說請召之，斯須而至。其形不及三尺，而腰帶數圍，使坐於下，拜揖之禮，頗亦魯樸。酒至，杯盂皆盡，而神色不動。燕公將去。師忽奮劍叱曲生曰："曾無高談廣論，唯沉湎於酒，亦何用哉！"因斬之，乃巨榼而已。嘗謂門人曰："百六十年后，當有術過我者，來居卯酉山矣。"初，師居四明之下，在天臺之東，數年。忽於五月一日，有老叟詣門，號泣求救。門人謂其有疾也。師引而問之，曰："某東海龍也。天帝所敕，主八海之寶，一千年一更其任，無過者超證仙品。某已九百七十年矣，微績垂成，有婆羅門逞其幻法，住於海峰，晝夜禁咒，積三十年矣。其法將成，海水如云，卷在天半，五月五日，海將竭矣。統天鎮海之寶，上帝制靈之物，必為幻僧所取。五日午時，乞賜丹符垂救。至期，師敕丹符，飛往救之，海水復舊。其僧愧恨，赴海而死。明日，龍輦寶貨珍奇以來報。師拒曰："林野之中，棲神之所，不以珠璣寶貨為用。"一無所受，因謂龍曰："此崖石之上，去水且遠，但致一清泉，即為惠也。"是夕，聞風雨之聲，及明，繞山麓四面，成一道石渠，泉水流注，經冬不竭。至今謂之天師渠。又一說云，顯慶中，法善奉命修黃籙齋於天臺山，道由廣陵，明晨將濟瓜州。是日，江幹渡人，艤舟而候，時方春暮，浦漵晴暖，忽有黃白二叟相謂曰："乘間可以圍棋為適乎？"即向空召冥兒。俄有卯童擘波而出，衣無沾濕。一叟曰："挈棋局與席偕來。"須史，卯童如命，設席沙上。對坐約曰："賭勝者食明日北來道士。"因大笑而下子。良久，白衣叟曰："卿北矣！幸無以味美見侵也？"曠望逶巡，徐步凌波，遠遠而沒。舟人知其將害法善也，惶惑不寧。及旦，則有內官馳馬前至，督各舟楫。舟人則以昨日之所見具列焉。內官驚駭不悅。法善尋繼而來，內官復以舟人之辭以啟法善。法善微哂曰："有是乎？幸無掛意。"時法善符術神驗，賢愚共知，然內官洎舟人從行之輩，憂軫靡遑。法善知之而促解纜，發岸咫尺，而暴風狂浪，天日昏晦。舟中之人，相顧失色。法善徐謂侍者曰："取我黑符，投之鷁首。"既投而波流靜謐，有頃既濟。法善顧舟

172

人曰："爾可廣召宗侶，沿流十裏間，或蘆洲荻渚，有巨鱗在焉，爾可取之，當大獲其資矣。"舟人承教，不數裏，果有白魚長百尺許，周三十余圍，僵暴沙上。就而視，腦有穴嵌然流膏。舟人因臠割載歸，左近村閭，食魚累月。（出自《集異記》及《仙傳拾遺》）

（四）《正統道藏》洞神部譜錄類所錄

《唐鴻臚卿越國公靈虛見素真人傳》
一卷　撰者不詳
唐葉真人傳序

道家以清淨虛無為宗，仙家以導引修煉為法。秦皇漢武，嘗求神仙矣，求而不得，則曰：天下豈有仙人哉，盡妖妄矣。嗟夫神變無方，希夷莫測。弊展功名，泥塗軒冕。是豈多欲之君，所能屈致耶。

余出守括蒼，有表兄張君，道統為陣真羽士。一日訪余，出示《葉天師傳》。觀其邀致神人，際遇仙客，皆平生精煉修習。仙風道骨，夙與神會，故能感遇契合。如此之易，亦其孝於親，忠於君，有以動天地，感鬼神。位在上卿，足以鞭風駕霆，膺天爵之榮，豈區區人爵之所能晚哉。

今仙化幾千百年矣，祈晴禱雨，澤及生民。報應如響，故宜受享祀。香火綿綿，一旦萬古而不窮者矣。淳祐庚子春，裕齋馬光祖序。

唐鴻臚卿越國公靈虛見素真人傳

真人姓葉。名法善，字道元，一字太素，本南陽人也。自葉公沈諸，梁之后屬。漢末桓靈之時，避地江左。鼻祖儉，尋佳山水，得會稽之南鄉，隱於卯酉，家於松陽焉。高祖乾昱，道德有聞。曾祖道興，不墜世業。祖國重，始搆大門。父慧明，業詩禮居儒，素不務榮寵。遊肮山林，枕石漱流。行歌負薪，每結草為舍。預知未然，曰："吾當有子。"妻劉氏，因畫寢，夢流星入口，吞之，繼而有娠。經十有五月，歲在困敦，月黃鍾，而真人生。天無浮翳，四氣朗清。異香

173

入室，神光滿堂。彩云徘徊，玄鶴下降。初真人在胎，聲聞於外。及生而聰明，幼而岐疑。年甫七歲，識量溫雅，貌古老成。父熟視之曰："汝幼勤苦，老必雅貴。"於是涉江而遊，三年不返，家人謂已溺亡。及還，問其故。則曰："二青童引我，飲以云漿，留連許時。"年十歲，有善人倫者，曰："子以日角月淵，隆集樓背，脩上促下，當為帝王之師。"及弱冠，身長九尺，額有二午。性純潔，自小不茹葷，獨處幽室。好古學文，十一誦詩書，十二學禮樂。研窮周易，耽味老莊。河洛圖緯，悉皆詳覽。志願修道，樓運林泉。與父俱遁乎卯山，樵蘇自給。尋形選勝，占星候氣。登高臨深，窮源逝險。是時已有役使之衛，其門巨石當路，投符起之，須臾飛去，疊於山之東南，眾皆驚異。今卯山有石坎存焉。常尋幽訪隱，得靈墟福地。其有歐冶鑄劍溪。歐溪有神女化塚，石門嶺，仙人曳履嶺，其山勢並括蒼仙都洞天。連延天臺四明。近金華長山赤松洞，黃初平叱石羊之處，相去不遠。中有白馬山瀑布水。青溪萬仞，古號仙居，林泉蔥情，於是真人隱焉。家貧，嘗曰："我生人世，功業未成，堂有垂白之親，何以為養。"遂傭耕畎畝，日籥不休，時有紫云為之覆蓋。同人奪其陰處，云亦隨之。被漁者掃水外於泥中，口中不言，色亦不慍。牧馬既去其害，牧牛瓦無其金。無何居父母喪，乃於歐溪近山訪蔔葬之地，有一白鹿外於山下雪中，近之，鹿遂躍去，其臥處溫然，其有白氣互屬高下。真人異之，因小立環視此山，則重岡疊隴，朝抱四正。與夫左右前后連裹起伏，形勢悉備。歎曰："斯可藏矣。"遂葬焉。真人曰："不遇名師，將何度世。"是時歲方十三，從括蒼山入天臺、四明、金華、會稽，涉江浙。北入天柱、天目、姑蘇、洞庭、勾曲、衡山、霍山。南遊劍水，登赤城，至羅浮等處，凡名山勝地，自江漢之南，無不經歷。尋詣豫章萬法師求煉丹、辟穀、導引、胎息之法。但熊經鳥申，吐故納新，食松茹木，無榮於世。年十五中毒殆死。又見青童曰："勾曲仙人，天臺茅君，飛印相救。"言畢，印至，印其腹。良久豁如。遠訪茅君，相遇，撅骨上起，目瞳正方。微笑曰："爾來乎。汝名已登仙格、身逢魔試，故相救而免，當以輔人弼教為意。"

　　由是於青城趙元陽受遁甲步玄之術，萬高章善俊傳八史云嶠之道。后入蒙山訪求隱術，於是山路遇一羽士，問曰："子何往。"真人曰："欲求師學道。"羽士曰："余亦學道，幸得相遇於此。我欲暫往他處，有小衣襆，君為守之。"真人曰："諾。"羽士遂去。經數日復來，曰："子真長者，願以仙書一卷，神

劍一口相報。"遂開樸取贈授之。羽士告別，且曰："子但持此按行，爾后景界漸來，預知善惡。"又合煉神丹，置壇起竈，經涉數年，思存靈應。十月上甲夜半，焚香願念，忽聞空中鳴鐘擊磬，管弦簫瑟之音。起而視之，俄頃見騎從滿室，內有三神人，各長八尺余，容貌異常，衣云錦之衣，戴通天冠。真人俯伏虔請。神人曰："汝但復坐勿恐，太上遣吾喻汝，汝合得道。蓋昔是太極紫微左宮仙翁領校簿，書錄諸仙，及天下得道之士名字，增年藏算，一月三奏。緣汝失謹，曾於休暇之日，遊乎八荒。因茲降下人世，更修功累德。行滿之日，當復汝仙位。今汝行三五盟威，正一之法，誅斬魑魅妖魔，救護旱品，惠施貧乏，代天行理。但以陰德為先，不須別有貢告。吾有祕法欲相傳授，須清齋三日，無使世人知。受吾口訣，不得文字相付，恐傳非人。輕泄帝旨，罪延七祖，不得上升。"即以符、劍、封、印授之。又一神人曰："卿今退真，下生人世。宜廣建功德。更受五嶽符圖、天皇大字，及三一真經、黃庭紫書、八景素書，步躡呈紀祕密微妙。但是三洞上清、上法、上真須精進修習，晨夕無替。及長存五千文，統理人道，明察天地。勿致輕泄，道當自成。"又一神人曰："至道微妙，非此能言，要當守一，屏去驕淫。每以鳴鐘擊鼓，調三理關，導引吐納，服內外丹。常抱存日月，開閉門戶，朝修太上，則當朱光潛照，無英白元，自來守護。黃老奏書，功成行滿，必當升舉。汝受此言，修行不倦，后期欲至，即於許氏旌陽君宅北山峰，重復相見。"真人俯伏，謝曰："某行微德薄，不悟天真，枉垂靈駕，非意所及，恭承教旨，精意奉行。"再拜奉辭，神人騰空而去。由是潛行陰德，濟度死生。及會稽理病，屢曾起死。復於揚州，以劍開長史夫人之腹，取病以示人，夫人當時病差如故。凡開腸易胃，破腹剪形，一無損壞，亦無痛楚。抉目洗睛，出安紙上，除去膜翳，復納於中，全不驚動，目明如故。人強與錢，則乞諸貧病。其有狂邪淫祀為災害者，行履所及，並皆誅戮。名聞遠近。並皆知之。

　　征召至於，再三控辭，不允，勉赴闕庭。高宗皇帝見之，不使設以臣禮。湛然示寂。一無所言，但喘息而已。上曰："卿病耶。"曰："臣病在市朝，療在山林，願從退隱。"上曰："此逸人耳。"詔為上卿，真人力辭，不拜。曰："臣願出家，請為道士。"帝乃從之，度於景龍觀，多留內庭，問以道法，窮盡源奧，吉凶臧否，皆預知之，言無不中。黑闥作亂，主上憂惶，莫知所計，問真人曰："何以禳救。"答曰："此小寇，無足為憂。"遂以符法，劾天兵數

萬，翳空而來，甲刃交馳，擊賊奔走。帝曰："功衛社稷，師之力也。"屢有寵錫，真人辭而不受，曰："是天道神功，在臣何與。"時有中書侍郎女，以狐魅為祟，顛狂猖厥，鬼語神訝。女每見一僧乘青驪來至，其病遂作。奉劫命師為治。真人欲示神變，謂侍郎曰："貧道辟穀日久，疲羸無力，希一飽飯，當即為治。"侍郎即遣家人具蔬飯。真人一飯一斛，飪三碩。瓜菜果實，莫以數計，見者皆驚，尚云未飽。未作法間，僧乘驪而至，瞻視真人，遂即卻走。真人叱吏兵擒摯，女遙知發聲大哭。真人大叱一聲，僧變成狐，驪乃化狗。訊問曰："家在城南古墓中。"遂往掘視，得狐百許。金銀羅綺，狼藉其內。因得素書三卷，野狐名目宗譜等官位名諱。真人繼書符焚之。狐類悉皆屏滅。由是之后，城內病者盡差。帝及皇后，諸王公主，朝士以下，親受道法。百官子弟，京城及諸州道士，從真人受經法者，前后計數千余人。王公布施塞道盈衢，隨其所得，舍入觀宇，修飾尊像，及救困窮。每日炊米十余碩，以供貧病，來者悉無選擇。真人常懷直諫。匡保社稷之心。高宗欲登封告成，駕幸中嶽。忽疫疾流行，扈從者多病死。奉勸命令治，真人一誦吮訣，疫癘消殄，垂死者並皆得甦。特旨授殿中監。真人復辭不受。當時有供奉明正諫，每使冥官上天曹檢事，須臾之間，來報善惡，未嘗失期。帝令師密切厭之，及問正諫都無所知。數日云：使不來。上令尊師解之，正諫曰："云被葉尊師遣向天門把捉，不得通上。"又令密鑿地為坎，使樂人入坎鼓樂。謂師曰："地中無故有音聲，請師厭禳。"真人書符四道，釘之於地，音聲便斷。仍使日責地中樂人，何不作樂。報云："見四方有蛇，各如柱大，張口向人欲噬，驚懼，故不敢動。"時值旱歉，命真人向河祈雨。曰："各齎雨衣及徽蓋。"相隨人未之信。禱祈纔畢，雨送霧霜，人馬衣冠盡濕。一日，請帝暫離寢避災，初不信，真人力言之，方移。畢，風雨雷電霹靂，當帝寢處，直下震地，甲帳為之碎，帝驚悸不已。其余應驗，事多不載。

　　真人雖出入彤闈，佐時輔國，而韜時匿跡，和光同塵，心存仙道，志慕騰舉，辭欲還山，帝乃許焉。歸至茅山、姑蘇、洞庭、天目、天臺、括蒼等處往來。於茅山修真煉丹，朝謁無虧。忽五月一日，老叟詣門號泣求救，真人引而問之。曰："某東海龍也，上帝勁主八海之寶，一千年一更其任，無過失者，超登列仙。某已九百七十年矣，微勛將就。有婆羅門者，逞其幻法於海畔，日夜禁呪，積二十年，其法將驗，海水如雲卷上天畔。五月五日，海將涸焉，統天鎮海之寶，必為幻僧所取，某今哀求救援。"真人許之。至五日午時勘丹符飛往，海水復舊。胡僧愧歎，赴海而死。來日，老叟齎珍奇寶物來報，真人辭謝不受。因曰："此山事去水且遠，但得一泉即為惠也。"是日風雨及明，山館之側有一派清泉，自石渠出，經旱不竭，今謂之天師渠。在四明之下，天臺之東，真人所寓處，皆須置壇立井。卯山絕頂初創山齋，復賜額為通天宮，大中祥符三年改壽昌觀。觀之側西北向，有煉丹井，山下有靈泉，即泉處有醮廚，士民祈禱之所。治平元年賜壽聖觀，今改名廣福觀。真人嘗至清溪，屬炎暑，與道士遊於溪渚。真人忽沈水中，七日不返，同遊道士驚懼，謂已葬蛟龍之腹。歸告其家，及徒眾道俗，盡皆傍溪覓之。七日后，忽見從舊遊處出。曰："汝等必懼耶，我暫共河伯遊蓬萊，值數仙人宴會，留頃刻間。"慮子憂之，故亟來，果然也。遂入天臺尋司馬練師，訪不死之福庭。去桐梧，入靈墟，謂司馬練師曰："蔭落落之長松，藉萋萋之纖草，今日是也。"又登華頂望海云：蓬萊去此不遠，與子當復應歸彼，即司馬練師負琴，真人撫劍。而過石橋，臨青谿萬仞，蹈危履險，撫壁立之翠屏，又何懼焉。歲辛丑，則天皇后征真人投龍采藥，祈禱名山大川。風軒飄飄，駟騎絡繹。后中宗皇帝在位，武三思尚秉國權，時多信讒說。真人從容累諫，作旨貶之嶺外。門人憂色。真人曰："否泰有時，隱見正當爾也。"遂遞至南嶽，抵連州，去廣州，尚數百裏陸路不通，要以舟濟。真人欲於廣州采藥，先遣弟子舟行至廣府。義唐觀道士聞真人來，馳報都督胡元禮，即與道士僧尼及府縣官僚，先向江邊迎候。少時，見真人乘白馬從水上來，及到岸相謁，引至龍興觀。自都督別駕長史百姓多受道法。舍施園林田宅者甚多，真人一無所取，並回施常住。當后得旨，量移歸至洪州，依宗華觀，將弟子入西山洪崖先生學道之所，居涉三年，行上清隱法。景龍四年太歲辛亥，據編年作，景云二年辛亥三月初六夜，弟子夢一仙人，將一鶴，相隨問云。對曰："我是時人，不言姓字。"指弟子曰："君幸得師左宮仙，卿帝其方征，即有信來。"神人所將鶴徘徊四顧，宛轉而舞。睡覺即白之。真人曰："汝當夢耶，此吉征吾已知矣。"九日日中時，有瑞云天樂，香氣馥鬱，浮空而來，遙至室內，弟子認是夢中所見。神人謂真人曰："相識否乎。"答曰："晨夕思慕真容，有如饑渴。每夜存想寤寐之間，常侍左右，何為不識。"叩頭再拜。神人曰："卿累功欲滿，宜自精勵，道高魔試，當須慎之。太上令我預送變形易骨金精上藥與卿，時運未至，

不可即服，密而藏之。"神人曰："卿至八月，即當入京，佐助當今帝主，及開元神武皇帝，傳授道法，兼殄元凶。今天步艱難，龍飛在即，子當輔佐國家，安鎮名山嶽瀆，投龍醮祭，幾在於子，自天佑之。且受世榮祿，至封邑大，內居其位，世亦應之，如影隨形。歲鶉尾，月鶉火，三日日中時，西嶽侍卿，復卿太極紫微左宮仙卿之位。"言畢，真人謝曰："濁質下愚，濫叨真盼，儻遂后期，則蟲力負山，不勝其任，粉骨何謝。"再拜而辭。至八月，果奉詔曰："道士葉尊師，令入京，若有弟子，亦任隨從。"真人既奉詔，乘驛至京。朝見之後，多留內廷。時玄宗在藩邸，與真人同處，因章醮龍見壇前。祈求皆有靈驗，禱雪盈尺，請雨霧霜。嘗在廬山升壇，壇角陸地水湧，其水甘美，仙鶴草舞。在許先生宅醮，二黃龍從井出。真人匡輔玄宗，在滁州明雨，時預知韋氏逆亂，先已聞奏先天之言，一一並實。玄宗嘗問真人機要，乃密云：昔遇神人，嘗說有開元帝號。凡謀逆之黨，並得預知。及帝登九五，改元為開元，號神武皇帝。真人在帝左右，未嘗不獻可替否，密申幽贊。除害珍凶，玄功遐被。相國姚崇有女已死。愛念彌切，投符起之。張尉之妻死而化生，復為夫婦，真人知之，曰："此屍媚之疾也，不速除則張尉必死。"投符而化為黑氣。錢塘江有巨蜃，淪溺舟航，經涉者苦之。清沙鎮長沈愈躬自來迎，真人由是往焉。候潮信至，以鐵符丹篆鎮之，至今絕其患。又以劍勒道靜二字於巖上，各方三丈許。真跡尚存，即三教門山是也。玄宗移仗上陽宮觀燈，尚方匠毛頤心結搆彩樓三十余間，飾以金翠珠玉，樓高百余丈。微風所觸鏘然成韻，以燈為龍璃騰躍之狀，似非人力所至，玄宗悅之。促召真人，觀於樓下。真人曰："彩燈之盛，固無比矣，然西涼府今夕之燈，亦亞於此，但皆奢侈，無益於國。"帝怪其言，欲試其仙術，且曰："今欲一往。"得乎。曰："此易耳，以至尊遠往觀燈，恐非所宜。"帝力強之。真人請帝暝目，騰驅而上，俄頃即至，以所隨如意賞酒。及欲回，復請帝暝目，頃之，已在樓下，而歌舞未終。繼遣中使，托以他事，使於涼州，因取如意以還，驗之非妄。八月望夜，與帝遊月宮，令聆月中天樂，問其曲名，曰：紫云。帝素知音律，記其聲，送著樂府，更其名曰：霓裳羽衣。自月宮還，過騰州，俯視城郭峭然，而月色如畫，因請帝以玉笛奏曲。時玉笛尚在寢殿中，真人遣神人取之，不頃而至，既而奏曲，遂投金錢於城中而還。旬日濟州奏，八月望夜，有天樂臨城，兼獲金錢以進。帝累與近臣試其道術，皆非妄幻。若入柱隱形，凌空化

178

鶴，追嶽神，致風雨，靈驗之事，不可殫述。會吐蕃遣使，進寶函封，曰："請陛下自開，毋令他人知機密。"朝廷默然。唯真人曰："此是凶物，宜令番使自開。"及令開，函中弩發，中番使而死。帝嗟歎驚悸。故愈加禮敬。先天二年八月，加授金紫光祿大夫，鴻臚卿越國公。三讓不受，帝不許讓。制書略曰："道士葉法善德包貞素，學究玄微。預睹疊萌，函申忠款。宜加寵命，以答懋功。"仍遂乃懷，俾從真服。可授金紫光祿大夫，鴻臚卿越國公，兼景龍觀主。真人辭不獲免，請回贈先君，並舍括蒼山門故居，奏請置宣陽觀一所，凡道場供養，珍奇寶物，並是錫賜盡歸山門。

宣陽觀屬麗水縣宣慈鄉，今改為沖真觀。贈真人父銀青光祿大夫，使持節歙州刺史。又請卯山西南祖宅為觀，賜額曰：淳和。在松陽縣日市，今改為永寧觀。真人於是請還山，拜掃致敬，於麗水松陽二處墓門，封樹碑表。命李邕作墓志。韓擇木書以光奄寶。其墓在沖真之側。真人祖國重，葬於松陽之酉山，山有石雞能鳴，遂於其處置道院，今日天真院。立碑於下。時請李邕為碑記，並求其書，而邕不允，是夜追其魂書之，續以碑刻示邕。邕笑曰："初以為夢，今果然矣。"真人始得碑石於海嶠，遣神人運歸，水神不知，誤裂其石，即投符治之，水神哀告，得免。以膠綴石斷處，今其碑斷痕在焉。真人封樹碑拜祭，泉石生輝，鄉間圻慶。開元五年，歲在丁巳，春三月因別鄉人，曰："別易會難，此去恐不相見。"左右歡歡。道俗潸然。車騎駢闐，士女絡繹。送之登途，莫不哀慟。又曰："吾來年即道信還，可於此候之，信到吾非久矣。"明年正月二十七日，忽見玄鶴數百，列北而來，翔集歐溪，徘徊三日。瑞雲五色，一時上覆。三日之后，不知所在。鄉人怪其言靈異，莫測所由。開元八年庚甲歲五月，真人已年一百七歲，於西京景龍觀托疾，潛服神丹。天真來往；千乘萬騎，日夜不絕。門人弟子，親王公主，中使朝士，已下來去莫覺。唯弟子君情、盧齊物等，見密而不言。至六月三日，甲申日中時分，真人化劍為屍，云輿造門。天鈞擁戶，彩雲繚繞，香氣繽紛，迎侍而去。京城之人鹹見院中有青煙直上，與天相接，終日不滅。真人於座側留三詩云：

昔在禹余天，還依太上家。忝以掌仙籙，去來乘煙霞。暫下宛利城，渺然思金華。自此非久住，云上登香車。

適向人間世，時復濟蒼生。度人初行滿，輔國亦功成。但念清微樂，誰圻下

界榮。門人好住此，脩然云上征。

退仙時此地，去俗久為榮。今日登雲天，歸真遊上清。泥丸空示世，騰舉不為名。為報學仙者，知余朝玉京。

並有遺書報弟子仲容，云：汝將吾詩及書進上，不得求官，當奉詔監喪，歸葬括蒼。吾去后百六十年外，卯山當出一人，更過於吾。若有人於吾舊居修行，即其人也。

真人昔藏劍丹在卯山巨石下，后有豐去奢修行於此，得之，遂仙而去。今山產仙茆，及無名異，丹寵下土化成耳。真人升雲之后，弟子於舊坐處，收得詩及書進上，帝感泣，親幸喪所，輟朝三日。王公以下，百官朝士，無不感慟。翌日，進贈越州都督。至十六日，奉劫內圖寫真人貌像，御制贊曰：

詞江瀉液，義苑含芬。別有真氣，青溪出云。卓爾無對，超然不掌。幽薊子，道士封君。

肅宗重贊曰：昂昂高士，瀟灑孤峙。卻立排煙，乘霓控鯉。果而不伐，為而不侍。馭風泠然，與物終始。

又有制書，具在賀知章作玄虛志序中。仍劫度真人弟子司馬仲容為東京聖真觀道士，與中使護喪，歸葬於宣陽觀之側。王公以下，盡出京城青門外送別，傾城縞素，莫不攀號哀慟。歸至揚州，冥信先至，仙鶴數百翔於括蒼洞天墓田。彩云五色，徘徊數日，不終旬朔。真人靈輀已至葬所，奉劫衢婺杭三州助葬官僚士庶，道俗男女，去來如市。門人數千，悲慟不已。百鳥哀鳴。四面云集。天為改色，日亦無光。葬后一年，棺槨自開，但見衣冠劍舄，始知真人不死。實輕舉耳。帝緬想仙風，眷慕不已。於觀立碑寵以宸翰，及命太子題額。至國朝政和六年，特封致虛見素法師。宣和二年，加號靈虛見素真人。誥文藏於麗水之沖真。今以李邕所作碑志，及真人前后表奏、批答、制誥、世系，悉輯錄於后云。

附錄四：葉法善存世表奏及詩文輯錄

（一）真人乞歸鄉上表

道士臣某言，臣江海野人，素無道業。澗飲木食，枯槁自居。屬聖朝宗道之門，大興玄範。臣得沐皇化，服事五朝，竭忠盡誠，披肝瀝膽。一有所補，萬死無恨。伱屬聖朝，重張寓縣，再安品物。凡在含識，鹹用昭蘇。陛下不棄芻蕘，復收簪履。臣愚陋過蒙恩渥，假具列棘之司，加以茅直之封。褒榮圻被，澤漏泉肩。然臣胡顏堪此大造，灰身刜首，不能上答。前歲天恩賜歸鄉裏。殘魂假息，獲拜先塋，聚族聯黨，不勝悲慶。屬親杮莫年，百余三歲，見臣還丘壑，載喜載悲，纔逾一旬，奄忽先逝。雖死生有命，理則固然，而骨肉有情，豈無哀痛。積年之疹。一朝遂發。形容枯劣，殆不能勝往者。虔奉綸言，俾投龍璧。奉使之后，禮應復命，心馳魏闕，意欲駿奔，病在江鄉，力難勝致。自前年之冬末，驟辭南土。去歲之夏首，纔達東京。死魂余步，抑難訓說。寧有形枯心疾。叩廁莫宜。紫綬金章，人臣極貴。自非功高，帶礪不可，錫其光寵。況道本希夷，無觀視聽。謬膺匪服，實玷國猷。伏願陛下特賜余魂，得歸丘墓。則物善遂性，天覆無涯。方違闕廷，不勝攀戀。無任懇禱之至，謹詣朝堂，上表以聞。臣誠惶誠恐，死罪死罪謹士一。開元四年二月二十一日，鴻臚寺卿員外置越國公，景龍觀主，臣葉某上表。

批答：省表具之。師羽儀碧落，梁棟玄門。邇雖系於人間，神自超於物累。方欲受三清之要，宣六氣之和，資於朕躬，助以為政。且光慶之義，眾妙所存。江海之心，此期難允。即宜斷表，深體朕懷。

（二）真人乞歸鄉修祖塋表

道士臣某言，二月二十日，扶病陳誠，特乞余魂歸修塋墓。而高天未聽，蹋地無所。因此舊氣發動，殘生如線。未辭聖代，奄成異物。幸賴天覆含育，未即泉壞。貸及余命，得遂微心。臣前奉絲綸，賜歸桑梓。既寶龍璧，備曆山川。夙夜周章，恭承國命。比及鄉裏，時迫嚴寒。屬數年失稔，百姓逃散，親族餒饉，未辯情禮，欲樹碑碣，私願莫從。而碑石猶在蘇州，未能得達鄉裏。臣焦心泣血，以日為歲。若此心不遂，死不瞑目。伏惟陛下覆燾亭育，昆蟲遂性，孝理之教，被及含生。臣皮骨空存，命均風燭。乞余喘未絕。所願獲申。一聞聖恩，九

泉無恨。方當解達宸極。異疾江湖。伏枕疏襟，不勝悲戀。謹詣朝堂，上表以聞。臣誠惶誠恐，死罪死罪謹言。開元四年二月二十三日，具位臣某上表。

批答：省表具知，師體含眾妙，道冠草仙。希微所以，得真清靜。由其助化。然因心之懇，扶病思歸。表疏累聞，詞情轉至。今依所請，有歉於懷。

（三）真人乞回授先父表

臣聞，孝道之大，人行所先。故洪覆無言，神女有卷銷之應。厚載至廣，江鱗表充膳之征。斯實感於神祇，通於天地者矣。伏惟皇帝陛下，孝道吁天地，聖備符神祇。齊郡擢靈芝，陵寢降甘露。此陛下孝感之應，故當錫類及物。而臣幸生孝理之代，目視靈應之符。身無橫草之功，虛受茅直之錫。九卿之任，下譬江海。五等之爵，上應星緯。臣崎磁日迫，泉壤無幾。生我父母，竟未答於劬勞。覆我聖恩，實有重於山嶽。臣誠則微物，豈能無心。自忝辱朝列，日夜惶懼。生無益於聖代，死實負於康時。而犬馬私情，切有所願。乞以陛下，所授爵位，回贈先父。臣上不違陛下孝道之風，下得展臣罔極之念。一遂衰疾，萬死為幸，且臣雞皮鶴髮，形骸若是。殘魂假氣，奄忽無時。去冬辭違闕廷，輿疾道路。曲蒙陛下覆養之德，復喜生全，令得重謁紫宸，趨蹌丹地。及茲余喘，披瀝微誠。陛下所假臣厚祿敗錢，乞納天庫，官名封號，以被泉門。則聚族摩軀，合宗臚膽。存亡幸甚，所不敢言。伏願天慈，沛然聽許。再生非重，百身靡贖。不腔哀苦，悲懇之至。謹詣闕，上表以聞。臣誠惶誠恐，死罪死罪謹言。開元四年二月二十三日，具位臣某上表。

批答：省表具知。師名登仙境，才軼道樞，保護朕躬。朕不忘德朝之爵秩，事時至公，鑒所陳析，情探大孝。朕敦風屬俗，益所嘉稱。師崇讓鳴謙，固難依允。所請贈者，別有處分。

182

附錄五：歷代帝王贈封葉法善制誥

（一）贈越州都督制曰

劫故道士具官位葉某，天真精密，妙理玄暢。包括祕要，發揮靈符。固以冥默難原，希夷罕測。而情棲蓬苑，邊混五朝。保黃冠而不拔。加紫綬以非榮。卓爾孤芳，泠然獨往。勝氣絕俗，真風無塵。金骨外聳，珠光內映。斯乃體應中仙，名升上德。朕嘗聽政之暇，屢詢至道，公以理國之法，數奏昌言。謀參隱諷，事宣洪益。歎徽音之未泯，悲形解之俄留。何莫欲遺，殲良奄及。永為平昔，感愴於懷。宜申禮命，式賁泉壤。可贈越州都督。

（附錄）弟子丁政觀謝賜真人碑銘狀

劫內蕭明觀道士尹惜，宣劫內出御文，賜臣師主。臣跪奉天章，仰瞻宸翰。以惶以喜，載慶載悲。臣忝與門人，不勝感愧之至，謹錄陳謝以聞，謹狀。開元二十七年四月二十三日，弟子景龍觀道士丁政觀等進。

（二）致虛見素法師誥

劫唐金紫光祿大夫，鴻臚卿越國公，元真護國天師葉某。夫為道者，所為無近名，而人亦無得名焉，此至人所以去名也。乃若善善而惡惡。垂世立教則以名為表，治天下者，亦無不廢爾。學道得法，自拔滓穢之中。今數百年，劍履如生，猶不忘物應民。請禱夾莫之爵，而自然爾固得之。聊易名號，以慰州人。可特封致虛見素法師。政和六年正月二十一日。

（三）加封靈虛見素真人誥

劫朕體妙道以治身，暢淳風而撫世。凡號高真之倡，每興往躅之懷。見素真人葉法善，太極仙卿，括蒼羽客。掃袄凶而誠滅，攝魍魎以驚奔。故在開元之間，屢示化人之跡。探莫可測。本皆自然。惟見素之強名，具治平之前詔，景仰可以推崇。敢忘申賁靈虛，用彰微妙。可特封靈虛見素真人。宣和二年六月二十五日。

跋

  古之有國有家者必有史。《周書》《國語》之屬，《春秋》《竹書》之類，皆史也。而仲尼以大聖之才序魯之《春秋》，左丘又為之傳，實乃近世學者法先賢往哲編年不易之成例。

  余嘗觀古人作史，有由私家著述者，如《春秋》《史記》是也，后世則多為官書，二者各有所長。而經綸條貫之中，有似緩而實急者，志書是也。張弛變通之用，有宜務而非迂者，編年是也。

  余在做《葉法善考論》課題時，邀摯友一軍共為道教葉尊師傳，共同造訪松陽葉氏之賢遺哲嗣，餘欲編茸典故、昭示來茲，以弘揚域內之傳統精粹，使古括州之先賢舊跡為今盛世增添新顏，此想法得到一軍君的大力支持，欣然同意共為葉法善年譜。

  夫人之生也，分五氣之秀，肖兩儀之體，形貌既辨，名字以立。發於天資謂性，通於物理謂識，守道而舉謂德，循善而動謂行，尚其所愛謂好，學而后能謂藝，是六者亦可以周物之變矣。若夫挺執志操，綽有度量，襟抱夷曠，才用敏給，公方亮直而克固其守，高尚潔素而不累於物，以至質樸而遲訥，聰悟而機警，剛勇而多力，詞辯而強記，疏蹤而率意，矜嚴而自法者，皆性之品也。若夫智慮宏遠，謀畫沈遂，詳達典憲，精別人物，研幾微之際而睹其未萌，達性命之理而知其定分，有犯無隱得盡規之道，見賢思齊敦慕善之志，通禮制之升降，察緒績之臧否，知止而不殆，聞義而厭服者，皆識之品也。葉尊師幼秉父祖之教，天資聰穎，挺執志操，綽有度量，襟抱夷曠，才用敏給，亮直守節，高尚潔素，品格忠貞。加以弱年崇道，終身潛修，故得以道輔五主，為帝王師。

  余聞之：能存諸心者，必能形諸言；能建諸事者，必能垂諸志。若迫於功令，必至苟且支吾，況以荒陋之腹，唯恐據摘失實，靡蕪無當，亦奚足為貴焉？

雖葉尊師乃盛唐人，距今千載有余，時移事異，蹤跡云散，年歲遷移，風景頓殊。於今歷時二載，辛苦搜索，博古證今，徵文考獻，披閱歷覽，故余於葉尊師之往跡行實漸有所明，烏可不志之哉？或曰：春秋當存是非，編年則記行實而已。故於公余之暇捉刀弄筆，以為葉尊師編年，不事侈張揚勵，惟取辭達而已。但掛少遺多，未克盡善。若乃踵事增華，當俟博雅之君子，非流俗人所能仿佛者矣！是為跋。

周偉華

貳零一二年 歲次壬辰孟冬既望